KB212922

산들바람 불어오면

박문사

산들바람 불어오면

초판 인쇄 2017년 5월 22일
초판 발행 2017년 5월 30일

지은이 한승진
발행인 윤석현
발행처 도서출판 박문사
등 록 제2009-11호

주소 서울시 도봉구 우이천로 353 성주빌딩 3F
전화 (02) 992-3253 (대)
전송 (02) 991-1285
전자우편 bakmunsa@daum.net
홈페이지 http://jnc.jncbms.co.kr

책임편집 차수연

ISBN 979-11-87425-34-2 03210   정가 18,000원

책을 펼치며

전문적인 식견을 담아내는 글들이 꼭 필요합니다. 이런 글을 통해 우리 삶의 가치와 근본을 성찰하고, 깊고 넓게 미래의 전략을 계획할 수도 있습니다. 이런 글의 수준과 가치는 분명히 인정해줘야 합니다. 그리고 지원을 아끼지 말아야합니다. 이런 영역이 요즘 위축된 인문학이나 고전의 연구 분야입니다. 그러나 이런 글은 작가나 독자가 제한적이라는 한계가 있습니다. 이런 글들을 공유하고, 논의를 공감하는 이들끼리의 탁상공론에 그칠 수도 있습니다. 그러니 부담 없이 공유하고 소통하면서 어울릴 수 있는 글이 되지는 못합니다.

제가 생각하는 글쓰기는 공감의 폭을 열어두는 글쓰기입니다. 엄청나게 쏟아지는 출판물에 제 졸작拙作이 특별히 독자들의 시선을 끌만한 매력이 있거나 독자들의 지갑을 열어서 구매하게 할 비법을 갖춘 것이 아닙니다. 수많은 출판물과 경쟁해서 이길만한 자신도 없고, 그것을 목적으로 하지도 않습니다. 다행인지 제 한계인지 아무튼 저는 책 판매로 생계를 유지하고 가족부양을 해야 하는 전업작가專業作家는 아닙니다. 그러니 고객만족이나 고객감동과 같은 자세로 독자의 흥미와 구매력을 염두에 두고 거기에 글을 인위적으로 만들어갈 필요성이나 절박함은 없습니다. 그저 제가 세상을 바라보는 입장을 자기표현욕구로 드러내는 글을 씁니다. 제가 펼치는 글이 독자에게 작은 생각의 거리를 제공하고, 세상을 바라보는 시야가 조금은 진지해지고 넓어질 수도 있다는 의미에서 좋은 글일 수도 있다는 발칙한 생각도 조심스럽게 해봅니다.

좋은 글이란 무엇일까요? 그것은 이미 독자가 알고 있는 것일 수 있습니다. 보는 순간 알아볼 수 있을 만큼 이미 낯익은 것이기 때문에 만나면 그렇게 반가울 수가 없습니다. 말할 수 없는 것을 말하는 작가의 재주에 감탄을 금치 못하기도 합니다. 그러나 이미 알고 있는 것이지만 가볍게 여기거나 스쳐 지나간 것들을 끄집어내서 맛난 음식처럼 내 놓는 요리사와 같은 작가의 능력에 더 공감하기도 합니다. '어쩌면 이렇게 내 마음과 생각을 이렇게 속 시원하게 표현했을까' 하는 글을 읽게 될 때, 보이지 않는 작가와 하이파이브를 하게 됩니다. 그러면서 좋은 글, 좋은 생각으로 인해 나무처럼 더욱 깊이 뿌리 내리며 좀 더 당당해지는 자신을 보게 됩니다. 전문적이고 화려하지 않아서 수준 높다고 말할 수는 없고, 어딘지 투박하고 뻔한 이야기 같고, 들어본 것도 같고, 생각해본 것 같은 그런 글이 좋은 글일지도 모릅니다.

저는 이런 글을 쓰고 싶습니다. 이런 저와의 만남과 소통과 공감으로 독자 여러분과 함께하고 싶습니다. 바라기는 독자 여러분이 '이런 글은 나도 쓰겠다' 하는 마음이 생겨 '나도 쓴 글을 모아 한 번 출판해야겠다'는 생각이 드신다면 그래서 실제로 실현하신다면 제 졸작이 작게나마 가치와 의미를 담아낸 것이라 여길 것입니다. 쓸데없거나 하찮은 생각이나 느낌이나 의견은 없습니다. 비록 표현이 부족하거나 받아들여지지 않거나 영향력이 덜할 수는 있어도 모든 순간, 모든 사람의 말과 글은 다 의미 있는 소중한 숨결이라고 생각합니다.

글을 마치고 나니 위에서 말한 글의 의도와 많이 빗나가고 말았습니다. 사실 '펼치는 글'을 먼저 쓰고 그에 따라 글을 쓰려고 했는데, 쓰고 나니 어째 생각과 달리 다소 무거운 주제, 조금 전문적인 내용을 담아낸 재미없는 글모음이 되고 말았습니다. 이런 이유로 이 글은 머리말과 몸말이 따로 노는 기형적인 모습이 되고 말았습니다. 머리말을 다시 쓰던가, 몸말을 다시 쓰던가 해야 하는 건, 아닌가하는 생각을 했습니다.

그러나 저는 그러지 않기로 마음먹었습니다. 이것도 다 제 삶이지 않나 싶었습니다. 문득 이게 제 모습 그대로인 것 같습니다. 인생사 마음먹은 대로 되지 않듯이 말입니다. 머리와 몸이 따로 노는 것처럼 제 삶은 생각 따로, 감정 따로인 경우가 참 많습니다. '마음 따로, 몸 따로'이기도 합니다. 이는 제 머릿속 이상과 제 실제 삶의 현실이 괴리乖離됨과도 같습니다. 이것은 저만 그렇지는 않을 것입니다. 우리네 삶이 이럴 것입니다. 이 글에서 드러나듯이 정부와 국민이 따로국밥이고, 부모와 자식이 그렇습니다. 기성세대와 다음세대가 그렇습니다. 그러나 전혀 다르지는 않습니다. 낮과 밤이 함께 할 수 없지만 빛과 어둠은 같이 할 수 없지만 빛과 그림자는 함께합니다. 조금 어눌하고, 어색하고 부조화가 자기반성을 통해 몸부림치면서 더 멋진 모습으로 어울림으로 날아올라갈 것도 같습니다. 저는 '더불어 함께', '같이가치'라는 말을 참 좋아합니다. 때로는 혼자가 편하나 같이 하면서 어색함과 낯가림 속에서 어울림의 지혜와 기쁨과 감동을 찾아가는 즐거움이 쏠쏠합니다.

오늘 우리 사회는 말과 글의 표현 능력도 중요해졌습니다. 서류전형의 '자기소개서', 면접에서 표현능력. 그리고 대인관계에서 자신의 생각을 논리적으로 전달하는 능력이 중요해졌습니다. 마음속의 생각을 거침

없이 표현하고 그것을 상대가 공감하게 하는 것은 결코 쉬운 일이 아닙니다. 여기에는 교양지식을 쌓고 이를 자기화하는 정교한 기술을 필요합니다. 과묵寡默함이 미덕美德이었던 시대는 지났습니다. 내 생각을 적극적으로 표현하는 시대입니다. 이제 표현에도 노력이 필요합니다.

어떤 의미에서 제가 쓰는 글은 순수한 문학적 소양이 아니라 정치적인 차원일 수 있습니다. 보통 정치라고 하면 이념으로 무장한 후에 편을 가르고 대립하는 장면을 생각할 수 있습니다. 하지만 제 글은 세상을 바라보는, 이 시대를 살아가는 한 사람의 국민으로서 좀 더 세상이 개선되고 아름다워지기를 바람을 담아낸 경우가 많습니다. 우리가 살아가는 오늘 이 시대는 갈등으로 가득 차 있습니다. 갈등을 해결하려면 서로를 이해해야 합니다. 서로를 이해하려면 먼저 표현을 해야 합니다. 그리고 표현은 가능한 한 오해 없이 정확해야 합니다. 여러 갈등들이 해결된다면 우리는 조금 더 아름다운 세상에서 살 수 있을 것입니다. 정치의 근본 이유는 보다 좋은 세상을 만드는 것입니다. 그런 점에서 국민주권론에 따라 한 사람의 국민주권자로서 글쓰기를 통해서 좋은 세상을 만드는 데 작은 울림이나마 되었으면 하는 생각 펼치기입니다.

글을 쓰는 것은 자기 생각을 담아내는 것이고, 내면을 표현하는 일입니다. 그러기에 일기 쓰기는 참 좋은 글쓰기일 것입니다. 사람들이 공감하고 나만의 생각을 자유롭게 표현하는 것. 그것이 어떤 것에 대한 비평이라면 타당한 이유나 근거들을 분명하게 들어야 합니다. 나를 표현하는 글을 쓴다면 내가 누구인지 핵심을 명쾌하게 설명할 수 있어야 합니다. 또한 표현을 할 때는 독자를 고려해서 어려운 단어나 복잡한 문장은 과감히 생략하고 누구라도 쉽게 이해할 수 있도록 해야 합니다.

이 시대를 살아가는 지식인이라면 누구나 생각을 표현할 수 있어야 합니다. 막연한 표출이 아니라 논리가 바탕을 이룬 표현으로 말입니다.

표현은 말이나 글을 통해서 가능합니다. 우리의 생각이나 감정은 형체가 없는 추상적인 것입니다. 그래서 언어라는 틀에 담아야 합니다. 글을 잘 쓰기 위해서는 많이 읽어야 합니다. 많이 읽어야 문장을 쓰는 기술을 증진시킬 수 있고 글로 표현할 정보, 지식, 논리, 생각 등의 다양한 글감을 무리 없이 확보할 수 있습니다. 그러면 그냥 읽기만 하면 되는 것일까요? 그렇지 않습니다. '배우는 책읽기'보다 '느끼는 책읽기'가 중요합니다. 시, 소설, 에세이, 비평, 기사 등 모든 형식의 글을 감상함에 있어서 작가의 생각과 의도를 헤아리기 위한 탐구와 고민의 자세가 선행되어야 합니다. 한 사람의 순수한 독자가 되어 텍스트 속에 담긴 의미를 깊이 있게 느끼려는 노력은 거꾸로 자신이 작가가 되었을 때 자기 글을 읽을 독자에게 감정을 이입할 수 있는 토대가 될 수 있습니다. 독서와 작문은 양방향적 의사소통이기에 저자의 의견에 공감할 수 있습니다.

이 글은 제 내면을 진솔하게 표현하면서 독자에게 강요하지 않고, 바꾸려 하지 않고, 이기려고 하지 않고, 무시하지도 않고, 다른 사람의 견해는 그것대로 존중하면서 다른 사람과는 조금은 다른 제 견해를 글로 이야기하자는 것입니다. 인생에서 정답이 없듯이 이 과정에서도 정답을 찾을 수는 없을 것입니다. 하지만 이견異見을 가진 상대방과의 거리를 조금씩 좁혀 간다면 우리는 지금보다 아름다운 세상에 살고 있지 않을까 싶습니다.

제가 정한 문체는 경어체입니다. 이는 그나마 처음 의도를 잊지 않으려는 몸부림입니다. 이 글은 전문적인 견해를 다루고 주장하는 바를 강력한 어조로 호소력을 갖추려고 함이 아닙니다. 이 글은 분명 소논문이나 칼럼과 같은 모양새가 있습니다. 이런 글은 간결하면서도 분명한 문체를 사용합니다. 이는 주장의 날카로움을 효과적으로 드러내기 위해서입니다. 그러나 이 글은 그렇지 않습니다. 마치 편지글처럼, 낮은 사람이 윗사람에게 정중히 건의하는 것처럼 경어체를 사용합니다. 저로서는 수

많은 책들 속에서 작은 자리 하나라도 배정받음이 그저 감격스러운 기쁨입니다. 비록 글쓴 이와 읽는 이가 마주 앉아서 도란도란 이야기 나누는 정다움은 아니지만 서로 부담 없이 만남과 소통을 이어갈 수 있음도 큰 즐거움일 것입니다.

새 날, 새 기쁨으로 봄날을 맞는 기쁨으로

한 승 진

차례

책을 펼치며   ···003

1
위기를 희망으로 이끄는 국민의 힘

위기와 전환의 변곡점에 선 대한민국,	···015
어디로 가야 하는가?	
위기를 희망으로 이끄는 국민의 힘	···021
최순실 사태를 바라보는 국민의 눈	···030
대한민국의 암흑을 몰아낸 촛불의 내일은?	···032
평화적 발전인가, 기득권의 프레임인가	···036
상실의 시대, 우리가 지켜야 할 것은	···041
현장 못 간 '샤이 촛불'도 많았답니다	···045
자유총연맹이 민심을 두려워하지 않는 이유	···048
세월호 세대, 국가신뢰회복의 뿌리	···053
우리가 몰랐던 촛불	···055
후회하지 않을 대한민국의 선택은	···060
오늘 우리에게 정의란 무엇인가요	···063
나르시시즘과 지도자	···067
정경유착의 토대가 있기 때문에	···071
국정농단이 가능했습니다	
경제 살리기,	···073
'노동'을 죽이고 '자본'을 살리기는 아닌지요	
명성황후 시해에 가담한 자의 아들이 국민영웅	···075
'여성혐오'가 아니라 '묻지 마 범죄'라고요?	···078
갈등의 이해와 우리의 과제	···082
부패를 법으로 막을 수 있을까요	···086

정유라 부정입학,   ···092
　　체육특기자 제도를 점검할 때입니다
독일의 사회적 시장경제와 우리 경제   ···095
4차 산업혁명이란 무엇인가요   ···101
없어서 못 파는 100만원 초등생 가방,   ···105
　　누구에겐 한 달 월급이랍니다
금수저론에 대해 다시 생각해봅니다   ···109

2
사소함이 주는 행복

진정한 노블레스 오블리주 최재형   ···117
우리는 보여주기 위해 살고 있는가요   ···120
사진 찍어야 하니까 비키세요   ···123
존재론을 넘어 연대론의 삶으로   ···127
작은 차이보다는 큰 화합의 새로움을 기대하며   ···130
사소함이 주는 행복   ···135
따뜻한 말 한 마디의 중요성   ···141
웃어라! 웃으면 웃을 일이 생깁니다   ···144
예술향유, 어렵지 않습니다   ···147
공감능력을 길러봅시다   ···151
과거를 반추하는 다시 읽기   ···155
명절이 서글픈 이주노동자를 생각해 봅니다   ···158
더불어 함께 사는 세상을 꿈꾸며   ···161
이병기가 있어 우리 고장이 자랑스럽습니다   ···167
통일은 평화를 담는 그릇이랍니다   ···176
우리의 소중한 이웃, 다문화가정   ···181
지금은 국민행복증진 시대랍니다   ···185
분노조절장애사회에서 우리는   ···189
SNS로 형성되는 인간관계 바람직한가   ···195

사람이 재산이고, 먼저입니다 ···198

극장이 없어지지 않는 이유와 의미 ···202

성형한국, 성형천국이 좋은 걸까요 ···206

마음속의 탄탄한 기초공사, 마음의 힘 기르기 ···211

지속가능한 미래 문명의 패러다임 ···216

4차 산업혁명 시대의 긍정과 기대 ···221

인공지능과 마음 ···225

매체의 홍수시대, 진실한 매체를 찾아야 합니다 ···227

3
질문하는 교육이 필요합니다

문화교양시대를 맞이하는 자세 ···231

다양하고 바른 역사이해를 위하여 ···236

역사를 바라보는 두 개의 시선 ···245

인공지능 시대에 따른 교육은 ···247

학생 인성 이전에 교사 인성이 먼저랍니다 ···254

대학수학능력시험은 타당한가 ···259

숙고하는 삶의 교육이 요청되는 시대 ···264

문화품격교육으로 아이들과 함께한답니다 ···268

질문하는 교육이 필요합니다 ···272

꿈은 결과보다 과정이 더 중요함을 가르쳐야합니다 ···279

새로운 시대에 따른 교육의 변화와 과제 ···284

교육의 변화, 지배계급의 이해관계와 얽혀 ···292

교육개혁, 더 이상 미룰 수 없습니다 ···296

서로 1등 하려고 싸우는 것이 교육일까요 ···300

4
미래를 꿈꾸는 청춘이여, 힘을 내라

미래를 꿈꾸기 어려운 청년, 그리고 어른들 ⋯307

대학은 공정함의 마지막 보루입니다 ⋯310

스펙보다 중요한 꿈의 방향 ⋯313

청춘의 또 다른 이름, 다음세대 ⋯316

역사바로세우기에 청춘의 힘이 빛납니다 ⋯320

미래를 꿈꾸는 청춘이여, 힘을 내라 ⋯330

청춘이여, 무엇이 더 중헌디를 숙고해봅시다 ⋯336

세상은 청춘들에게 너무도 가혹합니다 ⋯340

아픈 청춘에게 말로만 희망이 아닌 진실한 희망을 ⋯344

돈키호테의 꿈 ⋯352

앞만 보고 달린 우리들 이제는 한 박자 쉬어갈 때입니다 ⋯355

1

위기를 희망으로 이끄는 국민의 힘

산들바람 불어오면

위기와 전환의 변곡점에 선 대한민국,
어디로 가야 하는가?

　우리 대한민국은 안녕하지 못합니다. 내우외환內憂外患, 사면초가四面楚歌에 직면해 있습니다. 안보는 북핵 위협에 안절부절, 정부는 최고통치권자의 무능과 민간인의 국정농단으로 우왕좌왕, 정치는 사분오열되어 갈팡질팡, 경제는 양극화로 우울모드, 공직자들은 몸 사려서 복지부동, 높은 자리 앉은 이들은 우이독경牛耳讀經, 일자리 찾는 젊은이는 좌충우돌 헤매지만 공수래공수거空手來空手去. 미국대선이후 보수반동의 미국 정부 구성, 집안청소에 바쁜 중국이다 보니 다른 나라를 돌아볼 여유가 없습니다. 그렇다고 이열치열以熱治熱이랄까 맞대응Tit-for-Tat을 이야기할 수 없습니다. 미국정부에 우리나라의 자주국방自主國防를 말하면 '동맹'과 '평화'를 내세워 안분지족安分知足하라고 강요하고, 핵을 가진다 하니 과유불급過猶不及이라 훈계합니다. 이른바 남의 칼을 빌어 상대방을 공격하는 것도 쉽지 않습니다.

　미국의 고고도미사일방어체계사드, THAAD를 배치하려하지만 중국이 과민하게 반대합니다. 중국의 일대일로一帶一路, 아시아 인프라투자은행 AIIB에 기웃거리면 남중국해, 자유항행을 노리는 미국이 강한 경고음을 발합니다. 중국의 중화부흥의 꿈夢과 미국의 아시아복귀Pivot Asia 사이에 끼인 대한민국, 그야말로 취침 중에 가위에 눌린 듯 꼼짝달싹 못하는 형국입니다. 설상가상으로 일본마저 신안보법안을 개정해서 헌법9조의 멍에를 벗고 무장을 하기 시작했습니다. 독도가 위험해졌고, 유사시 군사적 개입을 하게 될 것임은 불을 보듯 분명하지만 속수무책입니다. 러시아의 움직임도 심상치 않습니다. 어부지리漁父之利가 특기特技인 러시아가 신동방정책을 앞세우고 본격적으로 아시아 사냥에 나섰습니다. 아시아태평양경제협력체APEC회의를 블라디보스토크에서 개최한 이후에는 아시아 국가가 된 것처럼 적극적입니다. 마치 근대시기 이전투구泥田鬪狗*

---

* 진흙 밭에서 싸우는 개를 말합니다. 원래는 강인한 성격의 함경도 사람을 평한 말인데, 지금은 명분이 서지 않는 일로 싸우거나 체면을 돌보지 않고 이익을 다투는 것을 비유하는 말로 사용합니다. 이 말의 유래는 조선 태조太祖가 즉위 초에 정도전鄭道傳에게 명하여 팔도八道 사람을 평하라고 한 일이 있었습니다. 정도전은 다음과 같이 평했습니다. "경기도는 경중미인鏡中美人, 거울 속에 비친 미인, 충청도는 청풍명월淸風明月, 맑은 바람과 밝은 달, 전라도는 풍전세류風前細柳, 바람 앞에 하늘거리는 가는 버들, 경상도는 송죽대절松竹大節, 소나무나 대나무 같은 굳은 절개, 강원도는 암하노불巖下老佛, 바위 아래 늙은 부처, 황해도는 춘파투석春波投石, 봄 물결에 던져진 돌, 평안도는 산림맹호山林猛虎, 삼림 속의 용맹한 호랑이입니다." 그러나 정도전은 태조의 출신지인 함경도에 대해서는 평을 하지 못했습니다. 태조가 아무 말도 좋으니 어서 말하라고 재촉하자 정도전이 말했습니다. "함경도는 이전투구泥田鬪狗, 진흙 밭에서 싸우는 개입니다." 태조의 안색이 변하자 눈치 빠른 정도전이 곧 말을 고쳐 대답했습니다. "함경도는 또한 석전경우石田耕牛, 돌밭에서 밭을 가는 소이기도 합니다." 태조는 그제야 용안龍顏에 희색喜色을 띠며 후한 상을 내렸습니다. 팔도 사람에 대한 이런 평의 출전은 정확히 알 수가 없는데, 아마 이전부터 전해 내려오는 말이 아닌가 추측됩니다. 이 성어成語는 우리나라에서만 사용되고 있습니다. 조선 후기 사람 이중환李重煥은 ≪택리지擇里志≫에서 우리나라 팔도의 위치와 역사적 배경을 다루면서 각 지방마다 불리는 별칭에 대해 설명하고 있습니다. 원래 경기는 왕의 땅을 칭하는 말인데, 도道 자를 붙이지 않는 것이 정칙定則이며, 이칭異稱이 없습니다. 호서湖西는 충청도를 말하는데 충북 제천의 의림지 호義林池湖의 서쪽이라는 뜻이고, 호남湖南은 전라도를 말하는데 전북 김제의 벽골제 호碧骨堤湖의 남쪽이라는 뜻이며, 영남嶺南은 경상도를 말하는데 조령鳥嶺 죽령竹嶺의 남쪽이라는 뜻이고, 영동嶺東 또는 관동關東은 강원도를 말하는데 대관령大關嶺 동쪽이라는 뜻이며, 해서海西는 황해도를 말하는데 경기해京畿海의 서쪽이라는 뜻이고, 관북關北은 함경도로 철령관鐵嶺關의 북쪽이라는 뜻이며, 관서關西는 평안도로 철령관의

의 장면이 재현되고 있는 분위기입니다.

2017년 1월 20일 미국은 트럼프 행정부가 출범했습니다. 트럼프는 자유민주진영이라는 가치보다 현실적 이익을 중시하는, 과거와 전혀 다른 유형의 미국 대통령입니다. 60여 년을 지켜온 한·미 동맹에 어떤 일이 벌어질 지 예측하기 어렵습니다. 우리의 성장 동력은 떨어져있고 경제 침체를 가속할 요인들만 쌓여 있습니다. 20년 전 IMF 사태 이래 가장 짙은 불황의 먹구름이 몰려오고 있습니다. 내우외환의 시기에 정치권은 정쟁의 늪에서 허우적대고 국정은 길을 잃고 있습니다. 공직사회는 아무것도 안 하는 게 상책이라는 패배주의에 빠져있습니다. 절망감이 우리 사회 곳곳에 병균처럼 번지고 있습니다. 이런 상황에서 이 나라를 이끌 지도자를 뽑아야 하는 중대사를 눈앞에 두고 있습니다. 이번 대선은 나라의 운명을 결정하는 중요한 시험대일 것입니다.

이 같은 최악의 상황에, 이대로 주저앉을 수 없습니다. 이 나라가 다시 일어나 달려 나가야 한다는 마음으로 희망의 열차가 달리게 해야 합니다. 우리 사회에서 심각한 것은 비관과 무기력입니다. 최근 여론 조사에서 올해 살림살이가 나아질 것이라고 답한 국민은 11%, 나라 경제가 좋아질 것이라 본 국민은 단 4%였다고 합니다. 누가 이 절망의 사회에 희망을 심을까요?

그러나 절망 속에서 희망을, 연단 속에서 지혜가 있습니다. 하늘이 무너져도 솟아날 구멍이 있다는 말처럼 이판사판 난장판理判事判 亂場判인 야단법석惹端法席 와중渦中에도 분명히 살 길이 있습니다. 안 되는 쪽이 아니라 되는 쪽으로 궁리하다 보면 '아하' 하는 지혜가 떠오릅니다. 상황과 환경은 바꿀 수 없지만 생각은 얼마든지 바꿀 수 있습니다. 대한민국

서쪽이라는 뜻입니다.

의 시계가 한 치 앞도 볼 수 없는 오리무중五里霧中이지만 카오스Chaos이론에서 언급한 것처럼 혼동과 무질서 속에도 일정한 규칙과 패턴이 있습니다. 그것을 정확히 파악하고 진의眞意를 판별하면 활로를 찾을 수 있을 것입니다. 최근 북한이 대륙간탄도미사일ICBM과 잠수함발사탄도미사일SLBM 등 다양한 미사일로 도발挑發하고, 5차 핵실험을 준비하면서 청와대 타격 연습까지 하지만 표리부동表裏不同한 면이 있습니다. 최근 리수용 북한 외무상이 부지런히 유엔본부에 드나들고 있습니다. 지난 2015년 10월에는 유엔연설을 통해 미국에게 평화협정 체결을 제안했고, 2016년 4월에는 유엔본부에서 개최된 '2030지속가능개발목표SDG 고위급회의'와 '파리기후변화협정 서명식'에 연이어 참여했습니다. 수컷공작이 날개를 활짝 펼칠 때는 상대수컷을 위협할 목적도 있지만 암컷을 유혹할 의도도 있는 것처럼 북한의 무력시위도 두 가지 목적을 동시에 가집니다. 힘자랑도 하고 싶지만 궁극적으로는 자본주의 시장접근이 목적입니다. 결국 북한은 협박과 애걸이라는 강온양면책을 구사하면서 국제사회에 구애활동을 펼치고 있습니다.

최근 북한이 다급하게 구는 데는 이유가 있습니다. 북한 내부적으로 분단과 분단유지에 따른 피로도疲勞度가 폭발지경에 이르렀고, 지금이 응석부리기 적절한 시기이기 때문으로 보입니다. 초강대국 미국을 상대해서 매순간 존립存立을 담보擔保할 정도의 살얼음판을 걸어야 하는 북한의 입장에서 미국 새로운 대통령에 따른 대북정책은 초미의 관심사였습니다. 노벨평화상을 수상한 오바마 정부가 전쟁을 발동하지 않을 것임을 계산하고 미국이 가진 인내력의 임계지점까지 수위를 높여왔습니다. 북한은 항복이 아니라 대등한 입장에서 6·25전쟁을 정리하고 싶어 합니다. 그러나 이제 미국은 새로운 대통령으로 자국의 이익을 중시하는 트럼프가 당선되었습니다. 트럼프는 분명 대하기 어려운 상대입니다. 김정은이 조급한 또 다른 이유는 국내사정입니다. 자원도 고갈되고, 주민 관리도 한계에 도달했습니다. 위기에 봉착한 김정은 정권의 유일한 생존 방안이 시장체제편입이라는 것은 중국경험에서 절실히 느꼈을 것입니다. 때문에 북한은 체제존속을 위해 미사일과 핵을 자본으로 전환시킬 수밖에 없는 상황으로 보입니다. 외부환경 조건도 한 원인입니다. 중국의 발전이 상대적 열등감과 빈곤감을 가중시키고 불만을 팽배시켰습니다. 부정부패와의 전쟁으로 집정능력을 강화한 중국의 북한확대도 두렵습니다. 이미 나선지역**은 중국의 은행, 기업, 식당들이 장악했고 위안화가 기축통화로 자리 잡았습니다. 그래서 김정은은 제7차 노동당대회를 열어 방향전환을 도모하려 했습니다. 지난 70여 년 동안 전쟁에만 몰두했던 군사엘리트 대신 시장에 대응할 인력들을 포진시켜야 합니다. 대외적으로는 '민주적 절차에 따라 성립된 정권'임을 홍보해야할 필요성도 있습니다. 6·25전쟁을 종결하고 평화체제로 전환하려면 핵, 미사일과 생화학무기를 포기해야 하는데 그 방식이 이란이나 시리아 방식이 될 것이라는 것을 압니다.

문제는 우리입니다. 북한 미사일이 우리 군이 준비하는 킬 체인Kill Chain과 한국형 미사일방어체계KAMD를 무력화시킬 것이라고 걱정하는 우리가 문제입니다. 대한민국은 이미 시장패러다임에 최적의 조건과 최고의 방어대책을 가지고 있습니다. 북한은 미국을 상대하려고 핵과 미사일을 준비했지만 우리는 북한의 도발을 억제할 더 효과적인 비대칭전력을 가지고 있습니다. 이것이 무엇일까요? 바로 사람입니다. 대한민국 땅에서 살고 있는 수십만 명의 외국인 친구들입니다. 30만 명이 넘는 중국인들과 주한미군 군속들, 그리고 다양한 국가들에서 온 다문화가정의

** 1991년 두만강 하류유역의 나진·선봉지역을 자유경제무역 특구로 지정해서 중국, 러시아와 경제교류를 하는 지역입니다.

외국인들이 있습니다. 그들이 대한민국이라는 공간을 공유하고 있는 이상 북한은 도발할 수 없습니다. 이미 대한민국은 세계인이 함께하는 공공의 장소가 되었습니다. 결국 북한도 그들이 원하는 시장으로 가려면 대한민국과 더불어 갈 수밖에 없습니다. 이것이 바로 역비대칭전략이고, 우리가 가야할 길일 것입니다. 이제 마음을 새롭게 해서 새희망으로 우리 대한민국이 우뚝 솟아오르도록 우리 모두 손에 손잡고 기대하면서 힘차게 나아갑시다.

위기를 희망으로 이끄는 국민의 힘

2016년 한국 사회는 격랑에 휩싸인 한 척의 배와 같았습니다. 배에 작은 구멍이 났습니다. 그 구멍으로부터 물이 들어오고 있습니다. 구멍을 찾아 메우고 물이 들어오지 않게 하지 않는 한 한국사회는 물속에 잠길 수도 있습니다. 지금의 '최순실 국정농단' 사태 또한 선상船上 사건에 비유할 만합니다. 배의 선장이 개인적으로 친분 있는 사람에게 배를 내맡겨 온갖 이권利權을 취하게 놔둔 것이 드러나 그에 분개한 승객들이 횃불을 쳐들고 선장을 끌어내리려 나선 형국과 너무나 닮았습니다. 그러나 문제는 배를 위험에 빠뜨린 무도無道한 자와 그것을 방조한 선원들을 벌하고 선장을 끌어내린다고 해서 배가 직면하고 있는 격한 풍랑風浪을 피할 수는 없다는 데 있습니다.

우리 사회가 당면한 문제도 이와 같습니다. 배가 만난 풍랑이 거세지듯, 우리사회의 위기 상황 역시 더욱 심각해지고 있습니다. 그것은 대통령 탄핵과 그 이후 정치적 혼란, 악화되는 경제 불황, 지진 공포, 북한

핵위협과 미군 사드배치에다 미국 대통령에 당선된 트럼프의 모험주의에 따른 한반도 정세 불안뿐만이 아닙니다. 장기적으로 국가소멸을 불러온다는 인구 절벽도 더욱 가시화되고 있습니다. 우리 사회를 뒤흔들고 있는 것 어느 하나도 쉽게 넘어갈 수 있는 문제가 아닙니다. 이 당면한 문제들에 대한 올바른 처방을 내놓지 않는다면 우리 사회는 몰락의 내리막길로 갈 수밖에 없습니다.

2017년을 맞으면서 가장 심각하게 짚고 넘어가야 할 문제는 인구구조 전환의 해라는 사실입니다. 생산가능인구(14~64세)는 2016년 정점을 찍고 2017년부터 감소하기 시작합니다. 2017년부터 65세 이상의 노인인구가 14세 이하의 유소년인구보다 많아집니다. 지금 우리는 이 문제를 너무 가볍게 여기고 있는 것 같습니다. 그러나 유엔 인구국은 노인인구가 유소년인구를 앞지르는 상황을 "인구의 역사적 역전"이라고 해서 인구의 심각한 위기국면으로 파악하고 있습니다. 그것은 이런 인구구조변화가 정치, 경제, 사회 전반에 걸쳐 지형을 뒤흔드는 대격변을 일으킨다고 보기 때문입니다. 영국의 인구학자 폴 월리스는 그 대격변을 "연령지진"으로 표현했습니다. 그 충격이 2011년 동일본을 강타한 리히터 규모 9.0의 자연지진에 비교할 만하다는 데서 그렇습니다.

유엔 인구국은 우리나라가 맞이할 인구의 역사적 역전 시기를 2020년으로 예측했지만 현실은 그보다 빠르게 진행되고 있습니다. 지난 30여 년 동안 우리나라의 유소년인구는 절반으로 준 반면, 노인인구는 약 4배나 늘었습니다. 특히, 2002년부터 신생아 수가 40만 명 선으로 줄었는데 이들이 내년에 만 15세가 됩니다. 2017부터는 신생아 수가 40만 명을 밑돌 전망입니다. 이렇다 보니 지금의 초·중학교의 폐교 현상이 2017년부터는 고등학교로 확산되고 4년 뒤에는 대학교까지 이어질 수밖에 없습니다. 또 국가적으로는 5년 뒤에는 군 입대 장병 수의 부족이 예견

되고 있습니다. 우리나라의 출산율 저하와 빠른 인구 고령화는 경제동력의 위축을 가져오기에 이를 핵폭탄보다 더 무섭다고 말하기도 합니다.

출산율 저하와 인구 고령화는 생산과 소비를 위축시켜 경제성장의 큰 걸림돌이 됩니다. 고용 기회가 줄고 해고가 늘어 빈부격차와 불평등의 골은 더욱 깊어질 수밖에 없습니다. 지난 2016년 우리나라의 불평등 구조는 이미 심각한 상태였습니다. 2016년 1월 16일 한국보건사회연구원 발표에 의하면, 우리나라 14~18세 청소년 10명 중 8명이 우리 사회가 '불평등하다'고 여기고 있습니다. 거기에 정경유착과 부정부패까지 더해져 노사갈등을 비롯한 사회 균열이 갈수록 커지고 있는 것이 지금 우리 사회의 모습입니다. '헬 조선'이라는 자조적 유행어가 나돌고 '금수저'와 '흙수저'로 출생배경을 가르는 '수저계급론'은 이미 익숙해진 말입니다. 요즘 세계가 놀라는 수백만의 촛불로 온 나라를 뒤덮게 만든 단초端初가 된 최순실의 딸 정유라가 이화여대에 부정입학을 '부모의 실력'이라고 떳떳이 자랑한 것은 우리 사회가 '수저계급론'의 진면목을 보여준 하나의 사례일 뿐입니다.

이런 불평등 사회구조 속에서 사람들은 희망을 잃고 있습니다. 2016년 12월 12일 통계청이 발표한 13세 이상 국민을 대상으로 한 설문조사 결과, 응답자 절반 이상이 자녀들의 신분상승을 불가능한 것으로 답했다는 사실이 그것을 잘 말해 줍니다. 이러니 이 나라 젊은이들이 결혼하고 아이를 낳으려고 할까 싶습니다.

우리 사회에 대한 위협은 땅 위뿐만 아니라 땅속으로부터도 분출되었습니다. '인구지진'에 대한 우려와 함께 자연지진 공포까지 덮친 것입니다. 2016년 9월 12일 경주시 인근에서 규모 5.8의 역대 최대 규모 지진과 40여 차례의 여진이 발생하였고 지금도 간헐적으로 지진은 계속되고 있습니다. 2016년 12월 11일부터 14일까지 태안, 경주, 상주에서 규모

2.1~3.3의 지진이 네 차례나 있었습니다. 더욱 걱정스러운 것은 핵발전소가 밀집된 곳에서 지진이 잦다는 사실입니다. 최대 규모의 지진이 발생한 경주에는 핵발전소 뿐만 아니라 방사성폐기물처분시설까지 운영되고 있습니다. 가동 25년이 넘는 낡은 핵발전소 4기가 밀집된 고리 주변 30킬로미터 안에 사는 주민은 340만 명을 넘습니다. 세계 핵발전소 주변 어느 곳도 이렇게 사람이 많이 사는 곳은 없습니다. 인간 생명과 안전은 안중에도 없는 우리나라 에너지산업정책의 현주소입니다.

우리나라는 산업발전을 위해서라면 노동자·농민의 생명과 인권을 그리 대수롭지 않게 여기는 나라입니다. 산업현장에서 사망하는 노동자가 매년 2,000명을 훨씬 넘습니다. OECD 국가 중 다른 나라의 추종을 불허하는 압도적인 1위입니다. 2016년 5월 지하철 스크린도어를 수리하던 19세 청년의 참변, 9월 고속철 선로 보수 노동자 2명의 열차 충돌 사망을 비롯해서 대기업 하청업체 노동자들의 사망 소식이 이어졌습니다. 2015년 11월 노동자들의 권익을 주장하는 시위현장에서 쌀값 인상을 요구하다 경찰의 물대포를 맞고 쓰러져 2016년 9월 25일에 운명한 백남기 농민 사건은 이 나라 국민의 생명과 인권의 현실을 가늠하게 합니다. 1인당 국민소득 3만 달러를 바라본다는 우리나라이지만 절대다수의 노동자·농민들의 현실은 목숨을 내걸고 살아야 할 만큼 열악합니다. 이처럼 우리 사회는 불행히도 정의와 평화의 사각지대임을 여실히 드러내고 있습니다. 이 나라를 뒤덮고 있는 암울함을 걷어내고, 희망의 빛을 되찾기 위해서는 우리 국민 모두가 참여하는 민주시민의 자세로, 실천하는 데 앞장서야 할 것입니다.

지난 2016년 우리 국민은 촛불로 대통령을 탄핵하는 데 성공했습니다. 이 일로 국민의 힘은 위대하다는 자신감을 얻었습니다. 대통령을 내쫓는 혁명 수준의 행동을 보여줬는데, 한 명의 부상자도 연행자도 없는 기적을 이루었습니다. 이는 인류역사에 남을 기념비적인 행동을 보여준 것입니다.

"대한민국은 민주공화국이다. 대한민국의 주권은 국민에게 있고, 모든 권력은 국민으로부터 나온다." 대한민국 헌법 제1조입니다. "나는 헌법을 준수하고 국가를 보위하며 조국의 평화적 통일과 국민의 자유와 복리의 증진 및 민족문화의 창달에 노력하여 대통령으로서의 직책을 성실히 수행할 것을 국민 앞에 엄숙히 선서합니다." 대한민국 헌법 제69조의 대통령 취임 선서문입니다. 주권자인 국민은 국가의 최고 권력자인 대통령을 낳고, 대통령은 자신을 낳아준 국민 앞에 직책을 성실히 수행할 것을 엄숙히 선서합니다. 그러므로 대통령이 국민의 뜻을 받들 때에 비로소 헌법의 고귀한 가치는 수호됩니다.

2016년 대한민국의 촛불민심은 청와대는 물론, 여의도 국회까지 물결쳤습니다. 시작은 미묘한 정치적 사건이었지만, 어쩌면 낡아빠진 기존 질서를 타파하고 새롭게 우리 시대의 패러다임을 창출해 내는 국민에 의한 혁명의 서막이 열린 느낌이었습니다. 이는 촛불혁명, 혹은 국민혁명이고 한국적인 '명예시민혁명'이었습니다. 명예혁명하면 주로 영국의 경험이 떠올리는데, 이번 촛불집회야말로 명예혁명이었습니다. 2016년 11월~2017년 3월 촛불혁명은 수백만 명의 사람들이 참여했지만 한 사람도 체포되지 않았습니다. 피 흘린 사람이 한 사람도 없었다는 사실은 기적이었습니다. 제일 감동적인 것은 경찰이 막아둔 차벽을 뛰어넘으려고 할 때 시위하는 여고생들이 '비폭력!', '내려오세요.' 등을 외치자 노조 계열의 젊은 남자들이 내려왔었습니다.

그 어떤 나라의 시민운동, 인권과 평화와 노동운동에서도 찾아보기 힘든 전혀 다른 새로운 운동의 지평을 열었습니다. 이것을 세계 유수의 언론들이 굉장히 높게 평가했습니다. 이런 명예혁명이 이루고자 하는 것은 헌법정신수호입니다. 그동안 헌법을 읽어본 국민들이 별로 없었는데, 촛불혁명을 계기로 헌법전문을 새롭게 읽어보게 되었습니다. 헌법정신을 구현하자는 것이 거리로 나온 수백만 명의 국민, 헌법주체들의 외침이었습니다.

우리나라 대통령이 취임할 때, 헌법 준수를 서약합니다. 박근혜 전 대통령이 취임할 때, 헌법 준수를 맹세했습니다. 하지만 우리 헌법을 가장 체계적으로, 조직적으로 간교하고 사득하게 위배한 장본인이 대통령이라는 사실을 이번에야 비로소 국민들이 깨닫게 되었습니다. 헌법의 권위를 생활 속에서 세우자는 것이 국민적인 요구였었고, 그 의식이 싹튼 것입니다. 이것이 촛불혁명의 동력입니다. '대한민국은 민주공화국이다.' 박근혜 전 대통령은 지금까지 마치 대한민국은 민주공화국이 아님을 알려준 것 같습니다. 헌법정신을 진정으로 존중하지 않았습니다. 이 정신에 충실하려고 했던 젊은이들은 감옥에 갔고, 노동자는 노동운동으로 온갖 고초를 겪었습니다. 대한민국을 민주공화국으로 만들려고 했던 모든 세력들이 고통을 지불했습니다. 명예혁명이라 부르는 이유는 국민 전체가 민주공화국임을, 국민이 주권자임을 평화축제 분위기 속에서 성숙하게 보여줬기 때문입니다. 얼마나 평화롭고 아름다운 광경이었는지 모릅니다.

헌법 전문을 보면 '우리 대한국민은 3·1운동으로 건립된 대한민국임시정부의 법통을 계승한다.' 둘째는 '불의에 항거한 4.19 민주이념을 계승한다.' 셋째는 '평화적 통일사명에 입각해 민족단결을 공고히 한다.'로 되어 있습니다. 촛불명예혁명을 부정하는 세력들은 임시정부의 법통을 인정하지 않습니다. 1948년 8월 15일 이승만이 남한의 단독정부를 수립한 것을 '건국절'이라 부르며 역사를 왜곡하려 하고 있습니다. 이것을 부정하려는 세력은 친일파 세력으로 그 사람들이 새롭게 조작하려고 하는 것이 바로 '국정교과서'입니다. 우리나라는 상해임시정부의 정통을 이어받은 민주공화국입니다. 이른바 '건국절'이 되면 임시정부 법통과 만주에서 독립운동, 국내외 독립운동 모두가 헛수고가 되고 말 것입니다.

이른바 대통령 박근혜 정권의 민간인 국정논단 게이트로 말미암아 온 나라가 망신창이가 된 지금, 국민의 뜻은 분명합니다. 대통령 지지율 4%, '박근혜 퇴진'을 외치며 연일 전국에서 타오르는 수백만 촛불들. 비뚤어진 자식을 낳고 후회하는 부모의 심정으로 국민은 대통령에게 물러나라고 엄중하게 명령하고 있습니다. 그러나 국민이 낳은 대통령은 꿈쩍하지 않습니다. 여전히 자신의 죄과를 인정하지 않고 책임전가에 여념이 없습니다. 부끄러움도 없습니다. 고결한 대통령 선서를 스스로 폐기하고 국민과 맞서고 있습니다.

권력에 취해 비틀거리는 대통령과 그에 기대어 한 줌 권력을 탐닉하는 기회주의 정치인들로 말미암아 혼돈스럽기 그지없는 상황입니다. 정치 권위의 주체는 주권을 지닌 이들로 간주되는 국민 전체입니다. 다양한 형태로, 국민은 자신들이 선출한 대표들에게 주권의 행사를 위임하지만, 통치 임무를 맡은 이들의 활동을 평가하고 그들이 충분히 역할을 수행하지 못할 경우 바꿈으로써 이러한 주권을 주장할 수 있는 특권은 보존됩니다.

이제 앞으로의 정치는 국민을 배려하는 것이 핵심이어야 합니다. 과거에는 정치가 국민을 지배했고, 지배당하는 것에 화난 국민이 정치를 포기하고 불신하고, 마지못해 참여했지만, 앞으로는 국민이 중심이 되는 시대가 올 것입니다. 이제 우리 사회는 공정한 사회, 정상적인 사회여야 합니다. 불공정, 불법, 탈법, 반칙, 불평등을 없애고 복지확대, 노동보호, 공정한 경쟁 등이 실현되는 건강한 사회가 되도록 우리 모두가 함께해야

할 때입니다.

촛불평화행진은 끝이 아니고 시작일 뿐입니다. 촛불혁명이 정권교체로 끝나서는 안 됩니다. 광장의 요구는 한 정당에서 다른 정당으로 정권이 넘어가는 것으로 만족하는 수준이 아닙니다. 정말 새 시대를 열어달라는 의미입니다. 앞으로 이 나라를 이끌고 가는 지배집단이 지난 71년간의 지배집단과 달라야 한다는 것입니다. 이 나라의 지배세력은 친일냉전세력이었습니다. 이승만이 집권 이후 친일파를 정리하지 못하면서이들에게 집권의 길을 열어줬습니다. 친일세력이 이 나라를 지배하려고하니, 그 부끄러움을 지우기 위해 '반공'이라는 이념을 가지고 나왔습니다. 자기들의 친일을 숨길 수 있었기 때문이었습니다. 고등계 형사, 친일파 지식인들이 가장 극렬한 반공주의자였던 것도 자신의 친일을 숨기기위해서였습니다. 그러니까 이런 사람들이 남한의 지배세력의 핵심으로들어오면서 자연히 남북관계는 나빠질 수밖에 없었습니다.

우리나라는 빈부의 격차가 너무 크고, 불평등이 심화되면서 대다수국민들에게 정의가 없으면 평화도 없습니다. 그러니 평화와 경제는 항상함께 가는 것입니다. 평화와 복지도 그렇습니다. 하지만 여론조사를 보면 국민들이 평화문제보다 경제문제에 더 큰 관심을 보이고 있습니다.그 이유는 국민들의 관심 사항이 경제이기 때문입니다. 그리고 평화와통일을 강조하게 되면 자칫 종북 좌파로 오해를 받게 되고, 또 표가 떨어진다고 생각하기 때문에 이에 대한 두려움이 있습니다.

이번 대통령 선거는 이런 프레임을 반드시 깨는 선거가 돼야 하고,평화가 바로 경제이고, 바로 법이고, 바로 정의임을 내세워 표를 얻어야합니다. 와서 보라, 평화촛불행진을 하는 저 가족들을, 저 여고생들을누가 종북 좌파라고 말할 수 있겠는가. 아직도 야당 정치인들은 이 프레임을 깨는데 주저하고 있습니다. 이 수준을 넘어서야 합니다. 누가 대권

후보로 나오더라도 새 시대, 새 문화, 새 체제, 새 역사를 만들 크고도 깊은 비전과 철학, 정치 프로그램, àgenda를 가지고 나와야 합니다. 문화적 민주주의, 생활화된 민주주의와 한반도 평화를 실현할 수 있는 새 시대 새 사람이 나와야 합니다. 무엇보다 종교적인 신념과 신앙을 가진 사람들이 이 프레임을 깨는 데 앞장섰으면 좋겠습니다.

최순실 사태를 바라보는 국민의 눈

최순실 사태가 온 나라를 뒤숭숭하게 하였습니다. 참담한 심정입니다. 통수권자 스스로 국가의 운영시스템은 내팽개친 채, 제도권 바깥의 힘을 빌려 국정을 운영하는 기이한 작태가 벌어지고 있는 나라에서 사는 국민의 허탈감을 어찌 말로 다 표현할 수 있을까요? 후진국에서도 일어나기 어려운 일을 겪고 있는 작금의 상황이 실로 암담할 뿐입니다.

그러나 정작 더 큰 문제는 지금까지 드러난 것이 빙산의 일각에 불과하다는 데 있습니다. 아직도 사태의 흐름이 어느 방향으로 어디까지 흘러갈지 거의 예측할 수 없는 상황이기 때문입니다. 그나마 이번 사태가 지금이라도 불거지게 된 것이 불행 중 다행이라는 생각도 듭니다. 이른바 최순실 패밀리의 최종적인 목표가 2017년에 열릴 평창 동계올림픽을 겨냥하고 있었다는 항간의 소문이 상당히 타당해 보이기 때문입니다.

따라서 발단의 진원지인 박근혜 정권은, 국민이 이번 사태를 예의 주시하고 있다는 것을 명심해야 합니다. 앞에서도 지적했듯이, 지금까지 드러난 것이 극히 일부에 지나지 않는다면, 과연 박근혜 정권이 자신들의 치부를 어느 정도까지 도려내느냐에 따라 국민의 태도가 결정될 것이기 때문입니다. 이미 시기적으로 상당히 늦기는 했지만, 그래도 지금이라도 이번 사태의 본말을 제대로 밝혀, 가래로도 막지 못하게 되는 상황이 초래되지 않도록 환골탈태하는 모습을 보여주어야 합니다.

이번 사태의 책임자가 통수권자라고 해서 여당이 어중간한 태도로 일관해서는 문제의 심각성을 제대로 파악했다고 할 수 없습니다. 여당이 이런 사태가 초래될지 알지 못했다는 것 자체가 국민을 기만하고 있는 것입니다. 따라서 여당은 이유 여하를 막론하고, 이번 사태의 본질을 제대로 파악해 불법적인 면이 조금이라도 드러날 경우 강력하게 응징해서 국민의 의혹을 해소해 주어야 합니다.

야당 또한 이번 사태의 해결에 발 벗고 나서야 합니다. 이번 사태가 자신들에게 유리하게 작용할지 불리하게 작용할지를 따질 게 아니라, 통수권자의 판단을 더는 믿을 수 없는 게 확실한 상황에서, 대승적 차원에서 국정 운영에 힘을 보탤 수 있는 성숙한 논의와 행동이 우선되어야 합니다. 국가가 흔들린다면 야당 또한 존립 이유가 사라질 수밖에 없습니다.

역대 정권을 거치면서 지금까지 이런저런 이유로 국민은 충분히 시달려 왔습니다. 모쪼록 이번 사태가 국민으로 하여금 더는 이 나라의 국민이기를 포기하게 하는 사태가 벌어지지 않기만을 간절히 바랄 뿐입니다.

대한민국의 암흑을 몰아낸 촛불의 내일은?

"젊은이와 노인들이 한데 어울리고 스마트폰을 이용해 친구들이 어디 있는지를 찾는 등, 한국의 집회는 일종의 대형 공공축제 같은 모습입니다." 영국 로이터 통신의 기사 중 일부입니다. 최근 해외에서 우리나라 시위 문화는 성숙한 시위문화라며 극찬을 하고 있습니다. 미국 출신 다르마 칼리지 쉐넌 킴 교수는 "시위를 위해 백만이 넘는 사람들이 모였는데 큰 폭력사태가 일어나지 않은 것이 놀랍습니다."며 "미국에서는 일종의 질투심까지 느끼고 있습니다."고 말했습니다.

처음부터 우리나라에서 일반적인 시위의 모습이 촛불시위였던 것은 아닙니다. 4·19혁명과 6·10 민주항쟁 당시에는 경찰과 국민이 치열하게 대치하고 최루탄 가스가 거리에 가득했습니다. 그렇다면 우리 시위의 모습은 어떤 과정을 거쳐 변화한 것일까요?

"학생 데모에서 학생의 주 무기는 투석과 화염병이요, 경찰의 주 무기는 최루탄이었습니다." 〈조선일보〉 1987년 5월 20일자 기사 중 일부입니다. 군사정권 시절 경찰의 폭력적인 시위진압에 맞서 시위 참가자들 역시도 몽둥이와 직접 만든 화염병을 들고 거리로 나섰습니다. 당시에는 경찰과 국민 모두 방어를 명분으로 폭력을 휘둘렀습니다. 역설적이지만 그때는 시위 과정에서 안전해지기 위해선 폭력을 쓰는 것이 필수적이기도 했습니다.

이와 같은 시위문화는 2002년 '효순이 · 미선이 사건'을 계기로 변화하게 되었습니다. 미군의 장갑차에 치여 사망한 두 여학생의 죽음을 애도하기 위해 '반미反美 촛불시위'가 일어났습니다. 2002년 11월 28일 '앙마'라는 ID의 네티즌이 한 사이트에 호소문을 올린 것이 촛불시위의 결정적인 계기가 됐습니다. 이 네티즌은 호소문에서 "죽은 이의 영혼은 반딧불이가 된다고 합니다. 광화문에서 미선이 효순이와 함께 수천수만의 반딧불이가 됩시다."며 억울하게 죽은 이를 위로하기 위해 촛불을 들고 거리로 모이자고 제안했습니다.

정권이 군사독재에서 민간으로 이양되고 국민의 인권을 지켜야 한다는 목소리가 커졌습니다. 국민의 인권을 외치는 목소리가 커지자 경찰의 폭력진압이 줄어들었습니다. 이제 국민들은 경찰의 무력으로부터 자신을 보호하지 않아도 됐고 화염병 대신 촛불을 들기 시작했습니다. 국민들이 평화시위를 지향한 이후로 노무현 전 대통령 탄핵 반대 시위와 이명박 정권의 미국산 쇠고기 수입 반대를 위한 시위까지 평화적인 촛불집회가 이어졌습니다.

최근의 촛불시위는 단순히 촛불을 들고 구호를 외치는 것에서 벗어나 '촛불콘서트'라고 일컬어질 정도로 변화했습니다. 시위 현장에서 시국을 풍자하기 위해 가사를 바꿔 가요를 부르기도 하고, 유명가수들의 라이브 공연, 유명 개그맨의 토크 콘서트, 일반 국민들의 연설 등 여러 문화콘텐츠를 만날 수 있었습니다.

촛불시위 현장을 보면서 1980년대의 화염병이 난무하던 시위를 떠올리는 사람들이 있을 것입니다. 당시 우리나라는 국가니 계급이니 하는 대서사의 시대였고, 정권은 국민에 의해 선출된 것이 아니라 주권자의 권리를 짓밟고 권력을 찬탈한 집단이었습니다. 물리력으로밖에 정권을 유지할 수 없었던 그들은 헌법에서 보장된 집회와 시위의 자유를 허락하지 않았습니다. 당시 대학생들은 어느 시인의 노래처럼 '새벽 뒷골목에 남몰래 타는 목마름으로 민주주의여 만세라고 써야 했던 시절'에 돌과 화염병을 던졌던 것입니다.

이제는 시대와 조건이 많이 달라졌습니다. 한 나라의 통치자는 그 나라 국민의 수준과 민의를 반영한다는 말이 있습니다. 정부의 무능과 부정의는 바로 우리 사회의 적나라한 모습이자 수준입니다. 1980년대 외재적인 적으로 간주되던 당시의 권력과 달리 정권은 거울에 비친 우리의 모습이니 스스로 부끄러워해야 할 내재적 모습이기도 합니다.

하지만 촛불시위에서 국민이 부끄러워만 하고 있지 않다는 것이 흥미롭고 멋진 지점이었습니다. 적나라한 치부를 놀이의 소재로 삼아 SNS로 인증샷을 올리고 그곳의 현장성을 바깥세상으로 확산·전파시키며 즐겼습니다. 1980년대 시위 현장의 엄숙함은 없지만, 이미 바리케이트 없는 세상의 소통을 보여주었습니다. 동지애보다는 계급과 성, 세대의 차이를 넘어서는 연대감으로 국가권력의 무능과 부정의로 초래된 국민들의 부끄러움을 서로 위로하는 시위 현장을 만들어갔습니다.

1980년대 바리케이트 너머로 던져진 돌과 화염병은 바깥으로 내보낼 수 있는 유일한 메시지이기도 했습니다. 하지만 아무에게도 도달하지 않는 메아리인 경우가 허다했습니다. 이제 국민들은 두려워하지 않고 오히려 조롱하며 희화화하는 기지와 재기발랄함으로 권력에 반격을 가했습니다.

대의민주주의도 과거와는 달라질 것입니다. 공감과 소통의 시대에 100만 이상의 국민이 만들어낸 광장에서 경험한 민주주의는 분명 새로운 시대, 체제를 만들어가는 중요한 경험이 될 것입니다. 폭력적 전시展示가 없는 가운데, 많은 사람들의 자발적 참여를 이끌어내며 혼자 왔어도 혼자가 아닌 공감과 소통의 광장에서, 소수자와 약자의 목소리에 귀 기울이는 국민들의 인권 감수성을 확인할 수 있었습니다. 주말이면 부모의 손을 잡고 온 가족이 광화문 시위에 참가하는 모습은 우리 사회의 일상이 되었습니다. 부모의 손을 잡은 아이가 성인이 된 후의 시위는 어떤 모습일까요?

평화적 발전인가, 기득권의 프레임인가

변화하는 시위 모습에 대한 논쟁이 격렬해졌습니다. 다수가 참여할 수 있는 평화적 시위를 지지하는 사람이 있는 반면, 원하는 결과를 빠른 시일 내에 도출하기 위해선, 보다 적극적으로 의견을 표출하는 것이 필요하다고 주장하는 사람도 있습니다. 〈한국일보〉에서 촛불집회에 대한 국민 여론을 분석한 자료에 따르면 촛불시위에 대한 평가가 긍정이 75%, 부정이 25%로 조사됐습니다. 국민 여론의 대다수는 평화시위를 지지하였습니다.

시대가 바뀐 만큼 시위문화도 변화해야 한다는 것이 다수의 의견입니다. 사전에 따르면 시위란 다수의 사람이 공동의 목적을 추구하기 위해 정책당국 또는 조직에 영향력을 행사하거나 일반 국민에게 알리는 공개적, 집합적 의사 표현 행위입니다. 평화롭게 시위했기에 남녀노소가 포함된 '다수'가 될 수 있었고, 더 큰 영향력을 행사할 수 있었습니다. 집회가 과격해지면 약자들의 참여가 어려워지고 특정계층위주로만 시위가 진행될 가능성이 커집니다. 그뿐만 아니라 불특정다수가 모인 만큼 통제하거나 지휘하기도 쉽지 않으므로, 정제되지 않은 무력은 간단히 진압될 수밖에 없는 것이 사실입니다.

물론 이 평화적 시위를 좋게만 보지 않는 사람도 있습니다. 이들은 "민주주의가 발달하고 성숙한 민주시민의식을 갖고 있다는 유럽 선진국에서조차 화염병을 던지며 과격하게 공권력에 저항합니다."며 "촛불로 무엇을 할 수 있을까요, 평화시위가 바꾼 세상은 없고, 평화시위로 쓰인 역사도 없습니다."고 말합니다. 2016년 미국만 보더라도 대선 결과에 반발하는 국민들이 고속도로를 점거하거나 차량 유리를 박살 내 벌써 수십 명이 경찰에 연행됐습니다.

실제로 촛불시위가 회를 거듭할수록 여러 포털사이트에서는 '국민이 한데 모여 한 목소리를 내고 있는데도 꿈쩍도 하지 않으니 답답합니다.' 하며 적극적 시위의 필요성을 호소하는 사람이 늘었습니다.

시위란 민주사회에서 국민의 마지막 수단입니다. 하지만 현행법상 시위 규정들은 경찰의 해석과 법의 적용에 따라 바뀌기도 합니다. 신고제이지만 사실상 허가제에 가깝습니다. 그렇기에 정해진 틀 속에서만 시위하면 의견전달에 분명한 한계가 발생할 수밖에 없습니다. 그러므로 기존의 틀을 깨야 할 필요가 있습니다. "평화시위가 너무 정답처럼 여겨지고 있습니다."며 "이에 반하는 의견은 무조건 선동꾼으로 몰아가 의견 피력조차 쉽지 않은 측면이 있습니다.'고 말하는 이들의 말도 가벼이 여길 수만은 없습니다.

유명 연예인들이 참석해 장시간 공연을 하는 등 축제처럼 시위가 진행되는 것에도 의견이 분분했습니다. 한 포털사이트에 촛불 파도타기를 하거나 옆 사람과 친밀하게 행동하는 것에 대해 "문화행사에 온 것인지, 시위하러 온 것인지 모르겠습니다."는 글이 게재된 적도 있었습니다.

당시 이 글은 천 개 이상의 추천과 비슷한 수의 반대를 받았습니다. 이 글에는 의경 버스에 붙였던 스티커를 떼어주고 쓰레기를 줍는 등의 행위는 지나친 자기검열일 뿐, 시위의 본질을 흐리는 것이 불편하다는 의견이 덧붙여졌습니다.

하지만 이에 "이런 행사가 있었기에 더 많은 사람이 기쁘게 참여할 수 있었던 것"이라며 "문화적 활동으로 평가하는 것은 사회적 약자의 목소리를 흐리는 것"이라고 반발하는 사람도 있었습니다. 많은 누리꾼은 "앞으로의 시위도 위와 같은 방향으로 변화해야 합니다."는 말로 지지하는 모습을 보이기도 했습니다.

시위 때마다 청와대 앞 몇 미터까지 행진하는지가 중요하게 다뤄졌습니다. 이 숫자는 무엇을 의미할까요? 청와대와 국회, 법원, 헌법재판소 앞 100m 이내 집회와 시위는 전면 금지되어있습니다. 하지만 2016년 11월 26일, 5차 촛불집회 때는 법원이 청와대 200m 앞까지 행진을 허용했습니다. 또 12월 3일, 시위대는 사상 최초로 집시법에서 제한하는 청와대 앞 100m 지점까지 행진을 한 뒤 집회를 열었습니다.

점점 줄어드는 숫자로 시위대는 전보다 직접적이고 큰 목소리로 메시지를 전달할 수 있게 되기도 했습니다. 물론 청와대 안으로 들어갈 수 있는 것도 아니고 시위대의 목소리가 안까지 전달된다는 보장도 없습니다. 하지만 이 시위는 대다수의 뜻이며 국민은 위협적이지 않다는 것을 증명했습니다. 그렇기에 안전사고 위험과 교통마비 등의 이유로 경찰은 행진을 금지했지만 법원은 그간의 광화문 소통을 인정 해 국민의 손을 들어주었습니다.

참여 인원에 대한 논란도 끊이지 않았습니다. 주최측과 경찰측의 집계 인원이 큰 격차를 보이기 때문이었습니다. 12월 3일에 있었던 6차 촛불집회. 주최 측은 참여인원수를 서울기준 170만 명으로 추정한 반면,

경찰 측은 32만 명으로 집계했습니다. 무려 5배에 가까운 차이입니다. 왜 이렇게 차이나는 것일까요? 이는 집계방법이 서로 상이하기 때문이었습니다.

경찰의 집계 방법은 특정 시점과 범위를 선정해 대략적인 수치를 계산하고 이를 전체로 확대하는 페르미 추정법을 토대로 참가자수를 추산한 것이었습니다. 이때 시점은 가장 많은 인원이 몰리는 때인 본시위를 기준으로 삼습니다. 면적은 자리에 앉아 있을 때는 3.3㎡(1평)당 5~6명, 서 있을 때는 9~10명으로 계산했습니다. 그러므로 네이버 기준 약 1만 8,700㎡인 광화문광장을 기준으로 보자면 18,700/3.3x9로 계산해 약 5만 7천이라는 수치가 나옵니다.

주최측은 행사 시작부터 끝까지 참여한 모든 사람의 숫자를 셉니다. 집회 장소에 잠시 머물렀다가 가더라도 참가자수에 더해집니다. 경찰측이 정지된 한 순간을 가지고 계산한다면, 주최측은 사람들이 있었던 모든 면적을 가지고 계산하기 때문에 기준으로 잡는 면적의 범위도 차이가 났습니다.

너무 큰 격차에 의견이 분분해지자 12월 5일, 이철성 경찰청장은 간담회에서 경찰측 집계는 국민의 안전과 질서유지를 위한 경찰 병력을 계산하는 내부적 판단 근거일 뿐, 의도적으로 인원수를 축소한다는 건 말이 안 된다며 해명한 바 있습니다.

시위 때마다 SNS와 각종 커뮤니티 사이트에서는 논쟁이 끊이질 않았습니다. 하지만 이런 이분법적이고 소모적인 논쟁이 필요할까요? 몇 명이 어디서 참가했던, 각자의 방식으로 자신의 의견을 표출한다는 것에 의미가 있습니다. 중요한 건 민주사회에서 민주시민으로서 자신의 의견을 당당하게 표현하는 것, 그것으로 불이익을 받지 않는 것입니다.

2016년 12월 9일, 박근혜 전 대통령 탄핵안이 국회에서 가결됐습니다.

분노한 국민들이 10월 29일 첫 촛불을 든 지 40일 만에 일이었습니다. 앞으로 우리나라에 또 어떤 위기가 닥쳐올지는 아무도 알 수 없습니다. 하지만 어떠한 방식이던 주권자들이 함께 큰 목소리를 낸다면 어떠한 위기도 헤쳐 나갈 수 있지 않을까 싶습니다.

상실의 시대, 우리가 지켜야 할 것은

오늘 우리사회는 엄청난 역사의 소용돌이에 직면해 있습니다. 2016년 말에서 2017년 초에 이르는 기간에 인간 욕망과 권력욕의 민낯을 보게 되었고, 그들의 미련을 놓지 못하는 처절함을 보았습니다. 우리는 지금 우리가 살고 있는 이 시대를 상실喪失의 시대라 자조自嘲합니다. 어떤 이들은 '상실'을 '순실'로 바꿔 '순실의 시대'라고 말하기도 합니다. 무엇이 그토록 우리를 상실감에 빠져들게 한 것일까요?

권력의 끄나풀을 쥔 그들이 행한 전횡의 단면에는 성실함을 미덕으로 안고 사는 국민을 안중眼中에 넣지 않는 전제가 깔려 있을 것입니다. 철저한 법과 원칙의 이미지로 당선되었던 우리의 지도자는 유독 자신과 그 주변에게 만큼은 그러하지 못했습니다. 무엇보다 그동안 힘겹게 지켜왔다고 생각했던 우리의 상식이 여지없이 무너짐을 목격한 것은 이번 사태의 가장 큰 상처였습니다. 우리가 상식이라고 여기는 것들은 근대사회를 거치며 오랜 기간 성숙시켜 온 민주시민의식의 역사적 집합체인 것이요, 법 위에 존재하는 사회 공동체의 가치적 합의인 것입니다. 이러한 상식이 일순간에 무너지는 모습을 보는 슬픔이 이루 말할 수 없는 상실감을 안겨주었습니다. 우리가 선출한 지도자는 이러한 국민들이 쌓아온 상식을 수호할 의무를 부여받은 것에 불과합니다. 우리가 느끼는 위기의식은 지도자와 국민 간의 상식 수호에 관한 신뢰의 끈이 완전히 끊어진 데 기인합니다.

2016년 10월 24일 JTBC의 대통령 문건 유출 사건 보도가 있고 난 뒤 우리나라의 모든 관심은 국정농단이라는 블랙홀에 빠져 헤어 나오지 못하고 있습니다. 보도를 접한 국민은 허탈함, 수치심, 좌절감을 느꼈고 나아가 박근혜 정권에 분노를 표출하였습니다. 그래도 우리는 계속 살아가야 하기에 이번 사태에서 긍정적인 면을 찾아 다시 도약하는 발판으로 삼아야 하지 않을까 싶습니다. 마른 오징어도 짜면 즙이 나온다고 하는 말처럼 말입니다. 마른오징어에서 즙을 짜는 심정으로 이번 사태에서 비롯된 긍정적인 부분을 생각해봅니다.

우선 헌법에 대한 국민의 관심이 뜨거워졌습니다. 사건 이후 국민은 국가의 주권이 명시된 헌법 제1조 1항, 공무원은 국가에 대하여 봉사해야 한다는 의무가 명시된 제7조 1항, 집회·결사에 대한 자유가 명시된 제21조 1항 등 헌법에 명시된 국민의 권리와 의무에 대해 더 많은 관심을 가지게 됐습니다. 나아가 그 조항이 침해됐을 때 어떤 혼란이 초래되는지 뼈저리게 체감했습니다. 차기 정부에서 헌법 개정이 유력하고, 헌법 개정을 위해선 국민 과반의 동의가 필요한 만큼 헌법에 대한 관심과 개헌에 대한 중대성 인식이 증대됐다는 점은 고무적입니다. 이번 일을 계기로 차후 좀 더 많은 국민의 관심 속에서 공정한 정부수립이 진행되었으면 좋겠습니다.

또한 '광장 민주주의'가 부활했습니다. 어떤 사안에도 흔들리지 않던 이른바 콘크리트 지지층, 취업과 무관한 사안에는 큰 동향을 보이지 않던 청년, 교실안 주입식교육에 몰두해있던 학생들까지 모두 거리로 나와 이번 사태에 대한 발언과 자유토론을 이어갔습니다. 범국민적 토론의 장이 마련된 것입니다. 나아가 국민에게 정치의 중요성을 다시금 일깨웠습니다. 이번 사태는 갑자기 벌어진 것이 아닙니다. 관련 의혹들은 과거부터 끊임없이 제기돼왔습니다. 의혹이 제기됐던 당시 여론이 관심을 가지고 이에 대한 수사가 철저히 진행됐다면 조기에 이런 사태를 적발할 수 있었을 것이라는 아쉬움이 남습니다. 하지만 대선이 코앞으로 다가온 시점에서 도덕성 검증과 비리에 대한 경각심을 한 층 더 중요하게 일깨우는 계기가 됐다는 점에선 고무적입니다.

국민이 원하는 것은 단순합니다. 내가 일한 만큼, 내가 노력한 만큼 정당한 결과가 보장되는 사회, 편법과 비리가 처벌·근절되는 정의가 바로 선 사회입니다. 그런 사회를 만들기 위해 일일이 헌법을 공부하고 주말에 광장에 나가 토론할 수 없으니 국민의 봉사자인 공무원들에게 국민이 행사할 수 있는 권력을 믿고 위임한 것입니다. 박근혜 정권은 봉사자의 본분을 망각하고 지위를 남용해 국민을 분노와 허탈감에 빠지게 했고 모든 신뢰를 잃었습니다. 국민은 이제 헌법을 공부하고 주말엔 집회에 참가해야 하는 한층 더 피곤한 상황에 몰렸습니다. 마른오징어에서 즙을 짜듯이 생각해야 겨우 국가에 대한 희망을 찾을 수 있는 상황입니다. 그럼에도 우리는 긍정적인 면을 찾고 그것을 희망으로 삼아 도약해야 합니다. 단, 이 정부에서는 아니고 말입니다.

이제 이러한 상실의 시대에 우리가 무엇을 지켜야 할까요? 프랑스의 사상가 조제프드메스트르는 "모든 나라는 그 수준에 맞는 정부를 가지고, 모든 국민은 그들 수준에 맞는 지도자를 갖습니다."고 하였습니다. 혹여, 우리가 이러한 비상식의 만연함에 대해 묵인해 온 책임은 없는 것일까요? 우리가 한 사람의 지도자는 내몰 수 있어도 우리가 쌓은 상식까지 내몰 수는 없습니다. 상식이 내몰린 사회는 잠깐의 지도자를 잃는 불행보다 더 큰 역사적 불행을 수반할 것입니다.

성숙한 민주 시민의식이란 어떠한 위기 상황 속에서도 흔들림 없이 우리의 상식을 지켜낼 수 있는 슬기와 용기입니다. 인간 욕망과 야욕의 처절함을 봤지만 그래도 인간에 대해 상실하지는 말고 다시 희망을 가져봅시다. 지금 상실에만 빠져있기에는 우리가 지켜내야 할 것은 너무도 큽니다.

현장 못 간 '샤이 촛불'도 많았답니다

어느 여대생은 매주 토요일 열리는 촛불집회에 갈 수가 없었습니다. 오후 4시부터 10시까지 음식점에서 하는 아르바이트와 시간이 겹치기 때문이었습니다. 그 대신 그녀는 SNS나 뉴스로 짤막한 소식만 들었습니다. 아르바이트까지 빼가며 나설 용기는 나지 않았던 것입니다. 그녀는 수시로 촛불집회를 유튜브로 챙겨보기 시작했습니다. 집회 시작 전부터 끝날 때까지 모습을 담은 영상은 물론 하이라이트만 편집한 영상도 꼼꼼히 챙겨보았습니다. 그녀는 자신처럼 사정이 있어 집회에 참여하기 힘든 사람들은 이렇게 마음으로나마 성원을 보낸다고 했습니다. 직접 참여하지 못해 미안한 마음도 들지만 늘 응원하고 싶다고 말했습니다.

집에서 온라인 집회방송을 보는 이른바 '집방족'이 늘고 있습니다. '먹방먹는 방송'이 유행하듯 '집방집회 방송'이 트렌드로 떠오른 것입니다. 집방족은 아르바이트생·자영업자이거나 촛불집회가 열리지 않는 지역에 살아 집회 참여가 여의치 않은 사람들이 많습니다. '언제 어디서든 볼 수 있고 실시간으로 소통할 수 있다'는 점을 집방의 장점으로 꼽을 수 있습니다. 이들은 스스로를 "집회 인원에 집계되지 않는 숨은 촛불"이라고도 강조하기도 합니다.

집방족은 주로 오마이TV, 팩트TV 등 언론사가 유튜브로 방송하는 영상을 봅니다. 3차 촛불집회가 열린 2016년 11월 12일 오후 7시쯤 유튜브에서만 6만명이 넘는 사람들이 실시간으로 집방을 지켜봤고, 다음 날엔 무려 222만회 이상이 재생됐습니다. 오마이TV가 2016년 11월 19일 유튜브에 올린 "'박근혜는 하야하라!' 4차 범국민행동" 영상은 11월 23일 기준 누적 조회수가 83만회를 넘었습니다. 이는 대학생들만이 아닙니다. 고등학생들도 입시공부로 인해 학원수강과 학교기숙사생활 등과 먼거리로 집회에 나가지 못하는 경우, 친구들과 집회 영상은 꼭 챙겨보기도 했습니다.

비교적 형식이 자유로운 개인방송으로도 집방개인집방을 봅니다. 개인집방은 BJ인터넷방송 진행자가 시청자와 소통하는 게 특징입니다. 아프리카TV 개인방송 진행자 '망치부인' 이경선(47)씨는 4차 촛불집회 때 혼자 8시간 넘게 집방을 진행했습니다. 최대 동시 접속자는 7000여명으로 평소의 2배가량이었습니다. 형식이 없는 개인집방에서는 돌발 상황이 종종 벌어지는데 그런 모습을 시청자들이 좋아합니다. 하이라이트만 추려볼 수 있다는 점도 집방의 장점입니다. 밴드 들국화 보컬 전인권이 지난 4차 촛불집회에서 '애국가' '걱정말아요 그대' 등을 열창한 모습을 담은 '전인권 풀영상과 소름'은 누적조회수 110만회를 넘어서기도 했습니다. 2300개가 넘는 댓글도 달렸습니다.

많은 사람들과 실시간 소통할 수 있는 것도 매력입니다. 유튜브나 아프리카TV 등에서 진행되는 집방에서는 누구나 채팅에 참여할 수 있습니다. 집회에서 외치는 구호를 따라 적거나 박 전 대통령이 말했던 "내가

이러려고 대통령을 했나" 등 발언을 패러디하기도 했습니다. 정보공유
도 이뤄졌습니다. 집회 현장에서 모금을 하는 이유 등을 설명해주거나
남은 집회일정 등을 알려주는 식이었습니다. 집회에 참여하면 목소리를
일방적으로 전달하는 데 집중하게 되지만 집방에서는 서로 반응하며 소
통할 수 있어 좋습니다.

집회 전체를 조망할 수도 있습니다. 막상 집회에 참여하면 사람들에
가려 본 집회나 자유발언을 보기 힘들 때가 많습니다. 집방으로는 집회
의 다양한 면을 살펴볼 수 있습니다. 이처럼 집방문화는 새로운 집회문
화로 인식되고 있습니다. 북특정다수의 참여를 가늠해볼 수 있는 조회수
와 보이지 않는 관심이야말로 두렵고 떨리는 오늘 우리시대의 민심일
것입니다. 보이지 않기에 없는 것이 아닙니다. 그러기에 더 두려운 민심
이고, 참여 민주주의일 수 있습니다. 아무튼 국정논단으로 인한 촛불민심
은 직접참여민주주의 뿐만이 아니라 이렇듯 보이지 않는 방식의 참여 또
한 분명히 있었음을 잊지 말아야할 것입니다. 이를 통해 우리 사회의 민주
주의 의식이 보다 성숙했음을 알 수 있는 것 같아 흐뭇하기도 합니다.

자유총연맹이 민심을 두려워하지 않는 이유

　민주주의 사회에서 자발적이고 다양한 시민사회단체는 바람직한 일입니다. 이들 단체와 회원들의 활동으로 우리 사회는 보다 건강하게 발전해나갈 수 있습니다. 그런데 우리가 알게 모르게 시민사회단체라고 하기는 모호한 이른바 관변단체가 있습니다. 그리고 이들이 누리는 특권은 우리사회의 건전성을 해치는 요인이 되기도 합니다. 이런 관변단체에 대한 특혜 지적이 계속되자 일부 지방자치단체는 좀 더 은밀한 방식으로 이런 단체를 지원하기도합니다. 이런 대표적인 단체가 바로 '자유총연맹'입니다. 자유총연맹은 매년 100억원을 세금으로 지원받는 관변단체입니다. 자유총연맹은 비영리 민간단체이지만 자유총연맹법이라는 근거가 있는 법정단체입니다. 물론 뚜렷한 공익적 목적이 있는 단체라면 100억원을 지원하는 것은 문제가 아닐 수도 있습니다. 하지만 자유총연맹은 '자유민주주의를 항구적으로 지키고 발전시킨다'는 모호한 사명을 갖고 있습니다.

자유총연맹은 그 사명을 실현하기 위해 지속적으로 탄핵반대집회에 모습을 드러내더니 2017년 3·1절에는 더욱 열정적으로 탄핵반대집회에 모습을 드러냈습니다. 이날 김경재 회장의 집회 발언을 보면 자유총연맹이 생각하는 '자유민주주의'가 뭔지 쉽게 알 수 있었습니다. 김 회장은 자유민주주의를 살린다면서 "박근혜를 살리자", "탄핵을 각하하라"는 구호를 외쳤습니다. 이는 세금은 모든 국민으로부터 받고 일부 국민만 대변하는 태도를 보인 것입니다.

이미 언론과 국회는 김 회장의 정치 편향적인 태도를 여러 차례 지적했습니다. 개선의 기미가 없자 2016년 국회는 자유총연맹 지원하는 국비를 5억원에서 2억5000만원으로 절반 삭감했습니다. 하지만 김 회장은 오히려 친박단체 집회에 나타나 "우리 예산을 깎으면 내년2017년 정치적인 선거에 자유총연맹이 가담하겠다."고 의원들을 협박했다고 자랑스레 말한 바 있습니다.

2017년 자유총연맹은 이미 국비를 포함해 전국 지자체 예산에서 98억원 정도를 지원받도록 돼 있습니다. 전국적인 관변단체 지자체 지원금 연구가 있었던 4년 전과 비교하면 2배 이상 늘어난 금액입니다. 여기에 자유총연맹이 2002년 사실상 정부로부터 값싸게 매입한 한전산업개발(현재 지분율 31%의 대주주)의 배당금을 더하면 매년 자유총연맹에 들어가는 국가 보조금은 100억원을 넘어섭니다. 자유총연맹에 대한 한전산업개발의 배당금은 원래는 공기업인 한전에 돌아가야 할 몫이었습니다. 국비 보조금 삭감이 큰 손해가 되지 않는 상황에서 아무리 국회의원이 호통을 쳐도 자유총연맹은 개선할 이유가 없습니다. 3년 전 보조금 심의도 제대로 하지 않고 관변단체에 예산을 지원해온 대구광역시 소속 기초단체들도 예산을 거의 그대로 유지했습니다.

전국에는 17개 광역단체와 226개 기초단체가 있습니다. 대부분의 지자체는 자유총연맹을 비롯한 바르게살기운동협의회, 새마을운동중앙회에 예산을 다른 시민단체 보조금 예산과 별도로 편성합니다. 액수와 지자체의 크기는 상관관계가 크지 않습니다. 서울시와 경기도의 경우를 살펴보면 서울시의 자유총연맹 지원예산은 약 8억870만원인데, 경기도의 지원예산은 20억원을 넘어 큰 차이를 보입니다. 이는 서울시장이 진보성향이고 경기도지사가 보수성향이라 그렇습니다.

자유총연맹이 최소한 정치 편향적인 태도에서 벗어나려면 각 지자체의 예산 심의가 철저하게 이뤄져야 합니다. 궁극적으로는 자유총연맹도 다른 민간단체와 같은 기준으로 보조금을 지급받는 방향으로 제도가 개선돼야 합니다. 각 지자체의 자유총연맹 예산 실태를 보면 각 지자체별로 자유총연맹 예산을 어떻게 생각하는지 그 실상을 알 수 있습니다. 기초단체의 경우 자유총연맹 예산을 대체로 행정과, 자치과, 총무과에 편성합니다. 이런 부서는 다른 사회단체 보조금 예산을 담당하는 부서입니다. 한꺼번에 자유총연맹 등 관변단체 예산도 같이 편성하도록 한 것입니다. 하지만 관변단체 보조금에 대한 특혜 지적이 계속되자 보수성향의 단체장은 좀 더 은밀한 곳에 자유총연맹 예산을 편성합니다. 인천 계양구의 경우 통상적인 관변단체 예산 항목에 새마을운동중앙회과 바르게살기협의회만 편성돼 있습니다. 2017년 자유총연맹 예산이 삭감된 줄 알았으나 아니었습니다. 자유총연맹 예산은 홍보미디어실 예산으로 편성돼 있었습니다. 전북 부안군은 엉뚱하게 새만금국제협력과 밑에 자유총연맹 예산 860만원이 편성돼 있습니다.

서울과 인천의 경우 자유총연맹의 힘이 예전만 하지는 못한 모습입니다. 서울시의 경우 상당히 많은 지자체에서 관변단체 예산을 따로 편성하지 않고, 3개 단체를 묶어 '국민운동단체 예산'이라는 항목으로 지원하기도 합니다. 나아가 아예 일반 시민단체와 마찬가지로 사업 예산을 신청하도록 한 곳도 있습니다.

시민단체 예산 지원 중 실제로 얼마가 들어가는지는 들쑥날쑥합니다. 2013년 나라살림연구소 연구 결과에 따르면 전체 시민단체 보조금 예산 중 3대 관변단체가 가져가는 예산은 약 26.9%였습니다. 3대 단체 예산 중 자유총연맹의 비율은 약 17%였습니다. 하지만 실제로는 자치구별로 예산 편성액은 다른 것으로 보입니다. 서울시 ㄱ구의 경우 과거 사회단체 보조금에 해당하는 예산 중 80% 정도가 3대 단체에 편성되었습니다. 반면 ㄴ구 예산 담당자는 3대 단체를 합쳐도 20%가 채 안 됩니다.

3·1절 집회에서 비교적 회원들이 집회에 열의를 보였던 경상북도와 대구광역시에서 자유총연맹의 위상은 높습니다. 특히 대구광역시의 경우 3년 전 보조금의 엉터리 집행 실태가 알려졌음에도 예산이 거의 변함이 없었습니다. 2014년 〈뉴스타파〉는 대구시 산하 기초단체들이 사실상 자동적으로 자유총연맹 등 관변단체 예산을 지급하고 있다고 지적했습니다. 또한 상당수 관변단체는 지출을 간이영수증으로 증명하거나, 관련단체의 전·현직 임원이 운영하는 업체와 거래한 것으로 나타났습니다. 4년 전 대구시의 기초단체들은 총 2억300만원의 예산을 지급했습니다. 하지만 2017년에도 2억482만원을 지원해 큰 차이가 없었습니다.

민주시민사회에서 개인이나 단체가 자유롭게 정치적인 견해를 피력할 수 있습니다. 그러나 촛불민심에 반한 이른바 태극기집회로 나오는 이들의 면면이 알고 보니 자유총연맹과 같이 보수성향의 통치권자와 단체장일 때 재정적 이익이 생기다보니 이들에게는 보수성향의 통치권자가 탄핵으로 물러나는 사태를 두고 보지 않으려하는 것입니다. 결국 이들은 순수한 민주시민의식이 아니라 자신들의 단체이익을 위한 것을 태극기로 포장한 것입니다. 이것은 진짜 민주주의가 아닌 진짜 같은 가짜입니다. 이런 사이비 시민사회단체를 누가 순수한 민간단체라고 볼 수 있을까요? 그러니 자유총연맹과 같은 단체를 시민사회단체라기보다는 관변단체, 어용단체라고 부르는 것입니다.

우리사회가 국정논단의 현실 속에서 모두가 가슴아파하는 데 자기 이익을 위해 정치적인 행동을 불사하면서 그것을 애국으로 위장하는 이런 단체는 독버섯과 같은 곳이라고 말할 수 있습니다. 우리사회에는 수많은 시민사회단체들이 있습니다. 이곳들은 이름도 빛도 없이 묵묵히 우리사회에서 궂은일을 도맡아하고 있습니다. 회원들의 자발적인 회비와 봉사로, 상근자들의 희생으로 공의와 공익을 위해 헌신하고 있습니다. 자유총연맹과 같은 단체로 인해 건전한 시민사회단체들의 기를 꺾지 말았으면 좋겠습니다. 우리 유권자들이 관변어용단체에 특혜를 줘가면서 권력을 유지하고 확대재생산하려는 통치자와 단체장들에게는 표를 주지 말아야합니다. 책임적인 자세로 이제 우리는 두 눈 똑바로 뜨고 민주주의를 좀먹는 말도 안 되는 일들이 벌어지지 않도록 지켜봐야할 것입니다.

세월호 세대, 국가신뢰회복의 뿌리

"그래 구조대 금방 오니까 괜히 우왕좌왕 당황할 필요 없고 천천히 정신 차리고 하라는 대로만 해. 시키는 대로만 빨리 움직이면 된다. 데이터 터지면 다시 연락해. 형한테." 2014년 세월호 침몰 당시 배 안에 있던 희생자와 희생자 가족이 마지막으로 나눈 카카오톡 메시지입니다. 위급한 상황에서도 탑승자들은 질서를 유지했고, 통제에 따르는 것이 공공의 이익에 부합한다고 굳게 믿었습니다. 그리고 그들 대부분은 죽었습니다.

국가의 위기관리 능력의 민낯을 보게 된 국민은 큰 충격에 빠졌습니다. 그중에서도 비슷한 또래가 대책 없이 죽어가는 모습을 본 당시 고등학생들에게는 이 사건이 좀 더 특별하게 다가왔을 것입니다. 사건 이후 한겨레사회정책연구소와 참교육 연구소가 2014년 고등학교 2학년을 대상으로 설문한 결과 이들은 세월호 참사 이전보다 사회 전반에 대한 불신, 타인과의 협력 필요성, 사회를 바꾸려는 실천 의지 등이 증가한 것으로 나타났습니다. 이러한 모습은 2016년 9월 경주 지진 당시 뚜렷하게 나타났습니다. 당시 학교에서 자율학습을 하던 고등학생들은 교실에 가만히 있으라는 학교측의 지시를 무시하고 운동장 밖으로 뛰쳐나갔습니다. 이는 세월호 세대 사이에서 질서와 통제의 가치가 무너졌다는 것을 상징적으로 보여주는 사례가 됐습니다.

문제는 이후 해당 학교의 지시는 안전수칙에 반하는 것으로 드러났고 학생들의 자의적인 판단이 옳은 것으로 확인됐다는 점이었습니다. 세월호 세대들이 사회 안전시스템의 부재를 몸소 재확인하게 됐고 '불신'이라는 기억을 집단으로 공유하게 되는 최악의 상황에 다달았습니다. 그들은 불신의 기억 대물림을 끊기 위해 자신들의 현 상황과 정부의 문제점에 대해 가감없이 발언하고 토론하는 모습을 보였습니다. 유난히 촛불집회에서 교복을 입은 학생들이 발언대에서 주목받았던 것도 그 이유였을 것입니다.

국가의 모든 신뢰가 바닥을 친 이 시점에서 그들의 존재는 희망적입니다. 신뢰는 정직과 투명성을 의미하며 이는 곧 정의와 직결됩니다. 또한 양극화, 계층 간 사다리 붕괴, 금수저 논쟁의 본질을 관통하는 요소입니다. 신뢰의 중요성을 직접 체험한 세월호 세대들은 이 사회에서 다시 신뢰를 쌓아가는 데 뿌리가 되고 아래로부터의 신뢰 형성이 가능하도록 하는 실마리가 될 것입니다. 우리는 이들의 말에 귀 기울이고 협력해야합니다. 우리는 확인했습니다. 세월호 세대라는 씨앗이 뿌리를 내리고 조금씩 땅을 뚫고 올라오고 있는 것을요.

우리가 몰랐던 촛불

박근혜 정권의 민간인 최순실 국정 농단의 실체가 드러나고 분노한 시민들이 촛불을 들었습니다. 그러나 이렇게 드러나는 촛불 이외에 촛불이 있습니다. 이 촛불은 바다와 같습니다. 한눈에, 맨눈에 모든 것을 볼 수 없는 풍광. 우리가 보았던 촛불의 풍경은 무엇일까요? 우리가 보지 못한 풍경은 무엇일까요? 우리가 보지 않으려 했던 풍경은 또 무엇일까요?

서울 광화문에 가면 불에 그을린 소나무 한 그루가 있습니다. 박근혜 퇴진 제11차 범국민행동이 순조롭게 마무리되던 2017년 1월 7일 밤 10시30분, 서울 광화문광장 한구석 소나무가 심어진 작은 정원에서 불길이 치솟았습니다. 사람이었습니다. 사람이 타오른 불길이었습니다. 정원스님이었습니다. "일체의 민중들이 행복한 그날까지 나의 발원은 끝이 없사오며, 세세생생 보살도를 떠나지 않게 하옵소서." 유서遺書로 남긴 글귀였습니다. "내란사범 박근혜 물러나라"는 외침이 함께 담겨 있었습니다. 스님은 이틀 뒤 입적入寂했습니다. 세월호 참사 1천 일 되던 날이었습니다.

　그에 앞선 죽음이 있었습니다. 박근혜 민생 파탄에 맞서 가장 먼저 촛불을 들었던 늙은 농부였습니다. 백남기는 2015년 11월14일 민중총궐기 당시 경찰의 진압에 맞서다가 물대포를 맞고 쓰러졌습니다. 이듬해 9월25일 숨을 거두기까지 317일 동안 사투死鬪를 벌였습니다. 권력은 그의 주검을 칼로 오려 사인死因을 뒤바꾸려 했지만, 유족遺族과 국민들의 거센 저항에 부딪혔습니다. 그 와중에 국정농단이 폭로됐고 권력은 움츠러들었습니다. 43일 만에 장례를 치렀습니다. 2016년 11월5일, 제2차 범국민행동이 열리는 광화문광장을 지나 그의 주검은 광주 망월동에 묻혔습니다. 이번 촛불항쟁 과정에 물대포가 한 번도 난사亂射되지 않은 까닭이 무엇일까요? 백남기 농민이 생명을 다해 막아준 게 아니었을까요?

　팔순의 사진가가 촬영에 열중하고 있었습니다. 일본인 사진가 구와바라 시세이. 4·19혁명과 한·일 협정 반대시위, 베트남 파병, 6월 항쟁 등 격동의 한국현대사를 누구보다 꼼꼼하게 기록했던 노老 사진가에게 촛불항쟁의 감회는 남달랐을 것입니다. 그는 광화문광장을 여러 번 찾아왔습니다.

　가마니를 뒤집어쓴 사람들이 수줍게 구호를 외치고 있었습니다. 형제복지원 생존자들입니다. 전두환 독재 시절 이른바 부랑인 단속을 명분으로 국가가 사주한 감금시설 형제복지원에서 500명 넘는 이들이 목숨을 잃었습니다. 일부 시신은 해부용으로 팔렸습니다. 구타와 중노동은 일상이었습니다. '살아남은 아이들'은 그곳의 실상을 폭로한 증언집입니다.

　'살아남은 아이들'은 사람 살 만한 사회를 바라는 간절한 마음으로 가마니를 쓰고, 촛불을 들고 광장으로 모였습니다. 하지만 두려움이 여전했습니다.

　노동자들은 촛불항쟁이 시작되기 전부터 거리에 있었습니다. 회사의

잔혹한 노조파괴공작에 맞서 함께 싸웠던 동료가 목숨을 끊자, 유성기업 노동자들은 거리의 상제가 되었습니다. 제3차 범국민행동을 하루 앞둔 2016년 11월 11일, 유성기업 노동자들은 동료 한광호의 영정影幀을 들고 청와대를 향해 오체투지五體投地*했습니다. 노조파괴를 사주한 현대자동차를 규탄하며 서울 양재동에서 출발한 지 일주일째였습니다. 노동자들은 정부청사 앞에서 가로막혔습니다. 집회 신고 인원을 초과했다는 게 경찰의 어이없는 대답이었습니다. 바닥에 엎드린 이들의 몸이 얼어붙기 직전에야 경찰은 길을 열어주었습니다.

노란 옷을 입은 엄마가 방송차 위에서 사진을 찍고 있었습니다. 단원고 2학년 4반 임경빈 군의 어머니 전인숙씨입니다. 제6차 범국민행동이 열린 2016년 12월 3일 세월호 유가족이 촛불행진의 맨 앞에 섰습니다. 그 참사만 아니었더라면 국민항쟁의 한복판에서 아이들과 나란히 손을 잡고 촛불을 들었을 엄마와 아빠들이었습니다. 아들을 찍고 싶은 '엄마의 카메라'가 촛불을 찍고 있었습니다.

이명박이 그랬던 것처럼 박근혜도 이 촛불의 배후를 캐기 위해 열중

---

* 오체투지五體投地는 교만함을 버리는 인사법입니다. 오체투지란 몸의 다섯 부분을 땅에 닿게 하는 인사법입니다. 한없이 자신을 낮춤으로 상대방에게 최대의 존경을 표하는 예법입니다. 자신의 몸과 마음에 있는 교만과 거만을 떨쳐 버리고 하심下心의 의미를 되새기는 방법입니다. 몸의 다섯 부분, 즉 오체五體란 이마, 왼쪽 팔꿈치, 오른쪽 팔꿈치, 왼쪽 무릎, 오른쪽 무릎을 말합니다. 오체를 땅에 닿게 하고 최대한 몸을 낮추어 엉덩이 부분을 발꿈치와 닿게 하면 사람의 몸은 한없이 낮아지게 됩니다. 자신이 가장 귀하게 여기는 자신의 몸을 지저분한 땅에 닿게 함으로써, 몸과 땅을 하나로 만들게 하는 인사법입니다. 순서는 대개 무릎을 꿇는 동작을 먼저하고 오른손부터 왼손 순으로 땅에 닿게 하고, 마지막으로 이마를 땅에 댑니다. 이때 발은 펴고, 오른발을 아래로 왼발을 겹쳐 올려놓아 발 모양이 'X'자 모양이 되게 합니다. 삼보에 대한 예경의 방법으로 하는 이 인사법은 인도의 접족례接足禮와 밀접한 관련이 있습니다. 존경하는 상대방의 발을 받드는 접족례는 오체투지가 이루어진 후에 두 손을 뒤집어 약간 들어 올려서 손으로 발을 받드는 것입니다. 깊은 공경의 마음을 몸으로 표현한 것입니다. 오체투지의 동작으로 큰절을 해보면 이것이 쉽지 않음을 알 수 있습니다. 특히 신체가 유연한 어린아이와는 달리 허리나 몸이 굳거나 배가 나온 어른일수록 처음에는 쉽지 않습니다. 그러나 마음의 교만함을 떨쳐 버리고 계속적으로 연습하면 극복할 수 있습니다.

이었습니다. 광화문광장으로 올라가는 지하도에서 촛불을 나눠주던 한 자원활동가의 손에 마치 꽃다발이 들린 것처럼 보였습니다.

이 모든 사태의 주범主犯을 말할 때, 언론을 빼놓을 수 없다는 걸 국민들은 알고 있었습니다. 저널리즘의 본령本領을 지키려던 기자들은 거리로 내쫓긴 채 돌아가지 못했습니다. 박근혜가 바뀌더라도 언론이 바뀌지 않는다면 우리 사회도 바뀌지 않는다는 걸 국민들은 너무도 잘 알고 있었습니다. 주말에 열리는 대규모 촛불집회는 눈이 오나 비가 오나 바람이 부나 날마다 열리는 '매일 촛불'의 징검다리를 건너서 왔습니다.

"범죄자 박근혜" 혁명은 감옥문을 열 때 정점에 이른다 했던가요? 2016년 12월 15일, '광화문 캠핑촌'의 문화예술가와 노동자들은 오랏줄에 묶인 박근혜 조형물을 싣고 경기도 의왕 서울구치소를 찾았습니다. "범죄자 박근혜와 양심수를 맞바꾸자"는 거였습니다. 촛불을 먼저 들었다는 이유로, 다른 세계를 꿈꾸었다는 이유로, 양심을 거역하지 않았다는 이유로 구치소에 갇힌 이들은 아직 이 촛불의 바다를 보지 못했습니다.

용산 참사 8주기를 맞은 2017년 1월 20일, '박근혜 퇴진 광화문 캠핑촌'에 함박눈이 쌓였습니다. 농성이 길어지며 '입주민'의 생활고도 쌓여갔습니다. 박근혜만 바꾸자고 이러한 것일까요? 그 사람을 바꾸면, 이제 다시 눈물의 촛불을 들지 않아도 되는 것일까요?

'대한문 대통령'으로 알려진 최성영 서울지방경찰청 총경이 차벽에 올라 촛불집회 진압을 진두지휘하였습니다. 그의 막무가내 진압은 쌍용차 해고노동자들의 대한문 앞 농성 당시 악명을 떨쳤습니다. 기자회견마저 해산시키기 일쑤였습니다. '대한문의 아이히만'이란 별명을 얻었습니다. 박근혜의 시절, 총경으로 승진한 건 마땅한 일이었습니다. 노동자들은 그를 고발했습니다. 지난 2017년 2월 9일, 서울지법은 그의 고의적인 법위반에 대해 1200만원 배상판결을 내렸습니다.

박근혜 전 대통령측은 "실수였음은 인정하지만 국가를 위한 열정만큼은 진실"이라고 강변強辯하고 있습니다. 탄핵반대 집회를 주도하고 있는 대표적인 친박단체인 박사모 홈페이지에는 박근혜 전 대통령이 보낸 감사 메시지에 감동을 받았다는 댓글이 줄을 이었습니다. 탄핵반대 집회에 참석하겠다는 댓글도 눈에 띕니다. 박 전 대통령은 한 달 전 받은 생일축하 편지에 대한 답장을 굳이 대규모 탄핵반대 집회를 하루 앞두고서 보냈습니다. 탄핵심판 결과를 기다리고 있는 상황에서 지지층 결집을 위한 메시지라는 분석입니다. 박 전 대통령은 중요한 시기마다 메시지를 통해 지지층 결집과 반전을 시도했습니다. 2017년 1월, 설 연휴를 앞두고 가진 인터넷TV와의 인터뷰에서도 박 전 대통령은 유독 친박단체 집회에 애정을 드러냈습니다. 박근혜 전 대통령이 2017년 1월 25일 정규재 TV에서 한 발언입니다. "촛불시위 두 배도 넘는 정도로 열성을 갖고 많은 분들이 참여하신다고 듣고 있는데, 이렇게 나오신단 걸 생각할 때 가슴이 미어지는 심정입니다."

　2017년 2월 28일 탄핵 반대 집회에선 박 전 대통령의 최종의견서가 낭독되기도 했습니다. 이를 보면 전혀 부끄러움이나 반성이 없었습니다. 보수성향의 소설가 이문열은 "촛불은 전체 국민을 대표하는 것이 아니다."고 평가절하고, 자유한국당(새누리당) 김진태 의원은 "촛불은 바람 불면 꺼진다." 말했습니다. 이제 촛불민심에 보수단체들이 태극기집회로 맞대응을 하고 있습니다. 이처럼 어의없는 광경에 우리의 미래를 짊어지고나갈 다음세대들은 무엇을 보고, 듣고, 느끼면서 미래를 준비할까요? 우리 모두가 대답해야 할 것입니다.

후회하지 않을 대한민국의 선택은

　누구에게나 다시 쓰고 싶은 과거 장면들이 있을 것입니다. 부끄럽고 후회스럽고, 때로 고통스러워 잊고 싶은 순간도 있습니다. 다시 선택한다면 다른 장면을 연출할 것 같기도 합니다. 이는 개인뿐만이 아닙니다. 집단에도 마찬가지로 선택을 돌이키고 싶은 국면들이 있습니다. 역사에서 만일이라는 가정은 부질없다지만 나름대로 의미가 있습니다. 실수를 반복하지 말아야 한다는 교훈을 주기 때문입니다.

　대한민국 시계를 4개월 넘게 멈추게 한 최순실 국정농단 사태야말로 그렇습니다. 복기해 보면 아쉬운 순간이 많았습니다. 2014년 11월 세계일보가 '정윤회 문건'을 보도했을 때 정권은 본질을 외면한 채 박근혜 전 대통령이 규정한 '국기 문란'을 단죄하는 데에만 골몰했습니다. 비선 실세 실상을 파헤쳤더라면 오늘의 대혼란은 피했을 지도 모릅니다.

　우병우 전 청와대 민정수석의 사임은 늦어도 한참 늦었습니다. 박 전 대통령은 국민과 불통하면서 우 전 수석과만 소통한다는 비판에 귀 닫은 채 그를 감싸고만 돌았습니다. 우 전 수석에 대한 언론 취재 과정에서 최씨와 미르재단 이름이 세상에 공개된 것이니 오히려 다행스러운 일이라고 해야 할까요?

검찰은 왜 미르·K스포츠재단 고발 사건을 서울중앙지검 형사8부에 배당했을까요? 그렇게 시작한 수사팀을 4명에서 15, 22, 32명으로 계속 늘리지 않았는가요? 임명권자인 대통령 수사라서 눈치를 볼 수밖에 없었다면 김수남 검찰총장은 특검 도입을 자청하는 게 나았습니다.

박영수 특검팀의 수사기간 연장 불발은 엉뚱하게 야당 간 책임공방으로 번졌습니다. '선 총리교체, 후 탄핵'이 이뤄졌더라면 특검팀 활약상을 더 지켜볼 수 있었을까요? '김병준 총리 카드'를 받아들였다면 탄핵이 제대로 이뤄지지 않았을 것이라는 주장도 있습니다.

지나간 일들입니다. 만일이라는 가정은 소용없는 줄 알지만 아쉬움이 많은 게 사실입니다. 그래도 어떤 과거든지 오늘을 있게 한 밑거름입니다. 오늘의 우리는 보다 나은 미래를 위해 최상의 선택을 하려고 매순간 고민할 수밖에 없습니다. 사상 처음으로 대통령이 탄핵으로 물러날지 모르는 상황일진대 더욱 신중해야 합니다.

안타까운 현실은 서울 도심에서 촛불 집회와 태극기 집회가 동시에 열렸습니다. 그들 손에 들린 태극기는 저마다 의미가 극명하게 갈렸습니다. 98년 전 대한독립을 외치며 함께 흔들던 태극기가 분열의 상징이 된 것입니다. 조만간 대한민국호에 닥쳐올 거대한 풍파를 예고하는 것만 같았습니다. 2017년 3월 10일쯤 후 나올 헌재 인용 또는 기각 결정을 탄핵 찬반 어느 쪽도 받아들이지 않을 태세로 보였습니다. "탄핵되면 아스팔트에 피가 뿌려질 것", "기각되면 혁명"이라는 구호는 섬뜩하기만 했습니다. 이 난국을 지혜롭게 헤쳐나갈 지, 난파선으로 표류할지 앞으로 선택에 달렸습니다.

불신의 사회라지만 모든 걸 의심의 시각으로 보는 이들이 있습니다. 그들은 헌재가 인용 결정하더라도 박 전 대통령이 받아들이지 않을 것이라고 믿는 것 같습니다. 박 전 대통령이 검찰 조사를 거부한 채 '삼성동 칩거정치'를 펴며 보수세력 결집을 꾀할 것이라고 보기도 했습니다. 탄핵이 기각되더라도 박 전 대통령은 정상적인 역할을 수행하기 어렵습니다. 국민 80%가 탄핵을 찬성하는 상황이니 식물대통령으로 전락할 수밖에 없었습니다. 그러니 해법의 실마리를 먼저 푸는 건 어떨까 하는 조심스러운 생각을 해봅니다. 헌재 결정 전 스스로 진퇴進退를 결정하는 것입니다. 2016년 3차 대국민 담화 때의 각오라면 스스로 결단하지 못할 이유가 없을 것 같았습니다.

박 전 대통령이 헌재 최종변론에 낸 의견서에서 "갈라진 국민의 마음을 모아"나가겠다고 한 대목에 일말의 기대를 걸어볼 수 있을까요? 시간이 그리 많지가 않습니다. 대한민국 전체가 지혜를 발휘해야 할 때입니다.

오늘 우리에게 정의란 무엇인가요

정의란 무엇인가요? 어떻게 사는 것이 정의롭게 사는 것인가요? 우리 사회의 정치적 삶에 정의는 어떤 모습으로 구현되고 있는가요? 우리사회에서 유독 유명세를 떨친 하바드대학교 마이클 샌델 교수를 언급하지 않더라도, 정의에 대한 물음은 동양의 노장시대, 서양의 소크라테스, 플라톤, 아리스토텔레스 시대와 그 이후 인간사회에 근본적인 사회 철학적 물음이었습니다. 흔들리는 우리의 정치적 삶 속에도, 정의란 무엇인가라는 질문은 끊임없이 내포되어 있습니다. 이는 우리사회가 부정의에 의한 모순과 관계의 왜곡으로 점철되어 있다는 반증反證일 것입니다.

정의로운 현실의 구현은 과정과 수단의 측면과 결과와 목적의 측면을 포괄하는데, 많은 경우 이 두 측면을 혼동합니다. 과정을 결과로, 수단을 목적으로 인식하므로 문제가 야기됩니다. 정의를 실현하는데 평등과 비례 같은 배분적 형식의 방법들이나 자유와 행복 같은 가치들이 필요합니다. 결과의 정의가 그 실현을 위한 가변적이고 상대적인 과정과 수단에 담겨있는 것은 아닙니다. 예를 들면, 아리스토텔레스는 정의를 배분적 정의와 보상적 정의로 구분합니다. 배분적 정의는 명예나 재화나 나눌 수 있는 가치의 배분에 적용되는 원칙이며, 보상적 정의는 여러 형태의 상호교섭에 대한 조정의 원칙입니다. 여기서 정의는 평등에 집중합니다. 배분적 정의의 원칙은 배분의 평등, 즉 비례적 평등입니다. 배분이라는 형식에 평등이라는 등식이 성립되면 정의가 실현된 것으로 봅니다. 그러나 정의는 배분의 형식이나 평등의 등식 같은 과정적인 기능, 그 자체에 존재하지는 않습니다. 그 평등의 과정에 개입되는 인자因子들의 가치가 지닌 변화의 속성들 때문에, 그들 사이에 항상적 평등관계는 현실적으로 불가능합니다.

오늘 우리사회의 정치적인 삶 속에는 결과의 정의를 왜곡시키는 수많은 암묵적인 과정과 정치적인 합의의 기제, 즉 배분과 보상의 수단들이 발달되어 있습니다. 그리고 그것이 이해집단들 간의 합의대로 지켜지는 것을 '정의'로 치부합니다. 제 주변에서도 이를 쉽게 찾아볼 수가 있습니다. 예를 들면, 정치권력 집단에서 파당이 지어진 경우, 제반 인사정치에 합의된 배분과 보상의 '정의'를 이루기 위해 애씁니다. 그것이 정의의 결과는 아닙니다. 각 파당 간 인사를 골고루 기용하는 배분과 비례의 정의를 흉내 내지만, 그것은 전체 구성원의 헤게모니망을 제어하지 못합니다. 이는 그저 좋은 게 좋은 것이라는 암묵적인 공인公認된 '전리품'의 나눔으로 전락한 것일 뿐입니다.

그러다보니 대의代議적인 대표성을 부여받은 임원이지만, 임원회 자체가 지니는 제반 편향성과 외부 이익 집단의 개입과 회장 중심의 수직적인 의사결정과정의 한계와 모순을 극복하기는 어렵습니다. 사안에 따라 회장을 권위의 정점에 세우고 전권을 부여하므로 난국타개를 위한 대의적 지도력의 권위를 합리화하지만, 회장의 전권이 총회결의를 이행하는

데 사용되지 못하고, 회장이 지닌 약점과 이를 자신들의 편리를 위한 지렛대로 이용하는 집단들에 의해 회의의 결의와는 상반되는 이해관계를 지지하는 쪽으로 오용될 수도 있습니다.

부서나 기관들의 인선과정에 가능한 많은 인사들이 참여하는 비례적 평등의 정당성을 주장하지만, 그 과정에서 파생하는 지연과 학연과 금권에 의한 부도덕한 정치문화를 극복할 대안이 없습니다. 이런 인선과정의 장악을 위해 부서들의 장을 차지하려는 헤게모니 집단의 조직적 개입을 막기도 어렵습니다. 우리사회의 집단적 인격성의 파괴와 도덕성의 추락은 막을 길이 없습니다. 오랜 세월 우리나라 정치와 경제와 교육은 물론 종교계가 그 권위를 인정받지 못하고 신뢰받지 못하는 이유는 바로 이 때문이 아닐까요? 정의구현을 위한 양심과 인격적인 기반을 상실한 채 지도자가 된 사람들에게 과연 '정의'란 무엇이었으며, 그들의 '정의'가 어떤 왜곡된 과정과 수단을 거쳐 사사롭게 '부정의'를 재생산하는 악순환을 거듭해 왔는가를 지난 세월들이 증언하고 있지 않은지요?

플라톤은 『국가』에서 정의란 무엇인가라는 질문을 던집니다. 대화 중 트라시마코스는 정의에 관해 "더 강한 자의 이익", "통치자들에게 복종하는 것", "남에게 좋은 것"이라는 이해들을 제시합니다. 일관성이 없어 보이지만 "정의란 강자의 이익 이외에 아무 것도 아니다."라는 이해가 전제조건이라고 생각할 때 현실적인 일관성은 확실해집니다. 그는 지배계급은 자신의 이익에 맞게 법을 제정하고 해석하며 이것을 어길 경우 범법자로 처벌한다고 강변强辯합니다. 정의라는 결과적 공동선을 이루는 과정과 수단이 권력에 의해 조작되고 왜곡되며, 거기에 '인격성'마저 부여되어 마침내 비윤리적 과정과 수단 자체가 '정의'로 둔갑합니다.

평화와 입 맞추는 정의는 도구화된 배분과 평등에 있지 않고 갈등이 해소된 상태에 있습니다. 이항대립의 반목과 냉전적 인간관계의 갈등이 해소된 그 결과에 정의가 있다면, 정의는 분명히 윤리가 실현된 상태를 의미합니다. 정의는 구성원들 간의 갈등과 반목이 치유되고 화해된 관계의 상태로 평화를 동반하는 것입니다.

우리사회에 민주주의의의 바람과 향기가 퍼져나가 정의와 평화의 날이 오고 있음을 믿습니다. 어떤 풍파에도 요동치지 않는 민주주의 심연, 그 흔들리지 않는 정의와 평화의 토대를 절차탁마切磋琢磨로 함께 만들어가며 함께 세워가는 평화의 세상, 그 상호변혁의 자리로 오늘 '나'와 '당신'은 초대받고 있습니다. 서로를 향한 시선을 나 자신과 우리에게로 돌려 세우고, 사회정의윤리의 실천을 가로막는 근본원인이 무엇인지를 함께 물으며, 공동선을 위한 양심의 공조와 연대를 아래로부터 만들어 가는 책임윤리의 실천이 요청됩니다. 우리를 하나로 묶는 촛불로 함께 대답하고 실천합시다. "정의란 무엇인가요?"

나르시시즘과 지도자

나르시시즘narcissism은 그리스신화에 나오는 나르키소스의 이름을 따서 독일의 네케가 만든 용어입니다. 자신의 외모나 능력을 병리적으로 사랑하는 과잉된 자기중심성, 즉 자아도취적 자기애를 말합니다. 신화의 한 이야기는 나르키소스는 모두의 사랑의 대상이 되었으나 이를 거부한 결과, 이루어질 수 없는 사랑의 고통을 벌로 받고, 물에 비친 자신의 모습을 사랑하다 물에 빠져 죽는다고 전합니다.

자아도취적 자기애는 인간의 부정성이 지니는 심리적 문제로, 완벽주의에 경도된 채 자만심과 우월감에 빠져 자기에게서 시작과 끝을 이루는 직선적 완결구조를 형성하려는 태도를 포함합니다. 자신의 불완전함에 대해 무지無知로 하나님이 자기보다 우월하다는 하나님의 판단을 인정할 수 없었던 사탄의 본성은 인간의 악한 심성과 행위의 근원이 됩니다. 나르시스적 인간은 자신의 완벽한 자아상 표출에 문제가 발생하면 자기성찰 대신 타인에게 책임을 전가하고 애매한 희생양을 만들어 이를 극복하려 하는데, 이런 악순환의 과정이 반복되면서 인간의 죄악된 문화는 번성해갑니다.

우리사회 안에 내재된 가부장적 문화는 권위에 대한 무조건적 의존과 복종, 수평적 소통과 민주적 의사결정 과정의 부족, 억압적 감정의 절제 등을 조장하기 쉬운데, 이런 환경 속에서 박근혜 전 대통령과 같은 지도자들 안에 있는 나르시시즘은 병리적 현상으로 발전되어 표출되기 쉽습니다. 가부장적 나르시스적 지도자들이 국가안위를 명분으로 공적 영역에서 자기성취와 자기과시의 욕구를 만족시키는 과정으로 그들의 나르시시즘을 보호하기 위한 비본질적 안전장치들이 설치되었습니다. 구성원들은 반지성주의에 경도傾倒된 채 복종적인 참여를 강요받습니다.

간혹 자수성가형 지도자들의 경우, 내면 깊숙이 자리 잡은 독점과 사유화의 욕구로 인해 왕왕 자신들을 국가와 조직의 소유주로 생각하고 주변에 유사 '친위대'를 배치하여 운영권을 독점하므로 집단적 지성의 창출과 지도력 이양移讓에 어려움을 자초합니다. 자기 의義와 자기연민自己憐愍을 시계추처럼 오가며 특권의식과 권위로 자신들을 포장한 채, 구성원들을 자신들의 욕구실현의 도구로 전락시킵니다. 조직 안에 돈과 권력과 명예를 추구하는 세속화 현상을 가속화시키며, 고뇌하는 구성원들의 이탈을 방치합니다. 우리사회의 부정부패와 윤리적인 타락과 사회적 신뢰 약화의 뒤안길에는 국민주권과 민주주의의 역사를 가로막는 지도자들의 나르시스적 병리현상이 함께 자리 잡고 있습니다.

위에서 보면 권력과 명예와 부의 달콤함에 빠져들기 쉽습니다. 그로 인해 그 달콤함에 자신을 맞춰갑니다. 화무십일홍花無十日紅이라는 말처럼 권력은 오래가지 못한다는 것을 그 자리에 있을 때는 모릅니다. 마치 영원한 강자로, 처음부터 그 자리가 자신의 것인 양 착각의 늪에 빠져듭니다. 그러니 내려오고 싶지 않습니다. 이들은 내 안의 완결구조를 통해 내가 모든 것을 판단하고 모든 구성원들을 다스릴 수 있다는 제왕적 망상에서 깨어나지 못합니다. 구성원들의 공동체적이고 상호의존적인 역량을 개발하면서 집단지혜를 발전시키는 유기적이고 공동체적인 돌봄과 배려를 하지 못합니다. 구성원들을 향해 일방적으로 비판하고 지도하고 가르치려는 태도와 국가와 조직의 이름 아래로 모든 것을 환원시키려는 미망迷妄에서 벗어나지 못합니다.

나르시시즘을 양산하는 우리사회의 문화와 구조의 사슬에서 벗어나기 위해서는 우리사회에 지도자들을 선임하고 선출할 때 자기 비움의 겸손과 상호의존적인 협동이 검증된 사람으로 하고 이들은 이런 자세를 지속적으로 이어가도록 해야 하고, 우리 언론과 국민은 이를 감시 · 감독해야 합니다. 지도자들은 그에 따른 자세로 더불어 소통하고 공감하므로써, 함께 배우고 실천하며 성찰하는 모습을 갖춰야합니다.

지도하고 지배하는 군림자가 아니라 인생이라는 순례의 여정에서 친구로 동행하는 지도자, 일방적 지시와 전달보다는 낮은 자세의 경청과 수평적 대화를 통해 지혜를 나누는 지도자, 자신이 세운 목표와 결정을 중시한 나머지 기존의 다른 것들은 무효화하고 자신의 시간의 흐름과 목표에 추종할 것을 강요하는 대신에 구성원들의 삶의 자리에서 공존의 상관성을 만들고 치유와 화해의 생명망을 짜가며 함께 춤추며 이끄는 지도자, 경력과 인맥과 덧칠한 무용담을 과시하며 그것을 권위의 근거로 삼기보다는 언제나 수줍은 첫 만남을 준비하는 아마추어의 자세로 일상을 살아가는 지도자, 모든 문제의 해결사로 스스로를 자처하며 나서기보다는 공동의 탐구자로 참여하는 지도자, 성급한 자기 판단을 앞세워 자기방어적인 변증과 공격적 처세로 대처하기보다는 침묵 가운데 사과와 용서로 낮아지며 갈등의 사이에 서서 치유와 화해의 과정을 모색하므로 공동체의 진보를 이루는 포용적 지도자, 독무대를 차리고 나르시스적인 원맨쇼를 연출하기보다는 팀워크를 이루며 공동체를 형성해 가는 지도자가 절실한 때입니다. 이것이 이 시대의 지도자들의 상식이 되어야 합니다.

신화의 또 다른 이야기는 이렇게 결말을 맺습니다. 나르키소스는 너무 가까이 다가가면 흐트러져버리고 너무 멀리 물러서면 사라져버리는 물속에 비친 자신의 모습에서 떠나지 못한 채, 헛되이 그것을 껴안아보려고 아무 일도 하지 않고 물가에 누워 있다가 점점 힘을 잃고 시들어 결국 숨을 거두고 맙니다. 그 후 수선화가 피었습니다. 오늘 이 '수선화'는 '지도자 자신에 대한 성찰의 징표徵標인 동시에, 지도자들의 내면수행의 무거운 짐으로 남아있습니다. '내' 안에 '수선화'가 군락群落을 이룬 채 시들어 갈 수 있습니다. 삼가 깨어 근신하며 자신을 갈고 닦아야합니다. 지도자로 선임되거나 선출된 것이 곧 지도자는 아닙니다. 맡겨진 지도자의 자리는 이미 얻었다 함이 아니라 만들어져 가는 것입니다. 사익私益이나 독단獨斷으로 이루어지는 것이 아니라 공익公益과 상생相生으로 말입니다.

정경유착의 토대가 있기 때문에
국정농단이 가능했습니다

2016년 12월 6일 최순실 게이트 국회 국정조사특별위원회 1차 청문회에 참고인으로 출석한 주진형 전 한화투자증권 사장이 자신의 페이스북 계정에 다음과 같이 소회를 밝혔습니다.

"이번 청문회는 정경유착 청문회다. 여기 앉아있는 그룹 총수들은 두 가지 공통점이 있다. 자기 능력 때문에 지금 위치에 다다른 것이 아니다. 아버지 덕분에 지위를 얻은 사람들이다. 그리고 대부분 죄를 져서 감옥에 갔다 왔거나 기소 중이다. 그런데 바로 이들이 한국 경제를 이끌고 있다. 아버지 덕분에 돈과 권력을 얻은 전과자들이 한국경제를 이끈다는 이 사실이 한국사회의 모순을 적나라하게 보여준다. 국민들은 이들을 최순실 게이트 공범 자라고 생각한다. 그러나 사실 어떤 의미에서는 이들은 공범이 아니고 주범이다. 정경유착의 토대가 있기 때문에 최순실도 가능한 것이다. 초법적인 재벌은 항시적 몸통이고 최순실은 지나가다 걸리는 파리에 가깝다. 그러나 이들은 자기들을 피해자라고 생각한다.

이들이 정경유착을 못 끊는 이유는 단순하다. 재산과 경영권을 세금 안 내고 세습하고 싶어 하기 때문이다. 이 탐욕심을 버리지 못하면 아마 여기 온 분들의 자손은 20~30년 후에 또 감옥에 가거나 이런 자리에 나올 것이다. 그런 일이 정말 벌어진다면 그것은 그들만이 아니라 우리 모두에게 불행한 일이다."

부패한 정치권력과 탐욕스런 경제권력이 서로의 이익을 위해 '죄악의 연대'를 이루어 공동선을 유린하는 추악한 역사가 이어지고 있습니다. 경제적 관점에서 기업은 이윤 창출을 위해 존재합니다. 하지만 단지 이익의 효율적인 달성을 성공으로 삼는 기업이 아니라, 이웃과 사회를 위해 가치 있는 것을 지속적으로 창출하는 좋은 기업이 되어야 합니다. 좋은 기업은 유용한 재화와 용역을 생산함으로써 사회의 공동선에 이바지할 능력을 갖추어야하며, 일부 사람의 개인적인 이익만을 만족시키는 조직이 아니라 모든 사람에게 유익해야 합니다. 또한 좋은 기업은 이익의 일부를 기부하는 것으로는 충분하지 않고, 활동의 시작과 과정과 목적의 중심에서 공정하고 인간적이고, 사회적이고, 환경을 의식하며 행동해야 합니다.

이를 위해서 기업을 운영하는 주체는 주어진 권력과 재력을 자신의 이익을 위해 남용하는 행위로서 사회를 내부로부터 파괴하는 암 덩어리인 뇌물, 횡령, 권력 남용, 관직 비호 등의 부패와 단호하게 갈라서야 합니다.

온 국민에게 생중계되는 청문회에서 수치스러운 민낯을 드러내야만 했던 재벌 총수들이 앞으로 과연 '내어놓음'과 '움켜쥠' 사이에서, '함께'와 '홀로' 사이에서, '청렴'과 '부패' 사이에서, '살림'과 '죽임' 사이에서 무엇을 선택하는지 우리 모두 똑바로 깨어 지켜보아야 합니다.

경제 살리기,
'노동'을 죽이고 '자본'을 살리기는 아닌지요

"지금 우리 안보가 매우 큰 위기에 직면해 있고 경제도 어려운 상황입니다. 국내외의 여러 현안이 산적해 있는 만큼 국정은 한시라도 중단되어서는 안 됩니다." 벼랑 끝에 몰린 박근혜 전 대통령이 2016년 11월 4일 발표한 대국민 담화문 일부입니다. '국가 안보'와 '경제,' 지난 4년 동안 줄기차게 외치던 대통령의 구호입니다. 마지막까지 이를 내세우며 자리를 지키려고 했습니다.

대통령이 애지중지하는 경제 살리기에 대해 생각해보고자 합니다. 경제는 크게 '노동'과 '자본'이라는 두 축으로 이뤄집니다. 경제를 살리려면 '노동'과 '자본' 모두 살려야 합니다. 지난 4년 동안 경제를 살리기 위해 정부 여당은 무엇을 했을까요? 이른바 '노동개혁 법안'을 통해서 쉬운 해고와 저임금 구조를 가능하게 하는 비정규직 양산, 노동 강도 강화, 실업급여 지급 조건 강화, 고용 불안정을 야기하는 파견직 확대 등을 추진했습니다.

이에 반해 자본과는 어떠한 관계를 맺었을까요? 2016년 10월 11일 포스코 권오준 회장을 시작으로 대기업 총수들에 대한 검찰의 줄소환이 이뤄지면서 대통령과 재벌 간 밀월관계가 주목받고 있습니다. 박 전 대통령은 2015년 7월 24일 대기업 총수 17명을 불러 청와대 오찬간담회를 가진 뒤 총수 7명을 따로 독대했다고 합니다. 이후 삼성과 현대차, SK, LG 등 주요 그룹은 미르재단에 486억 원, 19개 그룹은 K스포츠재단에 288억 원을 출연했습니다. 시민사회단체는 모금 당시 원샷법(기업 활력 제고를 위한 특별법), 서비스산업발전기본법 등 전국경제인연합회가 요구하는 경제정책들이 추진된 점 등을 들며 법이 잘 처리되도록 부탁하는 차원에서 재단에 기금을 냈으며, 롯데그룹에 대한 수사나, SK와 CJ그룹 총수에 대한 사면과 복권, 삼성의 '3세 승계' 등 기업들이 현안에 관해 청탁한 혐의도 있다고 주장했습니다.

노동이 단순한 상품이나 비인격적인 생산 도구로 간주될 수 없음에도 노동의 주체인 인간이 거대한 생산 체계 속에서 사용하다가 그냥 버리는 소모품처럼 인식되고, 때때로 자본을 위해 희생되기도 합니다. 노동과 자본은 서로를 필요로 하고 상호보완 관계로 존재해야 합니다. 하지만 노동은 주관적이며 개인적인 특성 때문에 생산성과 관련된 모든 요소보다 우위에 있으며, 이러한 원칙은 특히 자본과 관련하여 적용되어야만 합니다.

그러므로 이윤을 창출하고자 노동력을 줄여 노동자들을 배제된 이들의 대열에 합류시켜 버림으로써 독이 되어버린 경제가 아니라, 더 나은 소득 분배, 일자리 창출, 단순한 복지 정신을 넘어서 가난한 이들의 온전한 진보를 분명히 지향하는 결정, 계획, 구조, 과정을 담아내는 사람 살림의 경제를 이뤄야 합니다. 인간이 모든 경제 사회 생활의 주체이며 중심이고 목적이기 때문입니다.

명성황후 시해에 가담한 자의 아들이
국민영웅

해방 이후의 대한민국은 뒤쳐진 농업기술로 인해 식량난에 허덕이던 시기였습니다. 그러나 짧은 시간동안 우리의 농업기술을 선진국 수준으로 발전시켜 국민들을 굶주림에서 벗어나게 했던 인물이 있습니다. 바로 세계적인 육종학의 권위자 우장춘입니다. 우장춘은 세종대왕에 이어 우리나라 농업을 과학적 방법을 통해 자립할 수 있도록 발전시킨 인물로 평가받고 있습니다. 그런데 국민적 영웅으로 칭송받는 우장춘과 달리, 그의 아버지는 명성황후 시해사건에 가담한 매국노賣國奴였습니다. 우장춘의 아버지 우범선은 명성황후明成皇后의 시신屍身을 왜 불태웠으며 그들 부자는 왜 극과 극의 삶을 살게 된 것일까요?

우범선은 도대체 왜 명성황후 시해사건에 가담한 것일까요? 우범선은 조선시대 후기의 무신武臣이었습니다. 그가 매국노로 낙인찍힌 계기는 을미사변乙未事變 때 일본군 수비대와 함께 궁궐에 침입하여 명성황후를 시해한 후 시신까지 직접 불태우면서부터입니다. 그 후 우범선은 친일파

였던 김홍집 내각이 몰락하자 일본으로 피신하였습니다. 그리고는 일본의 보호를 받으며 일본인 사카이 나카와 결혼해 가정을 꾸린 뒤 우장춘을 낳았습니다. 그러나 은거隱居생활도 잠시, 국모國母의 원수를 갚겠다는 조선인 고영근에 의해 살해되었습니다.

본래 우범선은 그 누구보다 조국의 앞날을 생각하며 개화에 힘쓴 인물이었습니다. 그는 중인 출신으로 능력을 인정받아 별기군 교관이 됐으나 신분의 벽을 절감했습니다. 그러다 김옥균, 박영효 등의 개화파와 교류하며 개화사상에 깊이 심취하였습니다. 하지만 일본정부는 조선의 개화를 위해 힘을 빌려주겠다는 명목으로 우범선을 명성황후 시해사건에 가담시켰습니다. 『우범선최후사』에 의하면 우범선은 자신의 행동이 조선의 국정을 쇄신시킬 기폭제가 될 것이라고 굳게 믿고 있었다고 합니다.

『제국익문사』의 저자인 강동수는 "당대 지식인이었던 우범선은 애국적인 마음에서 시작했으나 매국으로 삶을 마감하게 된 안타까운 인물"이라며 "하지만 우범선의 역사적 전과를 옹호할 수는 없다"고 평했습니다.

우장춘은 어렸을 때 아버지가 살해당하면서 비참한 삶을 살았습니다. 가난은 물론, 조선인이라는 이유로 심한 이지메집단따돌림도 당했습니다. 하지만 삐뚤어지지 않고 스스로 마음을 다잡으며 열심히 공부하였습니다. 그가 그럴 수 있었던 이유는, 그의 어머니 덕분이었습니다. 그의 어머니는 "너는 조선인이다."라며 그의 아버지 우장춘이 누구인지를 일깨워주었고, 항상 바르게 살 수 있도록 힘을 불어 넣어줬습니다. 덕분에 우장춘은 동경제국대학을 졸업하고 차곡차곡 경력을 쌓으며 눈에 띄는 연구 결과로 세계적인 육종학자가 될 수 있었습니다.

우장춘이 육종학의 거두로 성장하자, 1947년 국내 지식인들 사이에서 '우장춘환국추진운동'이 일어났습니다. 당시 우장춘은 우리나라에서 배신자의 가족으로 낙인찍힌 줄 알았으나, 조국이 자신을 불러들이자 감격한 나머지 흔쾌히 받아들였습니다. 그는 즉시 아버지가 배반했던 조국에 속죄하는 마음으로 직장과 가정을 모두 버리고 우리나라에 왔습니다. 이 때 일본 정부는 우장춘이 우리나라로 돌아가는 것을 허락하지 않았지만 우장춘은 직접 귀국추진위원회에 연락해 자신의 한국호적등본을 요청했습니다.

그러나 우장춘은 우리나라에 와서도 매국노인 아버지로 인해 사람들에게 경멸의 시선을 받았습니다. 우장춘은 매국노라는 이미지로 많은 차별과 멸시를 당했지만 속죄하겠다는 마음으로 오로지 연구에 몰두 했습니다. 우장춘은 어머니의 장례식, 딸의 결혼식에도 가지 않고 연구에만 집중한 결과 여러 우수한 종자들을 만들어냈습니다. 그 덕에 우리나라는 종자 수입국에서 수출국이 되었고, 국민들은 굶주림에서 벗어날 수 있게 됐습니다.

조국을 위했으나 결과적으로 매국노가 된 우범선. 그런 아버지에 대한 속죄의 뜻으로 평생을 연구에 힘썼던 우장춘. 이 부자에 대한 평가는 극과 극이지만 조국을 위한 마음만은 같았습니다. 하지만 국모시해사건에 가담한 우범선의 행위는 분명히 잘못된 것입니다. 강동수는 "다시는 역사의 과오를 반복해선 안 된다. 우범선과 우장춘 부자를 통해 현재 친일파 후손들이 깨닫는 것이 있으면 좋겠다."고 말했습니다. 우장춘의 삶과 교훈을 박근혜 전 대통령이나 친일파의 후손들이 본받으면 어떨까 하는 바람을 가져봅니다.

'여성혐오'가 아니라 '묻지 마 범죄'라고요?

2016년 5월 17일 오전 1시 7분경, 우리사회를 발칵 뒤집어놓았던 엄청난 사건이 벌어졌습니다. 한 남성이 서울 강남역 부근 노래방 화장실에 들어가서 대기하고 있다가 남성 6명은 그냥 보내고 오전 1시 7분에 들어온 여성 C(23세)를 길이 32.5cm인 주방용 식칼로 좌측 흉부를 4차례 찔러 살해했습니다. 가해자는 주점에서 여성들로부터 무시를 당해서 범행을 저질렀으며, 피해자와는 모르는 사이라고 진술했습니다. 경찰은 이 사건을 '정신질환자의 묻지 마 범죄'라고 규정했습니다. 하지만 20·30대의 젊은 여성들은 이 사건을 '여성혐오 살인'이라고 규정하고 추모의 쪽지 붙이기, 행진, 소셜미디어 하얀 리본달기 등을 통해 항의운동을 지속했습니다. 피해여성에 대한 추모의 물결이 서울, 부산, 대구, 대전, 전주를 비롯한 전국으로 확산되면서 우리 사회에 깊은 성찰을 요구했습니다.

이미 지난 일이고 사건 그 자체가 특정 의미를 가지고 있는 것은 아닌

데 뭘 이걸 문제 삼냐고 하실지 모르겠습니다만 이 사건의 의미는 되새겨봐야만 하다고 생각합니다. 이 사건은 연쇄적인 사건들에 의해 구성됩니다. 이 사건에 대해 정부와 여성단체들은 서로 다른 의미를 부여했습니다. 경찰관계자들은 가해자가 과거 정신병력이 있었다는 근거를 들어 정신질환자의 우발적인 폭력행사로 의미축소를 했습니다. 여성단체들은 오직 여자라는 이유만으로 살해당한 것은 한국 사회에 뿌리 깊은 여성혐오의 발로라고 의미확대를 했습니다. 전자의 시각이 이번 살인사건의 원인을 특정 범죄자 개인의 문제로 돌린다면, 후자의 시각은 여성을 싫어한다는 단순한 감정 수준을 넘어 여성을 차별하는 우리 사회의 구조 문제로 볼 것을 요구했습니다. 경찰은 정신질환자를 격리 수용하면 문제가 해결된다고 보는 반면에, 여성단체들은 그런 치안강화 방법으로는 여성혐오 문제를 해결할 수 없다고 보고 상시적인 공포와 불안을 항의로 표출했습니다.

묻지 마 범죄와 여성혐오의 서로 다른 의미 구성은 정부나 우리사회가 무시한다고 해서 무시될 수 없는 우리 사회의 일상화된 성차별의 현주소입니다. 여성들의 항의를 정치적 선동으로 몰아가는 것은 그동안 정치적 결정과정에서 여성을 배제해온 정책결정자들의 고질적인 행태에 불과합니다. 경찰은 사회에 대한 통제 강화를 해결책으로 제시했습니다. 경찰이 타인에게 해를 끼칠 우려가 있는 정신질환자를 판별하여 강제 입원시킬 수 있는 권한을 의사로부터 넘겨받으면 묻지 마 범죄는 막을 수 있다는 것입니다. 그 반면에 후자의 시각은 여성차별이 여성을 공격과 경쟁의 대상으로 삼아 적대하고 경멸하는 여성혐오misogyny로 변질된 것을 우려했습니다. 젊은 여성들은 일상적으로 자신들이 음담패설, 성희롱, 온라인상에 만연해있는 여성혐오적인 욕설('김치녀', '된장녀' 등)과 포르노그래픽, 그리고 여성의 육체적 외양外樣에 집중된 성차별적

폭언에 노출되어 있음을 경험했습니다. 20·30대 젊은 여성들이 이번 사건에 민감한 반응을 보이는 것은 이런 여성혐오가 여성에 대한 부정, 여성에 대한 공격성을 띠면서 실제 폭력으로 현실화되기 시작했다고 보기 때문입니다.

여성혐오 살인에서 국가는 없었습니다. 경찰에게 정신질환자의 강제 입원 결정권한을 부여하는 대책은 여성혐오 살인에 대처하는 국가의 무능을 단적으로 드러냈습니다. 21세기 선진사회로 진입하면서, 성불평등과 여성의 권익부재는 우리 사회의 후진성을 드러내는 척도로서 많은 지적을 받아왔습니다. 우리 사회는 딸과 여성 간에 분명한 경계를 설정합니다. 가족 내에서 딸은 아들과 차별 없이 교육을 받고 자라지만, 사회에서 여성은 여전한 차별에 노출됩니다. 현실의 이런저런 성차별보다 더 두려운 것은 몇 년 사이 부쩍 늘어난 여성혐오입니다. 20·30대 여성들은 가부장적 질서와 성차별을 더는 당연한 일로 인정하지 않고 항의하는 데 반해, 같은 세대 남성들의 양성평등 인식은 그 앞 세대와 크게 다르지 않습니다. 이런 문화지체*에다 갈수록 치열해지는 경쟁의 압력을

---

* 문화지체cultural lag는 급속히 발전하는 물질문화와 비교적 완만하게 변하는 비물질문화 간에 변동속도의 차이에서 생겨나는 사회적 부조화를 말합니다. 미국의 사회학자 W. F. 오그번이 『사회변동론社會變動論』에서 주장한 이론입니다. 한 사회의 문화는 물질적인 것과 비물질적인 것을 모두 포함하고 있습니다. 문화변동의 속도와 관련해서 본다면 이 두 가지 영역이 밀접한 관계를 유지하면서 함께 변하는 것이 가장 이상적이나, 실제로는 물질적인 영역에서의 변화가 앞서기 때문에 정치·경제·종교·윤리·행동양식 등 이와 관련된 여러 가지 제도나 가치관의 변화가 이를 따르지 못하는 경우가 많습니다. 이처럼 비물질문화가 물질문화의 변동 속도를 따라가지 못할 때 심각한 사회적 부조화 현상이 야기됩니다. 예를 들면, 현대의 도시문명은 과학기술의 발달에 기초하고 있습니다. 그러나 그 속에서 살고 있는 사람들의 의식은 여전히 전통적인 농경생활 수준에 머물러 있다면 심각한 사회적 부조화 현상이 일어날 것입니다. 또한 차량의 수와 에너지의 소비량이 기하급수적으로 증가하지만, 다른 한편으로는 교통질서에 대한 의식이 약하고, 환경오염에 대한 경각심이 부족하며 생태계 보전을 위한 노력이 결여된 소비문화가 여전히 도시사람들의 의식을 지배하는 등 전통사회 의식수준에 머물러 있다면 이런 문화지체현상과 함께 도시는 정상적으로 기능하기 어렵습니다.

받는 남성들이 열패감**에서 엉뚱하게 여성을 희생양으로 삼은 것이 여성혐오입니다.

20세기 후반에 2세대 여성주의 이론가들은 여성혐오를 가부장제 사회에서 나타나는 성적 편견이자 이데올로기이며, 여성 억압의 중요한 기초라고 주장합니다. 여성혐오는 대부분 남성들에게서 나타나긴 하지만, 가부장제에 종속적인 여성들이 스스로나 다른 여성을 대할 때도 나타납니다. 가부장제는 과거 여성에게 남성에 종속된 위치를 강요했을 뿐만 아니라 현재도 권력과 결정에 대한 제한적 접근만을 허락하는 남성중심 사회를 유지하는 이념 혹은 신념체계로서 기능합니다. 다시 말해서 우리 사회에서 가부장제적 요소가 잔존하는 한 여성혐오는 사라지기 어렵습니다.

여성혐오의 대칭존재로서 남성혐오misandry가 나타난 것은 최근의 일입니다. 여성혐오가 보편적인 여성에 대한 증오인 데 반해, 남성혐오는 마초적인 전통적인 남성 역할에 대한 거부에서 비롯된 역사적 반감입니다. 또한 여성혐오가 강렬한 인신 공격성 요소를 지니는 데 반해 남성혐오는 반감 이상의 범주를 벗어나지 않습니다. 이런 점에서 정부와 보수 언론이 젊은 여성들의 여성혐오에 대한 항의를 남녀갈등을 조장하는 행위로 몰아가는 것은 부적절합니다. 이런 거 보면 참 바보 같습니다. 문제의 핵심을 보지 못하는 건지, 안 보는 건지 모르겠습니다. 남자인 제가 봐도 문제의 핵심은 여성혐오인데 말입니다.

** 열패감劣敗感은 남보다 못하여 경쟁에서 졌다는 느낌을 말합니다.

갈등의 이해와 우리의 과제

갈등은 자연스러운 현상이고 인간관계 속에서 끊임없이 반복해서 나타납니다. 갈등현상은 오랫동안 누적돼 온 특정한 문제의 결과물이라고 볼 수 있습니다. 이러한 갈등은 개인의 삶뿐만 아니라 우리 사회 각 부분에도 관계적, 구조적, 문화적으로 영향을 미칩니다. 다행한 것은 갈등은 다양한 방식으로 상황에 영향을 미치고 있음과 동시에 발전적인 변화를 이끌어내는 역동성도 지니고 있다는 점입니다. 또한 갈등에 개입하는 방법으로 갈등의 전환이 반드시 정치적인 사건으로만 귀결되지 않는다는 것입니다. 이것은 개인적으로는 파괴적인 영향을 최소화하고, 개개인의 인격적 안정과 성장잠재력을 최대화하는 것을 말합니다. 관계적 차원으로는 소통을 통한 상호이해를 최대화하고, 분노와 두려움을 완화하고 희망을 이끌어내는 것입니다. 구조적 차원으로는 갈등의 근본 원인과 이를 둘러싸고 있는 상황을 분석하고, 적대적인 대립보다 비폭력적 수단으로 정의를 일으켜 세우기 위한 구조적 발전을 촉구할 필요가 있다고 보는 것입니다.

갈등 자체는 부정적이지 않습니다. 갈등을 무조건 부정적으로, 존재해서는 안 될 것으로 보는 시각은 잘못됐습니다. 긍정적인 면도 있습니다. 관리만 잘하면 얼마든지 갈등을 긍정적 에너지로 삼을 수 있습니다. 갈등이 존재한다는 건 그만큼 사회가 건강하다는 증거이기도합니다. 급속도로 민주화 · 산업화를 이룬 우리 사회에서 그 동안 묻혀있던 문제점이 갈등을 통해 표출되는 건 자연스러운 현상입니다.

문제는 갈등을 관리하고 해결하는 방법입니다. 갈등이 발생할 때, 상층부의 갈등 관리에 미흡한 측면이 있습니다. 여전히 권위적인 자세로 갈등을 조정하고 건강하게 활성화하지 못하고 분열과 반목으로 증폭시키는 경향이 있습니다. 아쉽게도 우리 사회는 대부분의 조직의 의사 결정 과정이 대체로 수직적으로 이뤄집니다. 소수의 상층부가 결정권을 독점합니다. 이 과정에서 소수의 상층부와 다수의 참여자 사이에 긴장 관계가 형성됩니다. 행정 효율성을 위해 상층부 주도로 집행됐던 사안이 지금에 와서는 반대에 부딪치곤 합니다. 이는 민주시민의식이 높아지면서, 참여 인식이 확대되면서 나타나는 갈등으로 다양한 입장과 의견이 존중되고, 보장되는 것으로 바람직한 일입니다. 우리 사회가 '갈등 공화국'으로 일컬어지는 것은 갈등 자체로 발생한 문제라기보다 갈등 관리의 실패에서 원인을 찾는 것이 정확할 것입니다.

현재 우리사회는 지속적으로 일어나고 있는 반복적인 갈등의 고리를 어떻게 종식終熄할 것인지, 새로운 해결책을 모색하는 중대한 고비를 맞고 있습니다. 이것은 단순한 협상의 차원을 넘어, 관계의 패턴과 역사적인 상황인식에 대한 깊은 통찰과 국민적 합의를 이끌어내야 하는 과제를 의미합니다. 눈앞에 드러나는 현상들은 기억을 되살리고 잘못을 인식할 기회를 제공하고는 있지만 그 문제 자체가 이미 벌어진 일에 대한 긍정적인 동력動力이 되지는 못합니다. 대다수의 국민이 동의할 수 있는 긍정적인 변화를 견인牽引하기 위해서는 상호소통하고, 미래를 위한 관계의 틀을 세우고, 새로운 길을 창조해 내려는 의지가 필요합니다.

우리사회는 현재 심각한 국난國難을 겪고 있습니다. 안타까운 것은 이것이 외부적인 요인이 아니라 우리 내부에서 그것도 국민이 뽑은 대통령으로 인한 것이기에 말할 수 없는 참담함에 허탈하기만 합니다. 이른바 최순실 게이트 아니 박근혜 게이트로 인해 그동안의 개인적ㆍ관계적 부정부패의 고리를 총체적으로 인식해야하는 시점에 와 있습니다. 이제 우리는 평화적인 방법으로 다양한 목소리를 담아 새로운 미래지향적 구조를 만들어 가야만합니다. 아울러 국민 개개인은 어떻게 책임을 공감하며 변화를 위한 동력을 모아갈 것인지, 공적 영역의 관료시스템은 갈등의 구조적 문제를 해결하기 위해 어떻게 갈등을 예방하고 전환하는 시스템을 마련해 갈 것인지에 대한 새로운 안목이 필요한 시기입니다. 이런 상황에서 오늘 우리는 무엇을 해야 할 지 숙고해봐야 합니다. 혼돈의 시대에 오늘 우리는 갈등과 반목의 현실에서 어떻게 화해를 이루어갈지를 생각해보고 함께 지혜를 모아야할 것입니다.

평화는 갈등이 없는 상태를 말하는 것이 아닙니다. 갈등을 통해 정의가 실현되는 것을 말합니다. 갈등은 인간관계에서 자연스러운 현상입니다. 그래서 성숙한 대화와 토론이 중요합니다. 조직에서 문제가 발생했을 때, 현상 자체를 제거하거나 외면하면 안 됩니다. 먼저, 원인과 배경을 고찰하고 토론해야 합니다. 이 과정에서 문제가 생산적 에너지로 바뀔 수 있습니다. 이 때, '누가 잘못 했나', '무엇을 잘못했나', '어떻게 처벌할까'와 같은 질문은 지양해야 합니다. 공동체 회복을 위해, '누가 어떠한 영향(피해)을 받았는가', '회복을 위해 무엇을 해야 하나', '재발을 방지하기 위해 무엇을 해야 하나'를 묻는 것이 중요합니다.

갈등 해결의 실마리는 문제를 부정적으로 보지 않고, 긍정적으로 받아들이는 데 있습니다. 갈등이 가진 긍정적 에너지에 주목해봅니다. 갈등을 제거의 대상이 아닌, 건설적 변화를 이끌어 낼 선물이자 기회로 봅니다. 그러면 갈등은 공동체 분열의 요인이 아닌, 공동체를 건강하게 하는 창조적 요인이 될 수 있습니다.

부패를 법으로 막을 수 있을까요

　우리나라를 한마디로 정의한다면 무엇이라고 할 수 있을까요? 좋은 측면도 있으나 아쉬움으로 표현하면 '부패공화국'이라고 할 수 있을 것입니다. 2016년 국가청렴도에 따르면 우리나라는 체코공화국과 함께 100점 만점에 56점을 받아 조사대상국 168개국 가운데 37위를 차지했다고 합니다. 청렴도에서 상위권에 포진한 국가들은 덴마크, 스웨덴, 핀란드처럼 국민 행복도가 높고, 사회보장이 잘 마련된 나라들입니다. 미국이 76점으로 16위, 일본이 75점으로 공동 18위를 기록했습니다. 우리가 금과옥조金科玉條처럼 본받으려는 미국과 일본에 비해 우리나라는 무려 20점이나 뒤처져 있습니다.

　우리나라의 부정과 부패는 사회의 모든 분야에 만연되어 있습니다. 누구보다도 청렴하고 강직해야 하는 검사와 판사의 뇌물수수와 부정과 비리 사건은 어제와 오늘의 일이 아닙니다. 재벌들의 지배 권력과 정치 권력의 추악한 거래 역시 뿌리 깊은 관행이 된 지 오래입니다. 그들이 법인세 인하나 현상유지를 요구하는 것은 당연지사當然之事입니다. 세상에 공짜는 없는 법입니다. 종교계와 언론계의 보도되지 않는 허다한 비리와 부정부패는 덧붙일 필요조차 없습니다. 상황이 이럴진대 국민들도 예외는 아닙니다.

경미한 추돌사고만 나도 즉시 병원으로 달려가 상상이상의 진단서를 발급받고 가짜환자 노릇하며 피해보상금을 뜯어내는 사람들… 어떻게든 장애등급을 올려서 혜택을 받으려 기를 쓰는 사람들… 세금을 내지 않으려고 온갖 수단을 짜내는 자영업자들과 변호사들과 병원장들… 100명이 상속을 받으면 단 2명만 상속세를 내는 이상한 나라입니다. 국민들 모두 돈에 눈이 벌개져서 최소한의 도덕성이나 양심마저 저당 잡혀버린 추악한 부패천국 대한민국입니다.

이런 나라와 이런 국민을 법으로 다스리고자 등장한 것이 '김영란법'* 입니다. '오죽하면 부정과 부패와 타락을 강제적인 수단으로 만들어야만 했나'하는 생각이 들기도 합니다. 이 법에 대해 이제야 비로소 우리 사회가 정의롭게 될 것이라고 기대하는 사람들이 있습니다. 이번 '김영란법' 시행으로 공직사회를 비롯해 청렴의식이 높아졌다는 평도 있습니다. 우여곡절을 겪었지만 하위직은 환영하고, 고위직은 반대하는 상황입니다. 교육계의 촌지관행은 뿌리 채 뽑힌 것 같다고도 합니다. 그러나 법을 만들었다고 불의不義가 한 순간에 사라질 것으로 여기는 사람들은 매우 천진난만한 생각입니다. 안 좋은 쪽으로 기상천외한 두뇌플레이를 펼치

---

* 김영란법은 언론인과 사립학교 교직원을 포함한 공직자가 직무 관련성과 상관없이 100만 원을 초과하는 금품을 받으면 형사처벌을 받게 하는 법입니다. 100만 원 이하 금품 수수는 직무 관련성이 있는 경우에만 과태료가 부과됩니다. 하지만 직무 관련 없이 100만 원 이하를 받더라도, 같은 사람으로부터 연간 300만 원을 초과해 받으면 형사처벌 대상이 됩니다. 김영란법은 2011년에 제안한 김영란 전 국민권익위원장의 이름을 따서 붙여졌으며, 2015년 3월 3일에 국회를 통과했습니다. 정확한 명칭은 '부정청탁금지 및 공직자 이해충돌 방지법'입니다. 1년 6개월간 유예기간을 거쳐 2016년 9월 시행되었습니다.

는 우리나라 사람들의 그 뛰어난 머리를 생각하지 않고 법으로 통제하면 문제가 해결될 것이라 믿고 있기 때문입니다.

안타까운 것은 자칫 김영란법이 본래의 뜻과는 달리 적용될 수도 있다는 우려입니다. 우리사회에서 미덕으로 이해되어온 정서인 정情이 사라지고 주고받기로만 이해타산利害打算의 사회가 되는 것은 아닌가 하는 우려도 있습니다. 이로 인해 가뜩이나 위축된 공동체성이 더 위축될 수 있습니다. 실제로 일부 상권이 무너지고 농ㆍ축ㆍ수산물의 판매위축과 화훼농가는 직격탄을 맞았습니다. 이러한 지역상권이 무너지는 반대급부는 무엇일까요? 정말 부정부패는 사라지고 민주사회로 거듭났을까요? 지방자치단체는 지자체대로 애로사항을 토로합니다. 먼저 지방세가 우려됩니다. 카드사용은 사용처의 근거가 남아 회피하고, 현금으로 쓰고 현금영수증도 거부합니다. 철저한 사용흔적을 남기지 않겠다는 것입니다. 이렇게 되니 소비에 따른 지방세는 걷히지 못하고 고스란히 탈세로 이어질 수도 있습니다.

옛말에 "넘치면 부족한만 못합니다."는 말이 있습니다. 의욕적인 입법 활동은 칭찬받아야 하지만 이로 인해 피해를 입게 되는 선량한 국민은 어찌하란 말인지요? 개인 간 리베이트는 근절되어도 우리 내 먹거리를 생산하는 농민 및 축산ㆍ어업에 종사하는 국민들은 허리띠를 졸라매어야 합니다. '빈대잡기 위해 초가삼간 태운다'는 식의 법 시행은 문제가 있습니다.

실제로 학교현장은 우려와 혼란이 교차하는 실정입니다. 더욱이 법이 시행된 상황인데도 적용 범위와 기준에 대해 여전히 '깜깜이'인 것은 문제입니다. 명예교수, 겸임교원, 시간강사 등 고등교육법상 교원이 아닌 경우는 적용대상에 포함되지 않지만 기간제 교사, 사립 어린이집 교사는 법적용 대상입니다. 학부모가 스승의 날에 촌지 10만 원을 교사에게 건

넸다면 학부모와 교사 모두 과태료 부과 대상이라면서도 원활한 직무 수행 또는 사교, 의례, 부조의 목적으로 제공되는 음식물 3만원, 선물 5만원, 경조사비 10만원 등은 예외로 처벌받지 않는다고 합니다.

반면 수업 시작 전에 교탁 위에 학생들이 갖다놓는 음료수나 1000원 씩 모아 간단한 선물을 하는 경우, 학부모가 카카오톡 같은 메신저로 5000원 상당의 커피 선물권을 주거나 체험학습 때 도시락을 제공하는 것은 액수가 문제가 아니라 성적, 수행평가와 관련돼 있어 위법이라고 합니다. 이렇다보니 '김영란도 걸릴 수 있는 김영란법'이라는 우려도 나 오고 있습니다. 김영란법의 적용을 받는 4만 919곳의 기관 중 절반이 넘는 54.8%가 학교라는 점에서 걱정이 앞설 수밖에 없습니다.

하지만 더 큰 걱정은 따로 있습니다. 자칫 교원, 학생, 학부모의 협력 적 교육공동체 관계가 김영란법으로 위축될까 하는 점이 그것입니다. 학교현장에서 '교육적' 풍토가 사라지고 '법적' 잣대에 따라 수동적인 교 육이 이뤄질까 우려됩니다. 법이 모호할수록 그 가능성은 더 높아질 것 입니다.

학교폭력예방법, 학생인권조례 등 갈수록 교육을 지원하기 위한 법령 은 늘고 있습니다. 하지만 이들 법령이 오히려 교육공동체 간 불신을 키우며 상처를 주고 있지 않나 되돌아봐야 합니다. 그 속에서 협력관계 가 깨지고 교육보다는 '법대로 하면 된다'는 체념을 낳지는 않았는지 성 찰해봐야 합니다.

교육은 법보다 교육적으로 접근하고 풀어야 합니다. 교육현장은 교사 에 대한 존경과 믿음, 제자들에 대한 관심과 애정이 바탕을 이뤄야 하기 때문입니다. 교육은 법보다 존경·사랑으로 하는 것입니다. 과거 교육 현장에는 책씻이라는 풍습이 있었습니다. 옛날 서당에서는 책을 다 배우 고 나면 학동들의 집에서 한 상 푸짐하게 차려 서당으로 내오곤 했는데,

이것은 학업의 완성을 축하하는 동시에 후배에게 그 책을 물려주는 좋은 풍속이었습니다. 이런 서당 풍습을 오늘날 학교현장에 적용하는 것이 어려운 현실이지만 마음으로 오가는 따뜻한 공감은 분명 오늘 우리 교육에서도 되살려내야 할 전통입니다. 교사, 학생, 학부모가 법적인 논리에 매몰돼 교육을 위축시키고 기계적으로 만들어서는 안 됩니다. 학생 교육은 구성원간 존경과 믿음, 사랑이 근본이 되는 교감交感의 장場에서만 꽃필 수 있다는 점을 기억해야 합니다.

이 법이 시행된 이후 안타깝게도 교수와 학생, 학생과 학생을 이간질해서 그나마 남아있던 캠퍼스의 정리情理가 끊어지는 안타까움이 벌어졌습니다. 2016년 9월 28일 첫 번째 신고자는 깡통커피를 교수에게 주었다고 동료를 신고한 대학생이었습니다. 법에 의하면, 교수도 청탁을 두 차례 받게 되면 해당학생을 신고해야 합니다. 학생이 교수와 학생을 신고하고, 교수가 학생을 신고하는 대학사회에서 참되고 바른 교육, 진리를 탐구하고 미래사회를 설계하는 교육이 어떻게 가능할 수 있을까요? 대학을 감시사회로 만들어 학생이 교수나 동료를 의심스러운 눈으로 바라보게 하는 법안이 어떤 정당성을 가지고 있을까 하는 생각도 듭니다. 이는 대학만이 아닙니다. 이런 모습은 대학만이 아닙니다. 제가 재직하는 중학교에서도 이게 김영란법에 저촉되는지, 아닌지를 생각하면서 스스로 자기검열을 합니다. 괜스레 법에 걸려 교육자로서 범법자가 되고 싶지 않기 때문입니다.

법은 강제성을 가진 국가의 강력하고 날카로운 무기입니다. 이런 무기는 최대한 숨겨두고 쓰지 않는 것이 상책입니다. 법은 최소한일수록 좋습니다. 법에 의지할 것이 아니라, 인간성을 회복하고 도덕성을 고양하며 서로 믿을 수 있는 세상을 만들어 나가려고 노력해야 합니다. 돈과 권력과 이해관계에 좌지우지되는 지배층의 부패와 타락이 정확하게 응징한다면 굳이 '김영란법'과 같은 법안은 만들지 않아도 될 것입니다. 또한 서민경제가 위축되는 현상이 벌어질 수도 있습니다. 큰 도둑들은 수수방관한 채 촘촘한 그물망으로 피라미나 새우나 멸치를 잡겠다고 설쳐댈 수도 있습니다. 악어와 늑대와 하이에나들은 어떻게 할 것인지가 더 핵심인데 이에 대한 명확한 대비가 잘 느껴지지 않습니다. 이젠 정말로 '유전무죄 무전유죄'란 말이 사라졌으면 합니다. 법 이전에, 법 이상으로 우리의 성숙한 민주시민의식이 중요합니다. 이것을 위해서 우리 사회에 교육이 있고, 시민사회단체가 있고, 종교가 있다고 봅니다.

정유라 부정입학,
체육특기자 제도를 점검할 때입니다

　오늘 우리 사회는 이른바 박근혜 정부의 비선 실세 최순실의 딸 정유라의 이화여대 부정 입학 사건으로 인해 어수선합니다. 우리사회에서 대학입시는 그나마 사회적 계층상승이 가능한 공정과 공평이 보장된 것인데 이번 입시부정 사건은 그렇지 않음을 보여주었습니다. 이로 인해 일반 서민들과 그들의 자녀들인 대입수험생들의 분노가 촛불민심으로 증폭되었습니다. 실력 이전에 재력이 더 중요해진 세상이 되어 버렸습니다. 그러니 다음 세대가 다음을 기약하면서 미래를 위한 오늘의 아픔과 고통을 감내하는 희망을 품지 못하고 있습니다. 더 이상 우리 사회에 희망을 잃어버리지 않도록 체육 특기자 제도에 대한 전면적인 제도적인 개선이 있었으면 좋겠습니다.

　학교체육의 가장 큰 문제는 구조적으로 공부 안하는 운동선수, 운동 안하는 일반 학생을 양성하고 있다는 사실입니다. 학교체육진흥법에 제시된 최저학력제는 권고 사항에 그쳐 실제 현장에서는 유명무실有名無實

합니다. 공부하지 않는 운동선수는 오로지 운동만으로 대학 입학이 가능해 입시비리, 승부조작 등이 벌어지는데다 은퇴한 선수 대다수가 사회낙오자가 되면서 일부 인기 종목을 제외하고는 운동선수 기피 현상이 심각해지고 있습니다.

체육특기자 제도가 1972년에 만들어져 40여 년이 지났지만 여전히 운동만 잘하면 대학까지 진학 가능하다는 기본 틀은 그대로 유지하고 있습니다. 학교에서 공부를 하지 않아도 된다고 제도적으로 보장하는 꼴입니다.

이를 개선하는 방안으로 체육특기자 제도에서 입상 성적만이 아니라 최저학력제를 엄격하게 도입하면 어떨까 싶습니다. 소년체육대회와 전국체육대회 참가자에 대한 최저학력기준을 의무화하면 어떨까 싶기도 합니다. 미국처럼 학생 선수의 학사관리, 체육특기자 대입전형제도를 관리·운영할 수 있는 공정한 기구를 만들어 철저히 관리 감독하는 것도 하나의 방법일 것입니다. 또한 수업에 방해가 되지 않도록 일부 종목에서 시행하는 주말리그제가 전 종목에 시행되면 좋겠습니다. 선수 실적 발급 기준도 학기별에서 연도별로 전환해서 대회 개최수를 줄여, 학습권을 보장하는 방안도 좋겠습니다. 이를 위해 체육특기생 전형에서도 내신 성적을 반영하는 것이 좋겠습니다.

이번에 문제가 된 정유라의 승마나 스케이트, 골프 등은 학교 자체적으로 육성이 불가능한 종목의 경우 학사관리에 문제가 생길 수 있습니다. 개인 코치에 의지해야 하는 종목의 선수들은 학교에 적만 두고 있다 보니 학사관리에 문제가 나타나고 비리가 생길 개연성蓋然性이 높습니다. 실제로 공공연하게 학교현장에서 학적學籍만 두고는 학교에 출석도 하지 않고는 졸업하는 경우가 많습니다. 같은 반 친구들이 체육특기자 친구의 얼굴도, 이름도 모르다가 졸업식장에서 학교를 빛낸 공로자라고 수상하는 것을 보게 되는 경우도 많습니다. 또한 이들 종목이 거액의 지원금이 필수다보니 정유라와 같이 부유층의 대학진학용으로 활용되는 경우도 많습니다.

이번 정유라 사태는 면접이 경기 실적이나 내신 등 모든 것을 무력화 시킨 게 문제였습니다. 면접 등 주관적 평가가 반영될 수 있는 모든 요소를 폐지하거나 최소화해야 합니다. 이는 체육계만이 아니라 음악과 미술과 무용과 연기와 같은 예술 분야입시도 그렇습니다. 입시부정으로 더 이상 꽃봉오리와 같은 희망찬 다음세대가 좌절감을 맛보고 경제력을 갖추지 못한 부모를 원망하고 불합리하고 부조리한 사회를 저주하지 않도록 시급히 제도적인 개선이 있어야 할 것입니다.

바라기는 이번 참에 체육특기자에 집중된 엘리트체육정책보다는 일반적인 학교스포츠 활성화 정책으로 나아갔으면 합니다. 지나칠 정도로 소수의 엘리트를 양성해서 국제경기에서 메달을 따야만 국위선양國位宣揚이 되고 그것이 우리 국민에게 간절한 것인가 싶습니다. 사실 좀 지나친 말이지만 독재정권이나 냉정시대의 공산권 국가들이 스포츠를 통해 국격國格을 높이고 국민들의 정치적인 관심을 왜곡시키려는 뜻으로 엘리트 체육을 육성하는 경우가 많았습니다. 최근 선진국들은 소수의 엘리트 체육으로 보고 즐기는 것보다는 모든 국민이 직접 참여하고 즐기는 체육으로서 생활체육이 강조되는 추세입니다. 오늘 우리의 교육현장에서도 엘리트체육특기자 육성보다는 모든 학생들이 즐기는 취미생활로 학교 스포츠를 즐기도록 하는 방향으로 전환하는 것도 좋겠습니다.

독일의 사회적 시장경제와 우리 경제

사회적 시장경제라는 용어에 대해 모순어법oxymoron이라고 의아해 할 것 같습니다. 남북한 관계의 특수성에 따라 자본주의와 사회주의의 이분법적 사고에 사로잡힌 우리나라의 이데올로기적인 시각에서 보면 더 그러할 것입니다. 하지만 이 용어에서 중점 포인트는 '사회'에 놓여있으며, 여기서 사회는 사회주의의 정치적 의미가 아니라 사회적 정의를 지칭합니다.

2차 세계대전의 패전 이후 '라인강의 기적Wirtschaftswunder'을 이끌었던 독일의 경제적 성공에는 사회적 시장경제의 원칙이 그 밑바탕에 놓여 있습니다. 경제 행위자들은 자유로운 경제활동을 지향하되, 시장실패나 독과점 등 시장의 자동조절 체제가 작동하지 않을 경우 정부의 개입을 정당화시킵니다. 특히 전후 재건 과정에서 독일 정부는 폭넓은 사회정책의 집행을 허용하였으며, 이를 통해 형평성과 효율성의 조화와 높은 생산성, 고도 경제성장을 달성하였습니다. 시장경제의 조정과정은 경제 재건을 위한 하나의 도구로 활용되었고, 많은 사람들이 경제적 성공으로 인한 혜택을 함께 누릴 수 있었습니다.

사회적 시장경제는 경제적 자유 달성과 사회적 안전망 구축이라는 두 개의 가치를 명시적으로 추구하는 경제이론이며, 그 밑바탕에는 경제질서의 제도적 추구에 대한 철학적 사고가 깔려 있습니다. 이 이론의 창시자로는 발터 오이켄Walter Eucken, 알프레드 뮐러-아르막Alfred Muller -Armack, 루드비히 에어하르트Ludwig Erhard 등을 꼽을 수 있습니다. 이들은 독일의 신자유주의학파의 학자들로 간주되었고, 이들의 학풍은 미국 경제학자인 밀턴 프리드먼Milton Friedman의 고전학파에까지 영향을 미쳤습니다. 이후 프리드먼의 통화주의는 로버트 루카스Robert Lucas의 합리적 기대가설과 접목되면서 새고전학파 경제학New Classical Economics이라는 주류 거시경제학의 흐름을 형성하게 되었습니다.

2차 세계대전 이후 세계경제는 시장경제의 질서를 바탕으로 고도의 경제성장을 경험해왔지만, 그 이면에는 시장실패, 금융위기, 소득불평등의 확대 등의 부작용이 자리 잡고 있습니다. 이에 따라서 현대의 경제학은 시장규제와 정책개입이라는 정부의 역할을 정당화시키고 있으며, 공공재 공급과 함께 시장경제의 비효율성을 최소화시킬 수 있는 경제정책의 역할을 강조하고 있습니다.

그러면 정부와 중앙은행의 시장개입은 어느 정도의 수준이 바람직하고 어떠한 원칙에 입각하여 이루어져야 하는 것일까요? 사회적 시장경제의 밑바탕에는 자유시장경제체제가 강조하는 경쟁의 원칙이 깔려 있으며, 시장의 변화에 대응할 수 있는 정책 도구의 유연성을 광범위하게 허용하고 있습니다. 하지만 시장경제의 자유방임laissez-faire과는 다르게 시장실패 등 왜곡이 존재할 경우에는 정부 정책을 통해 시장개입을 적극적으로 허용하며 이를 위한 제도적 뒷받침을 중요시하고 있습니다. 다시 말하면 사회적 시장경제는 질서자유주의Ordoliberalism에 그 기반을 두고 있으며, 시장경제의 사유재산권과 계약의 자유를 존중합니다. 하지만 질서자유주의는 경제활동의 자유만으로는 시장기능의 올바른 작동을 보장할 수 없다는 견해를 지지하며, 경제영역에서 권력의 사유화에 따른 담합이나 독과점의 통제가 필연적이라고 강조하고 있습니다. 이를 위해 경제정책은 법률적 과정을 통해 원칙에 따라 집행되어야 하며, 이는 정책결정자의 의식적인 노력을 통해 현실화될 수 있다고 주장합니다.

한편 사회적 시장경제는 정부의 역할에 대해서는 준칙주의에 기초한 경제정책의 집행을 강조하며, 동시에 시장 개입의 최소화를 그 원칙으로 삼고 있습니다. 여기서 경제정책은 자유경쟁을 방지하는 카르텔 설립과 이익집단의 경제지대 추구를 방지하면서 시장실패의 위험을 최소화시키는 것을 그 목표로 삼고 있습니다. 특히 중앙은행의 통화정책에서 독립성의 확보는 정책의 성공적 실행을 담보하는 데 중요한 제도적 요인으로 작용합니다. 실제로 대부분의 국가들은 경제성장을 위해 물가안정, 높은 고용수준, 그리고 국제수지의 균형을 대내·외 정책목표로 명시적으로 설정하고 있습니다. 하지만 이해집단의 경제적 이해관계가 정책의 사결정 과정에 끊임없이 영향을 미치고 있으며, 중앙은행은 현실 경제의 변화와 상호작용을 하게 됩니다. 특히 정치적 이해관계가 정책결정 과정에서 내생적으로 영향을 미치며, 경제정책은 간접적으로 현실 정치의 영향을 받게 됩니다. 이것은 중앙은행의 통화정책에서 독립성이 제도적으로 뒷받침되고 있지만, 통화정책을 집행하는 정책결정자들은 정부에 의해 정치적으로 임용될 수 있다는 것을 시사합니다.

특히 정책 결정의 투명성 제고와 공공의 이해를 도모하기 위해 어떠한 경제정책이 바람직한가에 대해서는 준칙주의rule와 재량주의discretion라는 상반된 견해가 존재합니다. 경제정책에서 준칙주의는 통화량의 변화가 투자촉진과 자본 이용에 영향을 미친다는 통화주의자의 관점을 지지합니다. 여기서 경제주체들의 합리성은 중앙은행의 정책대응과 경제의 변화에 대해 학습가능성을 가정하고 있으며, 통화주의자들은 정책변화에 대해 경제주체가 적극적으로 대처한다고 주장합니다. 특히 통화량의 단기적 변화는 결과적으로 물가상승만을 유발시킬 뿐 유효수요 확대에 대한 효과는 미미하다고 파악하였습니다. 이에 따라 통화량은 국민소득성장률의 일정한 비율로 통제하는 것이 바람직하며, 준칙에 따라서 통화량이 조정될 때 정책 효과가 극대화될 수 있다는 견해를 지지합니다.

반면 경제정책에서 재량주의는 정부와 중앙은행이 시장에 대한 민간의 경제참여자보다 명확한 정보를 가지고 있다고 가정합니다. 특히 유효수요의 축소가 경기 불황의 주요한 원인이라는 케인즈학파의 견해를 지지하며, 총수요의 급격한 변화에 대해 중앙은행이 적극적으로 개입해 세밀한 조정을 할 것을 요구합니다. 경제정책의 경기안정화 효과는 정책결정자의 합리적인 의사결정뿐 아니라 민간의 경제주체가 정부와 중앙은행의 정책대응에 대해 어떠한 기대심리를 가지고 있는가에도 영향을 받습니다. 여기서 민간과 정부가 얼마만큼 정보의 우위를 가지고 경제변화에 대처하는지가 통화정책 집행에서 성공의 주요한 요인으로 작용합니다.

최근 세계경제의 불황 확산으로 통합경제와 세계화에 대한 좋지 않은 흐름이 나타나고 있습니다. 경제 수요측면의 어려움은 영국의 EU 탈퇴('BREXIT'), 난민 문제, 극우정당의 득세 등을 통해 살펴볼 수 있습니다. 다른 한편으로 공급측면에서 ICT 융합기술과 인공지능의 기술발전에 따라 산업구조가 재편되고 있습니다. 자유시장 경제는 성장과 효율을 중시하지만, 변화의 시기 필연적으로 발생하는 산업구조의 변화와 비정규직의 확산 등 노동시장의 문제를 어떻게 해결해야 하는지에 대한 해법을 제시해주지는 못하고 있습니다. 이것에 대한 정책적 대응방법과 해결책은 경제철학의 문제로까지 귀결될 수 있습니다.

우리나라의 경우, 시장경제의 발전이 더딘 주요 원인으로 미약한 사회적 자본과 정부정책의 불투명성, 일관된 철학의 부재 등을 지적해볼 수 있습니다. 최근 하버드대학교의 마이클 샌델Michael Sandel 교수가 현대 자본주의의 문제점을 비판하며 주장한 공동체주의가 세간의 주목을 끌었습니다. 자유주의의 대안으로 사회신뢰자본의 형성은 우리나라가 선진국으로 진입하기 위해 중요한 요소 중 하나일 것입니다. 사회적 시장경제에서 강조하는 제도적 기반과 원칙의 확립은 현대 시장경제 기능의 활성화와 지속가능한 경제발전을 위해서 뒷받침되어야 할 요인입니다. 이를 바탕으로 우리나라 경제는 세계경제의 불황과 기술발전의 변혁기에 대비하고, 이에 따른 경제정책과 시장제도의 변화방향을 모색해야할 것입니다.

독일의 경제개념과 정책인 사회적 시장경제라는 것이 우리나라에서 자생적으로 생성되고 발전된 경제이론이 아니고, 우리의 상황과 여건에 맞지 않는다고 말할 수 있습니다. 맞는 말입니다. 그러나 이런 비판은 남한이 지향하는 자유시장 경제나 북한이 지향하는 사회주의집단 경제도 자생적인 경제이론이 아니고 외국에서 들어온 것으로는 같습니다. 그러니 우리 것이 아닌 남의 나라 것이라고 경외시하기는 어렵습니다. 제가 이 이론에 관심을 둔 이유는 오랜 세월 추구해온 남한의 자유시장 경제체제가 과연 만고불변의 진리는 아니라는 것입니다. 이를 우리에게 맞게 주체적으로 변형해가면서 우리식 경제를 추구하는 의미에서 우리와 비슷한 분단의 경험을 지닌 독일의 경제개념이 시사점을 줄 수 있다는 생각입니다. 오늘 우리의 경제를 반성하고 새롭게 변혁해나가는 의

미로 독일의 사회적 시장경제뿐만 아니라 유럽 여러 국가들의 시민사
회복지국가 개념이 가미된 경제 시스템도 함께 연구해볼 만 할 것입니
다. 물론 일본과 대만과 싱가포르와 중국과 같은 동양권의 국가들도
말입니다.

4차 산업혁명이란 무엇인가요

현재 인류는 급격한 변화를 맞이하고 있습니다. 이 변화는 새로운 산업혁명입니다. 우리는 4차 산업혁명이라는 현실에 직면해 있습니다. '스마트 시대', '스마트 혁명'이라는 말을 종종 들어봤을 것입니다. 이 '스마트'는 디지털 시대의 새로운 정복자라고 표현할 수 있습니다. 스마트 기기器機는 인류의 혼을 빼앗고 우리 삶의 방식을 뒤바꿔 놓았습니다. 그것의 위력은 여기서 멈추지 않습니다. 사물과 환경, 로봇, 자동차 등 상대를 가리지 않고 자신의 스마트함을 뽐내며 인류의 삶을 새롭게 재구조화하고 있습니다. 이러한 변화가 4차 산업혁명입니다.

세계경제포럼은 '제4차 산업혁명'을 "3차 산업혁명을 기반으로 한 디지털과 바이오산업, 물리학 등의 경계를 융합하는 기술혁명"이라고 설명했습니다. 즉 4차 산업혁명은 3차 산업혁명의 연장선입니다. 4차 산업혁명을 이해하기 위해서 먼저 지난 산업혁명의 역사를 짚어보면 이해가 쉬울 것입니다.

1차 산업혁명은 증기기관(증기 파워)입니다. 1784년 수력 증기기관을 활용하여 철도, 면사방적기와 같은 기계적 혁명을 불러일으킵니다. 그래서 '증기기관을 이용한 기계적 혁명'이라고도 합니다.

2차 산업혁명은 전기 동력 대량 생산(전기 파워)입니다. 1870년대부터 시작된 2차 산업혁명은 1차 산업혁명의 연장선입니다. 공장에 전력이 공급되고 컨베이어벨트를 이용한 대량 생산이 가능해졌습니다. 이를 '전기 동력을 이용한 대량 생산의 시작'이라 정의할 수 있을 것입니다.

3차 산업혁명은 컴퓨터 제어 자동화(컴퓨터 파워)입니다. 컴퓨터를 이용한 생산 자동화를 통해 대량 생산이 진화합니다. 개인용 컴퓨터, 인터넷 등을 통한 정보기술 시대가 개막합니다. '컴퓨터를 이용한 자동화'가 3차 산업혁명의 핵심입니다.

그렇다면 4차 산업혁명은 무엇일까요? 이제 인류가 맞이하는 4차 산업혁명은 소프트웨어를 통한 지능형 공장에서 탄생한 제품으로 말할 수 있습니다. 즉 4차 산업혁명을 한 단어로 정의하기는 힘들지만 '소프트 파워'를 핵심 키워드로 생각하면 쉬울 것입니다. 이 '소프트 파워' 안에서 이루어지는 '융합, 연결, 빅데이터, 지능성, 예측 가능성'과 같은 단어가 4차 산업의 핵심입니다.

3차 산업혁명에서 정보통신기술의 발달은 4차 산업혁명의 필수조건이 됩니다. 눈부시게 발달한 정보통신기술은 손 안의 작은 기기로 세계적인 소통을 가능하게 했고, 각종 기술의 원활한 융합을 가능하게 했습니다. 정보통신기술과 제조업, 바이오산업 등 다양한 산업 분야에서 이루어지는 연결과 융합으로 새로운 부가가치를 창출하는 시대가 도래한 것입니다.

4차 산업혁명은 컴퓨터를 통한 자동화 즉 '컴퓨터 파워'와 함께 '소프트 파워'를 통한 공장과 제품의 '지능화'라고도 이야기할 수 있습니다.

3차 산업혁명까지 컴퓨터는 생산, 소비, 유통까지 시스템을 자동화하는 정도였습니다. 생산하는 방식, 그리고 거기서 만들어진 물건 자체가 '지능화'된 것은 아니었습니다. 4차 산업혁명은 기계와 제품이 지능을 가지게 된 것입니다. 게다가 인터넷 네트워크로 연결되어 있어 학습능력도 좋습니다.

쉽게 설명하자면 스마트 워치를 생각해보면 될 것 같습니다. 이 기기는 수면 시간, 섭취하는 음식의 종류, 개개인의 운동량 등 사람의 신체 활동 데이터를 기억합니다. 이 데이터를 스마트폰뿐만 아니라 냉장고, 전등, 텔레비전 등 다양한 기기들과 공유합니다. 이 방대한 빅데이터를 인공지능AI의 힘을 빌려서 분석합니다. 이 결과로 사람들 개개인의 특정 패턴이 형성될 것입니다. 이를 바탕으로 고객의 행동을 예측합니다. 기업들은 예측 결과를 바탕으로 소비자의 특성에 맞는 물건들을 생산합니다. 지금까지는 제품을 대량으로 생산해서 소비자에게 판매하는 시대였습니다. 그래서 소비자는 자신이 꼭 원하는 제품을 구입하기는 힘들었습니다. 그저 기업에서 만드는 제품에 자신의 기호를 맞추는 소비였습니다. 하지만 4차 산업혁명에서 기업은 다양한 소비자의 욕구를 충족시킬 수 있는 생산 시스템을 설비할 수 있게 되었습니다. 소수의 소비자가 원하는 제품을 정확하게 예측해서 소비자에게 추천하거나 개별적으로 주문하는 맞춤형 제품도 생산하게 되는 것입니다. 이제는 소비자가 왕이 되는 시대가 오는 것입니다.

요약하자면 사물인터넷IoT*, CPSCyber Physical System**, 빅데이터BD 그리고 인공지능AI의 융합이 4차 산업혁명의 핵심 동력動力입니다. 개별 산업

---

* 사물인터넷IoT은 스마트폰과 PC를 넘어 자동차, 냉장고, 세탁기, 시계 등 모든 사물이 인터넷에 연결되는 것을 말합니다.(Internet of Things)
** CPSCyber Physical System은 로봇, 의료기기 등 물리적인 실제의 시스템과 사이버 공간의 소프트웨어 및 주변 환경을 실시간으로 통합하는 시스템을 일컫는 용어입니다.

간의 경계를 허물고 더욱 스마트하고 빠른 방식으로 세계를 연결하면서 초지능 인프라를 탄생시킵니다. 이처럼 4차 산업 혁명의 특징은 초연결성, 초지능성, 예측 가능성입니다. 사람과 사물, 사물과 사물이 인터넷으로 연결합니다. 초연결성으로 비롯된 막대한 데이터를 인공지능AI으로 분석하여 일정한 패턴을 파악(초지능성)하고, 분석 결과를 토대로 인간의 행동을 예측(예측 가능성)합니다. 이와 같은 일련의 단계를 통해 새로운 가치를 창출해 내는 것이 바로 4차 산업혁명입니다.

이러한 4차 혁명의 시대가 바로 오을 우리가 살아갈 새로운 시대입니다. 새로운 시대에 새로운 지성과 감성으로 오늘 우리의 삶과 문화와 미래를 생각해볼 때입니다.

없어서 못 파는 100만원 초등생 가방,
누구에겐 한 달 월급이랍니다

2017년 2월 초등학교에 입학하는 아들을 둔 어느 어머니는 얼마 전 신문을 보고 박탈감에 빠졌습니다. 100만원이 넘는 초등학생용 '명품 가방'이 없어서 못 팔릴 정도로 인기라는 기사였습니다. 인터넷 쇼핑몰에서 할인하는 3만 원짜리 책가방을 구입한 어머니는 "아이가 학교에 가서 돈 때문에 주눅이 들까봐 걱정된다."고 말했습니다.

날로 심화해가는 양극화 현상으로 2017년 대한민국 사회가 몸살을 앓고 있습니다. 양극화는 세계화, 정보화 과정에서 생겨난 부산물이지만 각국의 대응 여부에 따라 그 정도엔 차이가 있습니다. 불행히도 우리나라는 국회와 정부, 시장이 양극화 추세를 강화시키는 쪽으로 움직였습니다. 정부가 실패했어도 경제성장이 지속됐다면 양극화는 완화될 수 있었겠지만 우리나라는 저성장의 늪에 빠져 허우적거리고 있습니다. 양극화는 경제적인 문제만은 아닙니다. 정치는 물론 경제와 사회문화전반에 갈등을 야기 시킵니다. 이런 갈등을 사전에 제대로 예방하거나 초기에 관리하지 못하면 천문학적인 비용이 국민에게 전가全加될 수 있습니다. 각 부문의 불균형은 성장 동력 자체를 갉아먹는 해악害惡을 초래합니다. 종국終局에는 양극화의 수혜자처럼 보이는 부유층의 안전도 위협받게 되고 맙니다. 시급한 대책 마련이 필요한 시점입니다.

우리나라 소득 양극화 현상은 2008년 금융위기 이후 점차 개선되는 듯하더니 최근 다시 악화되고 있습니다. 2016년 저소득층의 벌이는 쪼그라들고, 고소득층의 소득은 큰 폭으로 상승했습니다.

통계청이 최근 발표한 2016년 가계 동향에 따르면 2016년 가구당 월평균 소득(명목·2인 가구 이상)은 439만9000원으로 집계됐습니다. 소득 규모만 놓고 보면 결코 적지 않지만 내용을 들여다보면 얘기가 달라집니다.

2016년 소득 증가율은 전년 대비 0.6% 늘어나는 데 그쳤습니다. 2003년 이후 최저 증가폭입니다. 더 큰 문제는 소득 증가율 감소가 주로 저소득층에서 나타났다는 점입니다. 소득 하위 20%를 뜻하는 1분위 가구의 월평균 소득은 144만7000원으로, 전년보다 5.6%나 감소했습니다. 반대로 소득 상위 20%인 5분위 가구의 소득은 1년 전보다 2.1% 증가한 834만8000원에 달했습니다.

1분위와 5분위의 소득 증가율이 엇갈리면서 '5분위 배율'도 상승했습니다. 5분위 배율이란 상위 20% 소득을 하위 20% 소득으로 나눈 값으로, 대표적인 양극화 지표 중 하나입니다. 5분위 배율은 2008년 4.98을 기록하며 최고점을 찍은 후 복지제도의 도입 등으로 2015년 4.22까지 떨어지며 꾸준히 감소세를 이어왔습니다. 하지만 2016년 4.48을 찍으며 8년 만에 다시 상승곡선을 그렸습니다. 2016년 소득 격차가 벌어진 이유는 저소득층의 소득이 크게 악화된 데 원인을 찾을 수 있습니다. 경기 침체가 이어지면서 자영업자의 경쟁 심화, 임시일용직 근로자 감소 등으로 직격탄을 맞았다는 분석입니다.

최근에는 청년 양극화도 사회문제로 대두되고 있습니다. 이제 막 사회진출을 해야 하는 청년층이 학자금 빚에 허덕여야 하는 상황입니다. 2011~2015년 대학생 251만 명이 총 7조3924억 원에 달하는 '든든학자금' 대출을 받았습니다. 이에 따라 대출금을 갚지 못하는 청년층도 점점 늘고 있습니다. 반대로 이른바 '금수저'라 불리는 청년층도 늘고 있습니다. 최근 5년간 부모 등으로부터 재산을 증여받아 세금을 낸 18~25세 청년은 총 3만1709명에 달합니다. 이들이 받은 증여자산은 총 4조2668억 원으로, 1명당 1억3456만원에 해당됩니다.

청년층부터 시작된 양극화는 노년에 들어서며 빈곤으로 이어집니다. 월 소득이 빠듯한 상황에서 자녀 사교육비와 대학 학비 등은 물론 결혼 이후까지 책임지는 문화 때문에 노후 자금을 모을 수 없는 구조입니다. 게다가 퇴직까지 빨라지면서 소득은 없고, 쓸 데는 많은 가난한 노년을 맞게 되는 꼴입니다.

우리나라 고령층의 노인빈곤율은 경제협력개발기구OECD 회원국 가운데 압도적인 1위를 기록하고 있습니다. OECD에 따르면 66세 이상 우리나라 고령층의 빈곤율은 49.6%로, OECD 평균(12.6%)과 비교해 4배가량 높은 수치입니다. 노인빈곤율이 두 번째로 높은 호주(16.1%)와 비교해도 격차가 큽니다.

정부는 그동안 우리나라의 지니계수가 낮아지고 있다는 점을 근거로 불평등이 완화하고 있다는 입장을 보여 왔습니다. 지니계수란 소득분배의 불평등 정도를 보여주는 지표로 0에 가까울수록 '완전 평등'을 뜻합니다. 2015년 우리나라의 지니계수는 0.295로, 전년보다 0.007 하락했다. 이는 관련 집계가 시작된 2006년 이후 가장 낮은 수치입니다.

하지만 가계 동향 통계에서 알 수 있듯이 최근 우리나라의 소득 불평등이 심화하고 있다는 목소리가 커지고 있습니다. 지니계수로 인해 불평등 수준을 과소평가하고 있습니다. 정부 통계는 소득 2억 원 상위소득자가 대부분 누락되고 금융소득도 제대로 파악되지 않은 것입니다. 양극화의 핵심인 저소득층의 소득 감소를 끌어올리지 않고서는 문제를 해결할 수 없습니다. 생계비 부담을 경감하고 실질적으로 가계소득을 확충하는 방안을 만들어야만 합니다. 더 늦기 전에 말입니다.

금수저론에 대해 다시 생각해봅니다

　부모의 경제적 상황에 따라 부의 세습이 고착화되는 우리나라 사회
현상은 수많은 젊은이들의 몸과 마음을 절벽으로 내몰고 있습니다. 시장
의 논리에 따라 기계의 맞물림처럼 철저히 움직이며 그 어떤 빈틈을 보
여주지 않는 사회와 이런 사회 안에서 기회 균등이 제대로 이루어진다고
생각하지 않는 분위기입니다. 부를 통한 세대 간 계급의 재생산은 청춘
들에게 좌절감을 심어주는 근원입니다. 금수저, N포 세대, 헬조선 따위
의 말들이 젊은이들의 입에서 심심치 않게 재미삼아 나오는 것은 이까짓
용어에 대한 기발한 언어적 발상 때문이 아니라 현실적 어려움과 실망에
서 비롯된 극심한 불안의 자조自嘲일 것입니다.

　여기에 더해 극심한 우리나라 경쟁문화는 청년들을 더욱 옥죄고 있습
니다. 2023년까지 대학 인문·사회 전공자는 6만 1000명 넘치고, 공학
전공자는 27만 7000명 부족하다는 보도를 접한 적이 있습니다. 일자리
수요에 비해 전공자가 불일치하는 현상은 당장 경쟁에 살아남은 어떤

이들에게는 안정되고 안락한 정규직의 지위에 앉을 수 있다는 것을 의미합니다만, 경쟁의 나락에서 떨어진 어떤 이들에게는 비정규직으로 불안한 삶이 무한정 지속된다는 것을 뜻합니다. 우리나라는 다른 나라보다 고학력 대졸자 니트족이 많습니다. 이는 인력 수급 미스매치 문제도 있지만 질 좋은 일자리를 찾아 스펙 등 취업 준비를 오래 하거나 대부분 공무원 시험을 준비하기 때문이기도 합니다. 이러한 현상들은 단번에 해결하기는 어려운 상황인데다가 문제 해결을 위한 정부의 구체적 정책 실행으로 대학구조개혁을 통한 대학 체질 개선, 기업가 정신 고양, 청년 희망펀드 등의 성공은 요원遙遠해 보입니다.

요즘 대학졸업자들의 취업률이 높지 않습니다. 대학생들은 취업불확실성으로 인해 진리를 탐구하고, 사회정의를 부르짖고, 낭만을 즐기기는 여유가 없습니다. 인생의 가장 황금기여야 할 대학시절, 우리 학생들은 미래 걱정에 푹 빠져있는 게 현실입니다. 금수저를 물고 태어난 극소수가 너무나 많은 것을 누리고 사는 모습을 매스미디어를 통해 접하면서 젊은이들은 스스로를 흙수저로 규정하며 상대적 박탈감을 느끼기도 합니다. 이런 젊은이들에게 기성세대는 여러 가지 책을 써내며 위로와 격려를 해왔지만 그런 시도 자체가 실효성 없는 그저 입에 발린 소리로 여겨질 만큼 현실이 좋지 않습니다. 이 대목에서 이솝우화의 한 대목을 떠올려봅니다. 짐승들에게 잡아먹히기만 하는 토끼들은 자신들의 처지가 너무도 불행하게 여겨졌습니다. 견디다 못한 어느 날 토끼들은 이렇게 겁에 질려 사느니 차라리 물에 빠져 죽어버리자고 마음먹고 연못으로 깡충깡충 뛰어갔습니다. 연못가에 있던 개구리들이 그 소리를 듣고 모두 놀라 물속으로 풍덩 뛰어들었습니다. 가장 약자라고 생각했던 자신들을 두려워하는 개구리들의 모습을 보고 토끼들은 깨달았습니다. 자기들의 현실이 생각만큼 그렇게 불행한 것만은 아니라는 것을 말입니다.

다들 어릴 때 읽어서 알고 있겠지만 오늘 우리의 젊은 세대들이 이 우화를 다시 한 번 읽었으면 좋겠습니다. 위로만 올려다보니 금수저의 모습과 대비된 자신의 처지에 좌절의 감정이 생겨나지만, 주위를 둘러보고 아래를 내려다보면 우리에게 주어지는 배려가 생각보다 많다는 것이 눈에 뜨일 것입니다. 분명 어려운 게 사실이지만 그래도 주어진 여건에서 한 걸음 한 걸음 자신에게 투자하면서 열정을 쏟다보면 나중에 그만큼 사회에 이바지할 역량이 커질 것입니다.

제2차 세계대전 당시 미국 국방성 장관이었던 뉴턴 베이커가 한 야전병원을 방문했을 때 심각한 상처를 입은 미군 병사를 만났습니다. 그는 두 다리와 팔 하나, 그리고 한쪽 눈까지 실명한 상태였습니다. 베이커는 안타까운 마음에 한참을 머물며 그를 지켜봤습니다. 시간이 흐른 뒤 베이커는 다시 그 병동을 들렀습니다. 그러나 그 병사는 보이지 않았습니다. 병사를 간호하던 간호사와 결혼하여 고국으로 돌아갔다는 소식을 들었습니다. 전쟁이 끝나고 몇 년 후 베이커는 장관직을 퇴임하고 존스홉킨스대학교의 이사장으로 가게 되었습니다.

그때 박사학위 수여식 때 베이커는 깜짝 놀랐습니다. 크게 다쳤던 그 병사가 휠체어를 타고 박사학위를 받으러 단상壇上으로 올라온 것이었습니다. 반가움과 놀라움으로 베이커는 그 병사의 손을 꼭 잡았습니다. 병사는 베이커에게 짧은 인사를 건넸습니다. "장관님, 은퇴하셨다는 이야기를 들었습니다. 아직 보람 있는 일이 많이 있으니 기운 내시기 바랍니다." 심한 부상으로 안타깝게만 여겼던 젊은 그 병사가 오히려 베이커를 위로해준 것입니다. 어떠한 절망도 인간의 의지보다 강할 수는 없습니다. 포기만 하지 않는다면 어떠한 비극과 절망도 이겨낼 수 있습니다. 역경과 고난이 찾아와도 희망을 품으십시오. 그 상황을 피하지 않고 하루하루 굳은 의지로 헤쳐 나간다면 희망은 현실이 되어 우리 삶에 우뚝서 있을 것입니다. 역경은 우리에게 생각할 수 없는 것을 생각하게 할 용기를 주기도 합니다.

돌이켜보면 우리 역사에서 '보장된 미래'가 제공된 적은 없었습니다. 현재는 늘 궁핍했고, 미래는 늘 불안했습니다. 그렇게 가난에 찌들어 살던 과거와 비교해 보면 요즘 젊은이들은 미래에 찌들어 산다는 느낌이 들기도 합니다. 흔히 하는 말로 신체 건강하고, 대학교육 받고 있고, 또 대학에서는 각종 지원 프로그램을 마련하고 있고, 그리고 백만장자 노인도 부러워할 소중한 시간이 있지 않은지요. 아무리 취직 걱정이 옥죄어 와도 그 때문에 현재의 삶의 질을 떨어뜨리지 마시기 바랍니다. 아무리 금수저들이 대학 입학과 성적평가에서 특혜를 받는다 하더라도, 그에 대한 분노가 발전적인 노력의 동인動因으로 작용하게 만들어보시기 바랍니다. 그저 불만만 토로하는 소모적 감정으로 발산되고 만다면 결국 그에 따른 상실감과 좌절감에 따른 손해만 맛볼 것입니다.

요즘 보면 많은 청춘들이 꿈이 없는 것 같습니다. 그저 현재 있는 직업군에 본인을 억지로 짜 맞추어 집어넣으려는 궁리를 합니다. 그렇게 해서 취직이 되면, 과연 행복할까요? 대한민국의 우울증 지수가 날로만 높아져 가는 이유가 무엇일까요? 사랑에 빠졌을 때의 느낌입니다. 계속 그 사람만 생각나고, 보고 싶고, 사랑하는 사람에 대해 알고 싶어집니다. 요즘 TV에서 인기 있는 프로그램은〈슈퍼스타K〉또는〈K-POP Star〉같은 오디션 프로그램들입니다. 참으로 각양각색인 참가자들이 모였다 싶지만 한 가지 뚜렷한 공통점을 발견할 수 있습니다. 그들 모두 너무나도 음악을 사랑하고 "절실" 하다는 것입니다. 저는 방송을 볼 때마다 그들의 진실함과 절실함이 느껴져서 그 어떤 프로그램보다 재미있고 감동을 받을 때가 있습니다. 그렇습니다. 하는 일, 해야 하는 일이 좋아하는 일이면 좋겠습니다. 너무 뻔한 이야기 같지만 제 경험으로 볼 때, 그렇습니다. 저는 가끔 제 스스로에게 묻곤 합니다. 내가 좋아하고 진심으로 하고 싶은 일이 무엇인지 말입니다. 어떤 일에 미치고 싶은지 말입니다.

피할 수 없다면 즐기라고 했습니다. 현재가 던져주는 불확실한 가능성을 즐겨보시기 바랍니다. 미치지 않으면 미칠 수 없습니다. 이 말은 어떤 일에 미치지 않고서는 다다를 수 없다는 뜻입니다. 우리가 이야기하는 성공한 사람들의 뒷이야기를 살펴보면 본인이 하는 일에 집요할 정도로 몰두하고 파내고 포기할 줄 모르는 사람처럼 끈질기게 매달렸다는 이야기를 흔히 접할 수 있습니다.

2

사소함이 주는 행복

산들바람 불어오면

진정한 노블레스 오블리주 최재형

독립운동가로 알려진 최재형(1858~1920)은 언론가, 교육가이며 기업가이기도 했습니다. 어린 시절 부모 따라 연해주로 건너가 러시아로 귀화, 청년시절 무역회사에 근무한 최재형은 동방정책을 추진하던 러시아가 극동에 군대를 주둔시킨 후 한국인 노동자들의 대우가 열악함에 통역으로 나섭니다.

한국인들은 최재형 덕분에 임금을 더 받아 억울함을 덜었고 러시아 노동자들과 동등한 대우를 받았습니다. 그 후 최재형은 군수산업에 뛰어들어 기업의 기초를 닦았고 한국인들을 고용하며 힘을 모아 한인들 생활개선에 앞장섰습니다. 한국인들의 삶은 윤택해지며 지위가 향상되고 그가 세운 소학교가 30여 개로 한국인 자녀들은 상트페테르부르크에 유학했습니다.

러일전쟁에서 승리에 취한 일제가 을사늑약으로 조선을 침범하자 남부 연해주에서 의병부대를 조직, 무장투쟁으로 맞서고 1909년 블라디보스토크에서 이범윤 등과 독립군 수백 명을 훈련시켜 함경도 지방의 일제를 기습, 궤멸하고 국내까지 들어가 무장투쟁을 지휘합니다. 매체를 통해 민족의식을 고취하고〈대동공보〉를 창간, 일제에 대항하며 독립운동을 확장할 차에 그에게 안중근이 찾아왔습니다. 그는 1909년 조선총독을 처단하는 거사를 함께 논의, 블라디보스토크에서 하얼빈까지 동행하여 거사擧事를 끝까지 지켜보았습니다. 안중근이 하얼빈까지 안전하게 갈 수 있었던 것은 그가 만들어준 〈대동공보〉 기자증이 있었기 때문이었습니다.

안중근은 모진 고문을 당하면서도 배후의 그의 존재를 끝내 말하지 않았습니다. 그는 안중근에게 러시아 변호사(하얼빈은 러시아령이었다)를 선임해 두었으나 일제가 안중근을 여순(중국령)으로 끌고 가버려 안중근을 끝내 지키지 못한 자책감으로 안중근의 가족을 끝까지 지켰습니다. 안중근의 의거로 광기를 부리던 일제의 시베리아 출병에 대항하여 한국인독립군 부대를 총집결, 사단장으로 러시아군과 함께 시가전을 벌이다 체포, 사살되어 불꽃같은 그의 삶은 연해주의 하늘에 민족의 별이 되었습니다. 그 때가 1920년 4월 어느 날이었습니다. 거의 모든 재산을 교육과 독립투쟁에 쏟았기 때문일까요? 그가 살던 집은 우수리스크* 빛바랜 담장에 먼지를 뒤집어 쓴 채 방치되어 깊은 고요에 묻혀 있었습니다.

기업가라면 이래야 하지 않겠습니까? 부富는 타인과 사회에 유익하게 쓰일 때 인간에게 봉사하는 기능을 이행한다는 말이 있습니다. 최재형

* 우수리스크Ussuriysk는 시베리아 횡단철도와 중국 흑룡강성黑龍江省 하얼빈哈爾濱행 철도의 연결지에서 시베리아 횡단철도를 끼고 있으며, 블라디보스토크에서 북쪽으로 약 80㎞ 떨어져 있습니다. 1866년에 니콜스코예라는 마을로 세워졌으며, 1897년에 시가 되었습니다. 1926년에 니콜스크우수리스크로 개칭되었다가 1935년 보로실로프가 되었으며, 1957년에 지금의 이름인 우수리스크로 명명되었습니다. 식품가공업과 신발·양말·의류 제조업을 비롯한 경공업류가 이루어지고 있습니다.

선생이 노력해서 모은 재화는 그렇게 쓰였습니다. 기업이 권력에게 대가 없이 돈을 줄 리가 없음에도 삼성, SK, 롯데 등이 모두 대가를 바라지 않고 박근혜 전 대통령에게 줬다고 항변했습니다. 누가 믿을까요? 그래서 뇌물입니다. 뇌물은 이권을 얻을 목적으로 일정한 직무에 종사하는 사람을 매수하는 것입니다. 우리는 뇌물 냄새가 진동하는 세상에 숨 막히며 살고 있습니다. 합법적으로 소유하고 있는 재화라도 언제나 보편적 목적을 지닙니다. 권력에 줄 뇌물이 있다면 그간 누렸던 특권과 명예에 맞는 의무를 다하여 노블레스 오블리주를 실천함이 어떨지요. 결코 그렇지 않겠지만 말입니다.

그는 합법적으로 소유하고 있는 재화라도 언제나 보편적 목적을 지닌다고 봤습니다. 성실한 삶으로 노블레스 오블리주를 실천했습니다. 우리사회는 아직도 부정과 부패로 얼룩진 정경유착과 기업의 사유화가 횡횡합니다. 이런 시대에 최재형과 같은 사람이 좀 더 많아지면 좋겠습니다. 오늘 우리의 학교에서 제2~제3의 최재형을 양성하는 경제교육과 경제윤리를 가르쳐지키게 하면 좋겠습니다. 오늘 이 시대는 최재형과 같은 사람이 그립습니다.

분명 쉬운 것은 아니지만 '내 것'을 '내 것'이라고 하지 않고 '나만 잘 사는 것'이 아니라 '우리'라는 생각으로 '더불어 함께 살아가는 사회 가족'의 개념에서 분배와 나눔을 실천하면 얼마나 좋을까하는 생각을 해봅니다. 그는 나만 잘 사는 것을 경계하면서, 끊임없이 우리를 강조하고 나눔을 실천했습니다. 이것이야말로 참다운 기업가 정신일 것입니다. 내가 열심히 일해서 나만 잘 사는 것이 아니라 우리가 잘 사는 세상을 만들겠다는 생각, 사회와 국가에 이바지하겠다는 생각으로 일한다면 그 일이 얼마나 아름다울까요? 이것이 바로 그의 생애와 사상이었습니다.

우리는 보여주기 위해 살고 있는가요

"남는 건 사진이다."는 말을 많이들 들어보셨고, 많이들 하셨을 겁니다. 어디서 무얼 하든 사람들이 모인 곳과 행사에는 어김없이 스마트폰의 카메라가 등장합니다. 그렇게 찍힌 사진들은 드넓은 광장에 뿌려지듯, SNS 상에서 띄워져 전시됩니다. 아주 사소한 일상부터 긴박한 상황까지 사진의 주제는 다양합니다. 이렇듯 사진은 우리 삶에서 자기 확인과 소통의 도구로서 큰 역할을 하고 있습니다. 그러나 아쉬움은 이 과정에서 생략된, 그 순간만의 아름다움과 자기성을 놓치고 있는 것은 아닌가하는 생각입니다.

문명이 발전함에 따라 향유할 수 있는 문화생활이나 여가활동이 더욱 다양해진 것은 사실입니다. 하지만 왜 우리는 그것에 만족하지 못하고 다른 사람의 관심을 필요로 하는 걸까요? 그 이유는 삶의 질 그 자체는 높아졌을지 몰라도, 바쁜 일상 속에서 사람 사귐의 진지함과 애틋함과 다정다감함이 줄어든 세태에 있습니다. 또한 간단한 안부 인사조차도 기계에 의지하게 된 사회에서 서로의 얼굴을 마주 보지 않고 소통하는 것이 당연해져 버린 까닭이기도합니다. 직접 만나서 이야기를 나누거나 식사를 할 때도 한쪽이 휴대전화만 들여다보고 있는 모습을 쉽게 볼 수 있습니다. 당연히 다른 한쪽은 관계에서 단절된 채 소외감을 느낄 수밖에 없습니다. 사진의 경우에도 마찬가지입니다. 당장 내 옆에 함께 하는 사람들과의 추억 쌓기에도 모자란 시간을, 사진을 찍어 다른 사람들에게 보여주는 데에 다 써 버립니다.

사진 찍는 대상이 사물이나 지인이라면 그나마 다행입니다. 찍히는 것을 인지認知하지도 못한 채 사람들은 피사체로 사진에 담겨 여기저기로 뿌려지기도 합니다. 요즘 심각성이 대두된 사이트에서는 여성을 몰래 찍은 사진들이 공유되었습니다. 가까운 인터넷상에서만 봐도 남의 사진을 무단으로 촬영해서 게시한 것을 쉽게 찾아볼 수 있습니다.

이를 보면서 과연 우리에게 마음대로 사진을 찍고, 게시하고, 공유할 자격이 있는 것인지 의문이 들었습니다. 아무리 사소하게 생각되는 사진일지라도 나 이외의 다른 사람의 동의 없이 무단으로 촬영하는 것이나 게시하는 것은 명백한 범죄행위인데 이를 인지하지 못하는 사람들이 많습니다. 더 나아가 길거리에 싸움이 일어나 누군가가 심각하게 다쳤을 때나, 건물에 화재가 발생해서 심각한 인명피해가 발생했을 때와 같이 1분 1초가 급한 위급상황 시에도 우리는 카메라를 놓지 못합니다. 이런 아마추어 기자들 때문에 아무 죄 없는 사람이 마녀사냥을 당하기도 하고, 평생 잊지 못할 아픈 기억을 안고 살아가야 하는 사람도 있고, 사진 찍는 행위로 인해 골든타임을 낭비하는 사람들도 있습니다.

서로 대면하지 않고도 문명을 통해 **빠르게** 소통할 수 있다는 점이 오히려 우리를 액정 안으로 가두어, 이것 밖에서는 아무것도 할 수 없게 만들었습니다. 이러한 현상을 해결하기 위해서는 근본적으로 왜 우리가 다른 사람의 관심을 필요로 하는지에 대해 깊은 사색을 해볼 필요가 있습니다.

제가 생각하는 답은 간단합니다. 문명의 이기에서 벗어나 인간다움을 회복하는 삶입니다. 조금 불편을 자청해보는 것입니다. 스마트폰이나 사진에 노예가 되지 말고, 이를 조절해서 장점은 살리되 단점을 보완해 나가는 것입니다. 이런 점에서 디지털시대 이전의 아날로그 시대의 삶도 오늘 우리에게 절실합니다. 스마트폰이 생겨나기 이전으로 돌아가서 행동해보는 것입니다. 잠시 카메라를 내려놓고, 사진 찍을 시간을 대신해서 눈앞에 보이는 있는 그대로를 느끼며 사람들과 직접 부딪히며, 소통하는 시간에 충실하게 임하는 것입니다. 이러한 작은 삶의 자세는 문명의 이기利器로 인한 이기利己를 넘어 공동체성을 회복할 수 있는 연대성連帶性과 협력協力의 지혜를 갖게 합니다. 이런 삶은 다시 나에게로 돌아와 나 자신도 어디에선가 도둑 촬영을 당할 것이라는 불안감을 느끼지 않고 살아갈 수 있을 것입니다.

사진 찍어야 하니까 비키세요

SNS가 발달하면서 무엇이든지 사진으로 남기려는 사람들이 증가하고 있습니다. 이들은 자신이 먹은 것, 찾아간 장소, 아름다운 것 등 모든 것을 찍고 게시하며 만족감을 얻습니다. 이것은 그들의 일상이기도 합니다. 그런데 최근 도를 지나친 사진촬영이 문제가 되고 있습니다. 위험천만한 장소에서 셀카를 찍거나 사진을 찍기 위해 공공장소를 훼손하는 것은 물론, 예술작품을 아무 생각 없이 촬영해 게시하기도 합니다. 이런 행위는 국내뿐만 아니라 해외에서도 유행처럼 번져 취미라고 하기에는 상황이 자못 심각합니다.

사진을 위해 목숨을 걸기도 합니다. 최근 10~20대 청년들이 고층건물 옥상이나 절벽 위에서 '셀카셀프카메라'를 찍다가 숨지는 사고가 잇따라 발생했습니다. 2016년 6월에도 페루 아마존 밀림 지역에 있는 곡타 폭포에서 우리나라 남자가 추락해 숨졌습니다. 위험한 절벽에서 독일 관광객과 서로 사진을 찍어주다가 사망한 것으로 전해졌습니다. 이 소식은 국내뿐만 아니라 각국에서도 주요뉴스로 보도됐는데, 해외에서도 이러한 사례가 적지 않기 때문입니다.

실제로 이 위험한 셀카 찍기는 요즘 전 세계적 추세인 듯합니다. 건물 옥상 구조물에 매달리거나 절벽에 오르는 등의 아찔한 상황을 찍는 것은 물론, 미국 텍사스주에 거주하는 한 남성은 권총을 들고 셀카를 찍다가 실수로 방아쇠를 당겨 사망하는 사건도 있었습니다. 우리나라도 마찬가지입니다. 2016년 겨울, 경북 구미에서 한 남성은 기차가 다니는 사곡역 선로에 누워 사진을 찍어 SNS에 게시했습니다. 이 위험천만한 셀카 찍기 사건으로 그는 결국 철도안전법에 따라 과태료 25만원을 물어야했습니다. 갈수록 자극적이고 위험한 상황을 연출하는 셀카족들. 이들 심리에는 사람들의 이목耳目을 사로잡고 싶은 욕망이 있다고 합니다.

미국의 통계분석 사이트인 '프라이스오노믹스'는 2014년 1월부터 2017년 1월까지 2년 간 전 세계에서 총 49명이 셀카를 찍다 사망했다고 밝혔습니다. 사망자 평균연령은 21세, 사망 원인을 항목별로 보면 높은 곳에서 추락한 것이 16건으로 가장 많았고, 익사(14건), 기차사고(8건), 총기사고(4건) 순으로 집계됐습니다. 주로 젊은 층의 사람들이 SNS를 통해 자극적인 사진을 뽑내려던 게 사망까지 이어진 것입니다. 게다가 49명이라는 사망자 수는 언론에 보도된 건수만 계산한 것으로 실제 발생된 사망건수는 더 높을 것입니다.

새롭게 등장하고 있는 '민폐형' 사진족도 심각합니다. 셀카족들의 또 다른 문제는 자기밖에 모르는 이기심입니다. 사진 이외에 그들에게는 어떤 것도 중요치 않나봅니다. 오직 자기가 원하는 사진을 찍기 위해 안전규정을 무시하는 것이 다반사입니다. 주변의 물품들을 훼손하는가 하면, 사람들에게 민폐를 끼치는 등의 행위도 서슴없습니다. 실제로 강원도 화천의 조경철 천문대는 매년 민폐형 사진족들로 인해 몸살을 앓고 있습니다. 밤하늘의 별을 관찰하기 좋다고 유명한 이곳은 연간 3만 명이 찾는 명소名所입니다. 주차장에는 별자리를 감상하기 위해 돗자리를 펴 놓고 하늘을 바라보는 사람들로 빼곡합니다. 천문대 측에서는 이들의 안전을 위해 진입 차량의 경우 전조등을 켜도록 하고 있습니다. 그러나 일부 사진동호회나 아마추어 작가들은 별빛이 잘 보이지 않는다는 이유를 들어 전조등을 켜고 지나가는 차량을 보면 욕설부터 내뱉으며 화를 냅니다. 심지어는 주변 가로등의 전구를 깨고, 나뭇가지를 부러뜨리는 등의 몰상식한 행동까지 보여주며 관광객들의 눈살을 찌푸리게 했습니다.

자연의 희귀종 야생화들도 수난을 당하기는 마찬가지입니다. 강원도 정선의 동강할미꽃은 전 세계에서 유일하게 한 장소에서만 피어나는 꽃으로 유명합니다. 그 꽃을 보기 위해 매년 인파들이 몰리고, 모두들 꽃을 사진에 담느라 정신이 없습니다. 그런데 정작 동강할미꽃은 채 아름답게 피기도 전에 병을 얻고 시들해지기 일쑤입니다. 일부 사진족들의 몰지각한 행동 때문입니다. 그들은 주변의 묵은 잎을 보기 싫다고 모두 뽑아버리는 것은 물론, 꽃잎에 맺힌 물방울의 모습을 찍기 위해 꽃에 자동차 워셔액을 뿌리기도 합니다. 어떤 경우는 다른 사람들이 찍지 못하도록 꽃을 뽑아버리는 만행을 저지르는 사람도 있습니다. 그러다 보니 동강할미꽃은 이제 더 이상 발아하지 않는 지경에 이르기도 했습니다. 이러한 민폐형 사진가들의 횡포는 야생화에게만 그치는 것도 아닙니다. 조류를 비롯한 야생동물까지 가리지 않습니다. 사진 한 장을 찍기 위해 생명 파괴까지 불사르고 있습니다.

최근에는 이러한 행태가 일상생활 곳곳으로까지 번지면서 피해가 속출하고 있습니다. 전시회만 해도 그렇습니다. 요즘 전시회를 가면 "예술 작품을 보러 왔는지, 작품 옆에서 자기 사진 찍으러 온 사람을 보러 왔는지 분간이 안 갑니다."는 불만을 자주 듣습니다. 실제로 한 전시회의 SNS

홍보글에 "작품 앞에서 수 십장의 셀카를 찍느라 나오지 않는 탓에 작품을 제대로 볼 수조차 없었습니다."는 댓글이 적혀있기도 했습니다.

공공장소에서의 셀카 행진도 역시 문제가 되고 있습니다. 대중목욕탕이나, 수영장, 워터파크의 탈의실에 설치된 거울에서 아무렇지 않게 친구와 사진을 찍고 SNS에 게시해 논란이 된 사례도 여러 차례 있었습니다. 자신들의 사진이 논란이 되자 이들은 "다른 사람 알몸이 혹시라도 찍혔으면 다 가리고 올려요."라고 말하기는 한다고 합니다. 하지만 누리꾼들은 "자신이 알몸인 상태에서 누군가의 셔터소리가 들린다는 것 자체가 불쾌감을 조성할 수 있습니다."며 그들의 사고방식 자체가 잘못됐다는 것을 지적했습니다.

사진은 그 순간을 간직할 수 있다는 점에서 의미를 가집니다. 역사의 한 페이지를 고스란히 남길 수도 있으며 누군가는 보지 못했던 아름다운 장면을 대신 전해주기도 합니다. 하지만 그것이 진정한 의미를 지니기 위해서는 사진에 담겨진 모습만이 아닌 사진을 찍는 순간까지도 아름다워야 할 것입니다. 그저 SNS에서 관심을 받기 위한 수단 혹은 자랑거리에 불과하다면 사진을 찍는 본인에게도, 사진을 찍는 대상에게도 창피스러운 일이 될 것입니다.

존재론을 넘어 연대론의 삶으로

세계를 보는 두 가지의 견해가 있다면 존재론과 연대론입니다. 이 세상에 나타난 모든 것을 도화지에 찍힌 점들로 나타내 본다면 보이는 점들에 중점을 두고 보는 것이 존재론이고, 보이지 않는 흰 여백에 중심을 두고 보는 것이 연대론적 시각입니다. 존재론에서 전체라면 각 점들의 총합을 의미하는 것으로 각 점들의 관계, 즉 나와 대상의 상대성이 이해관계의 초점이 되지만 연대론의 전체는 점들을 포함한 도화지 자체이며 각 점들은 하늘에 떠있는 구름 같은 것으로서 점들의 대립적 관계보다는 흐름과 전체속의 조화를 중심으로 보는 것입니다.

존재론에서 세계는 각각 분리된 개체들이 모인 집합이지만, 연대론적 관점에서는 세상은 어느 하나도 따로 분리되어 존재할 수 없는 한 덩어리입니다. 즉, 우리가 존재라고 하는 것은 동영상 중의 정지된 한 컷 화면처럼 전체의 어느 한 단면을 시간의 흐름을 배제한 채 바라보고 이름을 붙인 것입니다. 변하지 않고 동일성을 유지하는 독립된 실체라는 것은 존재하지 않습니다. 그래서 나 자신을 포함해 존재라 이름 붙인 모든 것은 허상입니다. 세상은 끝없는 사건의 연속이고, 계속되는 이야기이지, 그 속에 한 순간의 모습으로 보이는 존재라는 것은 이름 뿐이고 관념 속에나 있는 것이지 실상이 아닙니다.

서양의 철학과 학문과 문화가 존재론에 기반을 두고 있습니다. 서구 문화의 합리주의는 인간중심의 존재론에 입각한 과학적인 세계관입니다. 민주주의제도도 민주라는 말이 개인위주의 존재론적 가치관을 대표하는 말입니다. 자본주의 역시 물질중심적인 존재론에 입각한 개념입니다. 이에 비해 동양은 인도철학과 노장사상 등의 신비주의, 음양오행설이나 불교의 우주적 합리주의 등이 모두 연대론적 사고를 내포하고 있습니다. 현실정치도 개인중심보다는 전체중심입니다. 문화도 자연친화적인 성향이 강합니다. 그림을 보더라도 서양 유화油畵는 보이는 사물들을 그리고, 그 위에 물감을 덧칠해서 하늘 등의 배경을 그림으로써 하늘마저 하나의 존재로 표현합니다만 동양화는 도화지의 배경을 그대로 두어 살리고, 그 위에 산수와 사물들을 은은한 선과 점들로 표현함으로써 여백의 미를 보여줍니다. 이런 연대론적인 세계관은 '나'의 존재마저 희석稀釋시킴으로써 무아無我를 지향志向케 하고, 존재보다는 근원을, 대립보다는 공존을 향하게 함으로써 진리와 깨달음의 정신을 낳는 배경이 됩니다.

존재론적 성향이 강한 사람은 개체중심성이 강합니다. 이런 사람은 주변을 나의 존재를 위한 필요로서 의미를 부여합니다. 그러므로 자연은 극복대상이 되고, 다른 개체는 경쟁 상대가 됩니다. 모든 것을 나와의 상대적 관계로 보는 이원적 · 분별적 사고로 사랑마저 쟁취의 가치로 여기고, 배우자와 자녀와의 관계에 있어서도 소유와 지배 의지가 강하게 표출되기도 합니다. 반면에 연대론적인 성향의 사람은 주변과의 관계에서 조화와 공존·평화지향적입니다. 대상과의 공감능력이 뛰어나 우호적이며 자연과도 쉽게 교감하고, 조건 없는 사랑을 나눌 줄 알며, 가족들에게도 간섭보다는 지켜봐주고 후원합니다. 열린 사고로 편견과 고집이 적고 이해심이 많습니다. 우리나라 사람들은 근현대사의 흐름으로 동양적인 세계관이 내재된 틀에 근대화의 물결에 따라 서구화된 사고방식을 갖고 있습니다. 그러다보니 사람마다 정도의 차이는 있을지라도 이러한 두 가지 성향을 모두 겸비하고 있습니다. 단지 어느 쪽이 더 우세한 성향을 보이느냐일 뿐입니다.

생명 유지와 종족 번성을 위한 존재론적 믿음은 사람에게 조건화된 동물적 본성으로 어느 정도는 필연적입니다. 그러나 전체를 함께 볼 수 있는 연대론적인 사고를 할 수 있는 능력은 사람만이 가진 특성이라고 말할 수 있습니다. 존재를 실체로 보고, 존재들 간의 역학관계를 다루는 모든 학문과 그 존재의 영속과 확장을 추구하는 모든 제도들은 현상을 실체로 착각한 믿음에 기반을 둔 것으로 근원적 진리나 깨달음과는 거리가 멉니다.

존재론을 넘어 연대성에 눈을 뜨고 그 의식 속에 합일合―하는 것, 그것이 깨달음이고 진리와 하나 되는 길입니다. 생과 사, 물질과 정신, 아我와 타他를 넘어선 일체성의 회복인 동시에 공동체를 이루는 지혜로운 성숙의 길일 것입니다.

작은 차이보다는
큰 화합의 새로움을 기대하며

이 세상 모든 것은 명제와 반명제, 빛과 어둠, 아름다운 것과 추한 것, 바른 것과 그른 것, 긍정과 부정으로 양분할 수 있습니다. 우리는 심판자이거나 구경꾼만이 아니라 언제나 선택의 기로에서 하나를 선택해야만 할 때가 있습니다. 이것이 이른바 진영陣營의 논리, 강자와 약자의 대립관계, 정치적인 이해관계와 경제논리의 충돌로 다채롭게 변주되는 것을 우리는 봅니다. 이런 대립과 갈등과 반목과 분쟁을 어떻게 바라봐야 할까요?

노자도덕경老子道德經에 나오는 말입니다. "작은 것 보는 것을 밝다하고, 부드러움 지키는 것을 강하다고 합니다!" 이 말은 작은 것을 깊이 들여다보고, 거기서 어떤 오묘하고 복잡다단한 것을 추구하라는 뜻은 결코 아닙니다. 노자철학의 핵심은 변증법辨證法에 있고, 이것의 출발은 모순矛盾에 있습니다. 큰 것과 작은 것, 부드러움과 강한 것의 반어反語적인 의미와 반명제反命題의 성립을 인간세상과 자연계에서 통찰한 말인 것 같습니다. 그렇습니다. 두 가지의 대립축을 부정하고, 외면하고, 배제의 대상으로 볼 것이 아닙니다. 이를 오히려 발전의 계기로 활력의 방향으로 봐야합니다. 반대 축에 서 있는 입장을, 건전한 비판과 견제로 인정한다면 대립의 현실로 인한 갈등과 분쟁을 조금은 건강하게 바라볼 수 있을 것입니다.

불교 경전 『금강경』에 이런 구절이 있습니다. "세상의 모든 것은 나름의 모습이 있습니다. 그 모든 것은 허망합니다. 만약 모든 모습이 진정한 모습이 아님을 깨닫게 된다면 붓다의 눈으로 세상을 보게 될 것입니다." 이런 통 큰 마음의 눈으로 출발하면 좋겠습니다. 내가 바라보고, 내가 생각하고, 내가 주장하는 진실이나 목표가 언제나 옳고 타당한 것은 아님을 인정하면 좋겠습니다. 상대방의 진실과 목표가 내 것보다 훨씬 아름답고, 원대하며, 실현 가능할 수도 있다고 생각하면 좋겠습니다. 두 대립축이 상호인정과 존중의 자세를 갖는다면 존립과 발전 그리고 미래 기획의 강력한 견인차가 될 수 있습니다.

허심탄회하고 솔직담백한 대화와 의견조율과 상호경청의 미덕은 공동체를 아름답게 만들어갈 원동력입니다. 이를 이루기 위한 상호신뢰와 소통의 첫 번째 단추는 진솔한 대화의 경청입니다. 내 말이 끝났다고 해서 귀와 눈을 닫지 말아야 합니다. 열린 심장과 따뜻한 영혼, 깨어 있는 역사의식과 드높은 시대적 소명을 가지고 함께해야 합니다. 인간은 지나간 날들에서 배웁니다. 우리의 모든 승리와 패배, 성공과 실패, 영광과 추락은 언제나 시공간이라는 좌표 속에서 환하게 빛을 발할 수 있습니다. 지난 역사를 교훈삼아 지극정성을 쏟아야 비로소 우리는 과거의 어두운 망령으로부터 자유로워질 수 있습니다. 호랑이의 눈을 유지하되, 소처럼 우직하고 듬직하게 걸음을 떼야할 것입니다.

하루하루 새날을 맞이하면서 한소망 안에서 밝음과 맑음을 생활 속에서 실천하면 좋겠습니다. 하루를 시작하는 첫 마음은 소망의 마음이며, 희망의 마음이며, 긍정의 마음입니다. 아무리 어려운 문제라도 해법은 있게 마련입니다. 뭉치면 살고, 합치면 승리합니다. 이제는 우리의 강점인 사랑의 힘을 이루어갔으면 좋겠습니다. 신문과 방송을 접하다보면 왜 우리 주변에는 분쟁과 다툼이 끊이질 않는 건가 하는 안타까운 마음이곤 합니다. 이제는 미움, 다툼, 시기, 질투 버리고 화목을 이루는 사랑 안에서 하나를 이루어갔으면 좋겠습니다. 그러기 위해서는 오늘 우리의 삶의 자리에서 '와각지쟁蝸角之爭', '아무런 이득 없는 보잘 것 없는 일로 다툼'이 우리를 더욱 힘들게 하지 말았으면 좋겠습니다.

우리의 꿈과 계획을 바르게 추진하기 위해 서는 우리 모두의 신뢰와 인내와 화평이 중요합니다. 우리가 가야할 길이라면, 우리 모두 함께 지혜와 화합의 응집력을 모았으면 좋겠습니다. 어제를 반성하고, 오늘을 새롭게 하고, 내일을 기대하는 새로운 자세로 구상 시인의 시, '새해'를 떠올려봅니다.

새해

구상(具常)

내가 새로와지지 않으면
새해를 새해로 맞을 수 없다

내가 새로와져서 인사를 하면
이웃도 새로와진 얼굴을 하고

새로운 내가 되어 거리를 가면

거리도 새로운 모습을 한다.

지난날의 쓰라림과 괴로움은
오늘의 괴로움과 쓰라림이 아니요
내일도 기쁨과 슬픔이 수놓겠지만
그것은 생활의 율조律調일 따름이다

흰 눈같이 맑아진 내 의식意識은
이성理性의 햇발을 받아 번쩍이고
내 심호흡深呼吸한 가슴엔 사랑이
뜨거운 새 피로 용솟음친다.

꿈은 나의 충직忠直과 일치一致하여
나의 줄기찬 노동勞動은 고독을 쫓고
하늘을 우러러 소박한 믿음을 가져
기도祈禱는 나의 일과日課의 처음과 끝이다.

이제 새로운 내가
서슴없이 맞는 새해
나의 생애生涯, 최고의 성실로서
꽃피울 새해여!

이제 오늘 우리의 자리에게 대립과 갈등을 저 멀리 던져버리고 화합
과 상생의 큰길에서 두 손 마주잡고 장기기획으로 백년 뒤, 천년 뒤의
공동체를 만들어갔으면 좋겠습니다. 작은 차이는 넘겨버리고, 통 크게

화합의 자세로 미래를 기대하면 좋겠습니다. '절시마탁切偲磨濯'과 '동심
동덕同心同德'의 자세로 '모두가 힘을 합쳐 잘못을 바로잡고 역량을 갈고
닦는' 한편, '한 마음 한 뜻으로 공동의 목표를 위해 다 함께 애쓰고 수고
하는' 공동체를 이루어가도록 마음을 모았으면 좋겠습니다.

사소함이 주는 행복

"어! 머리 바뀌었네?", "오늘 생일이라며?" 일상을 살아가면서 사소한 관심은 때때로 뜻하지 않게 큰 감동을 주는 경우가 있습니다. '사소하다'의 정의는 '보잘것없이 작거나 적다'이지만 다른 사람에게는 사소한 것이 제게는 소중할 수 있고, 다른 사람의 작은 관심이 제게는 큰 감동으로 다가오기도 합니다. 소소하고 사소한 것들이지만 정작 이를 몰라주면 서운해하고 속상해하기도 합니다. 또 어떤 이들은 사소함으로 빚어진 오해로 이별을 고하며 남남이 되기도 합니다. 황동규 시인의〈즐거운 편지〉라는 시가 있습니다.

1. 내 그대를 생각함은 항상 그대가 앉아 있는 배경에서 해가 지고 바람이 부는 일처럼 사소한 일일 것이나 언젠가 그대가 한없이 괴로움 속을 헤매일 때에 오랫동안 전해오던 그 사소함으로 그대를 불러보리라.

2. 진실로 진실로 내가 그대를 사랑하는 까닭은 내 나의 사랑을 한없이 잇닿은 그 기다림으로 바꾸어 버린데 있었다. 밤이 들면서 골짜기엔 눈이 퍼붓기 시작했다. 내 사랑도 어디쯤에선 반드시 그칠 것을 믿는다. 다만 그때 내 기다림의 자세를 생각하는 것 뿐이다. 그동안에 눈이 그치고 꽃이 피어나고 낙엽이 떨어지고 또 눈이 퍼붓고 할 것을 믿는다.　　- 황동규, 〈삼남에 내리는 눈 (1975)〉에서

　사소함은 중요하고, 소중합니다. 사람들은 곁에 있는 것, 일상 속의 소중함을 자주 잊고 지내는 것 같습니다. 하지만 조금의 관심만 기울이면 특별함으로 다가오기도합니다. 잠깐의 낮잠이 그렇게 달콤할 수 없고, 오랜만에 만난 지인知人과 잠깐의 담소談笑가 그토록 재밌을 수가 없습니다. 이런 사소함들 모두가 일상을 살아가는 활력소가 됩니다. 화려하지 않고 세련되지 않은 사소함은 주목의 대상이 되지 않을 뿐, 주위에 항상 존재합니다. 이제 우리 주위의 사소함을 둘러보고, 작은 변화에 주목해 봅시다.

　아침부터 괜스레 기분이 좋았습니다. 좋은 기분에 함박웃음 가득한 얼굴로 수업 시간에 학생들이 발표한 내용을 하나하나 칭찬하니 어찌나 좋아들 하는지 새삼 놀랐습니다. '진작 이렇게 주의 깊게 바라봐주고 관심 가져 주고 칭찬해줄 걸, 너무 무심했구나' 하는 생각이 들었습니다. 사실 제가 이렇게 칭찬과 격려를 되새긴 건 우연히 접한 이야기가 큰 감동과 교훈으로 가슴 깊이 되새겨졌기 때문이기도 합니다. 그 이야기를 정리해보면서 다시금 되새겨봅니다.

　19세기 영국의 전설적인 화가인 단테 가브리엘 로제티에게 어느 날 한 노인이 자신의 그림을 모은 스케치북을 들고 찾아왔습니다. 그 노인은 로제티에게 자신이 조금이라도 화가의 재능이 있는지를 솔직하게 말

해 달라고 요청했습니다. 로제티는 찬찬히 그림을 살펴보다가 한숨을 내쉬었습니다. 전혀 가능성이 보이지 않았던 것입니다. 노인은 실망한 표정이었지만 어느 정도 각오한 듯 그리 놀라지는 않았습니다.

노인은 다시 낡은 스케치북 하나를 꺼내더니 그 그림들을 봐주기를 요청했습니다. 자기가 잘 아는 젊은 화가 지망생이 그린 그림들이라고 했습니다. 로제티는 노인의 진지한 태도에 이끌려 그 그림들을 살피기 시작했습니다. 그런데 이번 그림들은 두 눈을 의심할 만큼 놀라운 그림들이었습니다. 작품 하나하나가 놀라웠습니다. 이렇게 훌륭한 그림을 젊은 화가지망생이 그렸다는 게 도저히 믿어지지 않을 정도였습니다. 흥분한 로제티는 이렇게 말했습니다. "이 그림을 그린 젊은 화가지망생은 아주 탁월한 가능성을 갖고 있으며 곧바로 전문적인 화가 수업을 시작하도록 격려해야 합니다." 이 말을 듣는 순간 노인은 충격을 받은 듯했습니다. 이상한 느낌이 든 로제티는 이 그림들을 그린 사람이 혹시 아드님이신지를 물었습니다.

그러자 노인이 대답했습니다. "사실은 이 그림들도 제 것입니다. 젊었을 때 제가 그린 것들이지요. 만약 그때 당신 같은 화가가 단 한 번이라도 이렇게 칭찬을 해주었더라면... 하지만 아무도 제게 그런 말을 해준 사람이 없었기에 도중에 그만 포기해버리고 말았습니다."

우리는 칭찬과 격려의 말에 대해 인색하고, 어색해합니다. "잘하고 있어.", "재능이 있네!" 이 한마디의 격려와 칭찬은 한 사람의 인생을 바꿀 수도 있을 만큼 큰 힘을 지니고 있습니다. 러시아의 대문호大豪인 막심 고리키는 이런 말을 했습니다. "칭찬은 평범한 사람을 특별한 사람으로 만드는 마법의 단어입니다."

18세기 영국의 시인이자 평론가인 사무엘 존슨이 무더운 여름날 장터 한쪽에서 몇 시간을 서 있었습니다. 사람들이 인사를 하거나 말을 걸어도 아무런 대답도 하지 않았습니다. 그저 서서 눈물만 흘리고 있었습니다. 반나절이 지나자 걱정이 된 제자가 스승의 낯선 행동에 대한 이유를 물었습니다. "스승님, 무슨 일이 있으셨나요?" 그러자 사무엘 존슨이 대답했습니다. "사실은 오래전 우리 아버지께서 이 자리에서 헌책방을 하셨다네. 그날도 아버지는 장사를 위해 일어나셨지만, 몸이 안 좋으셨는지 내게 하루만 대신 장사를 해줄 수 있느냐고 물으셨었지." 제자는 궁금해서 물었습니다. "그래서 스승님은 뭐라고 대답하셨나요?" 사무엘 존슨은 한참 지나서 다시 말했습니다. "우리 집이 시장에서 헌책방을 운영하는 것도 창피한데 내가 어떻게 그런 일을 하냐면서 거절했다네. 그런데 너무 무리했던 탓인지 아버지는 그날 이후 몸이 약해져서 시름시름 앓다가 돌아가시고 말았다네. 오늘은 그때의 기억이 지워지지 않아 이 자리를 떠날 수가 없다네."

몇 해 전, 모 금융회사 CF가 화제가 된 적이 있었습니다. 젊은 아빠들을 대상으로 몰래카메라를 실시했는데 아이와 하루에 얼마나 시간을 함께 보내는지, 아이가 좋아하는 음식은 뭐고, 아이의 사진은 지갑에 넣고 다니는지 등등에 관해 물었습니다. 대부분 아빠는 자신 있게 대답했습니다. 그런데 이번엔 반대로 물었습니다. 아이 대신 그 자리에 '부모님'을 넣어보라는 것이었습니다. 부모님과 하루에 얼마나 시간을 함께 보내는지, 부모님의 좋아하는 음식은 뭐고, 부모님 사진은 지갑에 넣고 다니는지를요. 그러자 젊은 아빠들은 죄송한 마음에 일제히 눈물을 흘렸습니다.

우리는 너나 할 것 없이 부모의 지극한 사랑과 보살핌으로 성장하여 지금의 자리에 있을 수 있었습니다. 앞으로 부모님과 함께할 수 있는 시간은 얼마나 될까요? 우린 항상 부모님이 늙지 않고 곁에 있을 거로만 생각합니다. 그리고 우리의 곁을 떠나셨을 때 뒤늦은 후회를 합니다. 시간은 항상 멈춰 있는 게 아닙니다. "나무가 고요하고자 하나 바람이 그치지 않고, 자식이 봉양奉養하고자 하나 어버이가 기다려주지 않는다."고 했습니다. 더 늦기 전에 부모에 대한 사랑을 직접 표현했으면 좋겠습니다. 안아드리고, 손잡아 드리며 자연스럽게 스킨십을 하는 그러한 관계였으면 좋겠습니다. 자주 카톡도 하고 문자도 보내고, 그렇게 소통하는 관계였으면 좋겠습니다.

20여 년 가까이 학생들과 같이 호흡하며 선생으로 살아오고 있습니다. 길을 가다가 학생이 다가와 인사해 주면, 그렇게 고마울 수가 없습니다. 얼마 전에 있었던 일입니다. 평소 수업에 적극적으로 임했지만, 수행평가를 제대로 하지 않아 부득이 좋은 성적을 주지 못한 학생을 제 아들과 함께 길을 걷다가 거리에서 만났습니다. 그런데 뜻밖에도 밝은 얼굴로 반갑게 인사해 왔습니다. 보통은 좋은 성적을 주지 않았다 하여 외면할 수도 있는데, 학생이 이러한 태도를 보이니 감동이었습니다. 옆에서 제 아들이 아빠를 자랑스러워하는 것 같아 더 기뻤고 고마웠습니다. 얼마 전 저녁 식사를 한 후 산책하던 길에 작년에 졸업한 학생을 만났습니다. "선생님, 이번에 결혼합니다."라고 반갑게 인사를 했습니다. 내 일과 같이 기쁨을 느꼈음은 두 말할 나위가 없었습니다.

숱한 세월 속에서 어디 이런 일이 한두 번이 아니었습니다. 선생으로서 보람은 다른 게 없습니다. 선생의 진심을 받아주고, 무엇보다도 반갑게 다가와 인사하는 것이면 족합니다. 사제 간의 소통, 그것은 사소한 인사에서 시작됩니다. 인사는 인사를 하는 사람의 인격과 삶에의 열정을 드러내는 징표입니다. 인사도 습관이니만큼, 인사하는 습관을 가졌으면 좋겠습니다.

위의 〈즐거운 편지〉의 구절처럼 진정성 있게 소통하는 일은 "해가 지고 바람이 부는 일처럼" 사소하지만 결코 사소할 수 없는 우리가 부를 노래입니다. 물론 어떤 경우든지 서로 간의 소통에 있어서는 역지사지易

地思之의 태도로, 오해가 생기면 먼저 적극적으로 그 오해를 풀려는 자세가 요구됩니다. 친구, 연인, 이웃 간의 사귐에 있어서도 이러한 소통의 방식을 적절히 적용할 필요가 있습니다.

멀리 지나가는 사람이 왜 저렇게 빨리 걸어가는지 궁금해 해 본 적이 있는지요? 하루 24시간이 부족해서 바쁘게 살아가는 사람들을 보면, 주위를 둘러볼 여유조차 갖기 어려워 보입니다. 하루에 한번쯤은 앞만 보지 말고, 주위를 둘러보며 걸어가 봅시다. 사계절의 변화에 따라 옷을 갈아입는 꽃과 나무들도 보고, 멀리 지나가는 친구를 크게 불러 양손을 흔들며 인사도 해봅시다. 삶을 이루는 대부분은 황홀한 순간이 아닌, 사소한 일상임을 잊지 말고요. 사소한 것, 이것은 바로 인생의 전부일지도 모릅니다.

문득 교무실 바닥을 보니 깨끗하게 청소된 것을 보니 기분이 좋았습니다. 내친김에 교무실 청소당번 학생들을 불러서 이름들을 거명하면서 칭찬했습니다. 제 주변을 소중히 여기면서 주의 깊게 살펴보니 모든 게 감동이요, 기쁨이었습니다. 조금 여유를 갖고 제 주변 사람들과 환경을 바라보니 그냥 그렇게 있는 것이 아니라는 생각이 들었습니다. 하나하나가 모두 소중하고 정답게 느껴졌습니다. 주의 깊게 학교 화단에 핀 꽃과 나무들을 하나하나 바라보니 어찌나 정답게 느껴지는지 한참을 물끄러미 바라보았습니다.

가장 소중한 금은 황금도, 소금도 아닙니다. 바로 지금이라는 금입니다. 바로 지금이 최고의 순간이요, 최상의 순간입니다. 조금은 삶의 여유를 갖고 거창한 것 이전에 사소한 일, 삶의 소소한 일들과 이야기에 귀 기울여 보면 어떨까요?

따뜻한 말 한 마디의 중요성

한 텔레비전 방송이 '따뜻한 말 한 마디'라는 드라마를 방영한 적이 있습니다. 이 드라마에서는 남편과 형식적인 대화를 나누며 사는 젊은 부인이, 역시 자기 아내와 마찬가지의 삶을 살고 있는 다른 유부남과 따뜻한 말 한 마디를 나누면서 서로 호감을 갖게 되었습니다. 그래서 두 가정이 위기에 처하지만 이내 다시 회복되는 과정을 그려냈습니다. 주위 사람들은 그들에게 이런 조언을 해주었습니다. "마치 '애인'에게 하듯이 배우자를 따뜻하게, 새롭게 대하라"고 말입니다.

맞습니다. 우리는 가까운 사람에게는 이런 저런 배려를 다 생략하고 마구 대하며 살아가는 경향이 있습니다. 그러다 제3자가 나타나거나, 자신이 다른 곳에 제3자로 등장하게 되면 평소 안 하던 태도를 연출하느라 애를 씁니다. 평소 아내가 무거운 걸 옮길 때 못 본 척하던 남편도, 다른 곳에서 다른 사람이 그런 모습을 보이면 얼른 나서서 짐을 들어주곤 합니다.

이렇듯 우리는 다른 사람의 시선을 의식하면서 살아갑니다. "남들이 어떻게 생각할까?"가 행동의 기준이 되는 수가 많습니다. 그러나 정작 '남'이 아닌 가까운 사람에게는 '편한 사이니까'라는 생각으로 배려를 생략할 때가 많습니다. 아내들은 평소 '생얼'에다 가장 편한 복장으로 지내다가 남편이 출근한 후에 화장을 하고 외출을 합니다. 그러니 남편들에게는 밖에서 만나는 남의 아내가 그렇게 예뻐 보일 수밖에 없습니다.

요즘 대학에서 학생들에게 가장 큰 이슈는 취업입니다. 그래서 생겨난 것이 '아싸아웃사이더족'입니다. 학교 활동도, 다른 학생들과의 교류도 다 끊고 혼자 도서관에 틀어박혀 취업 시험에만 몰두하는 족속을 말합니다. 그렇지만 산업사회가 요구하는 인재상은 '책벌레'가 아닙니다. 우리나라 직장사회는 '직무' 자체보다도 '관계'로 사람을 평가하는 경향이 강합니다. 일만 잘한다고 좋은 평가를 받을 수 없습니다. 일도 잘해야 하지만 윗사람, 동료, 후배, 고객들과 원만한 인간관계를 이뤄야 좋은 평가를 받을 수 있습니다.

우리나라 대학의 신입생들이 힘들어 하는 것 중 하나가 '인간관계'라고 합니다. 대학 입시만 준비하느라 다양한 사람들을 만나 도움을 주고 도움을 받는 '공부'를 하지 못했기 때문입니다. 원만한 사회생활을 하려면 평소 사람을 대하는 태도부터 잘 익혀야 합니다. 사람을 대하는 좋은 태도는 상대방을 존중하는 마음에서 비롯됩니다. 대학생활을 하면서 이 부분을 철저히 '공부'하지 않으면 취업도 어렵거니와, 취업해서도 직장생활을 제대로 해나가기가 쉽지 않습니다. 그러니 '아싸' 전략은 매우 위험합니다.

어느 대학교수의 말을 들어보면, 대학생들이 기본적인 인사습관이 안 되어 있는 경우가 많다고 합니다. 개강 때 강의실에서, 수업 때 강의실에서, 복도나 엘리베이터에서 교수를 보고도 외면하거나 빤히 쳐다볼 뿐

목례조차 하지 않는 학생들이 많다고 합니다. 사람이 사람을 보고도 그냥 지나친다는 것은 결과적으로 그 사람을 무시하는 표현입니다. 참 안타까운 일입니다.

인간관계를 여는 기본적인 문은 인사입니다. 누구를 만나든지 서로 따뜻한 인사를 나누면 좋습니다. 가벼운 목례, 따뜻한 말 한 마디, 손흔들기, 하이파이브, 악수 등 상대방을 존중하는 표현을 자주 해야합니다. 상급자나 하급자나 사제지간이건 동료나 선후배이건 따지지 말고 먼저 본 사람이 먼저 편안하게 반가움을 표현하면 됩니다. 기독교정신으로 설립하고 운영되기도 유명한 한동대학교 구성원들은 캠퍼스 내에서 서로 인사를 잘 나누기로 유명합니다. 한번은 재미교포 사업가가 학교를 방문했다가 인사하는 모습들을 보고 감동한 나머지, 학교에 거액의 장학금을 기부한 일도 있었다고 합니다. 인사만 잘 해도 우리사회는 훨씬 생기가 돌 것입니다.

따뜻한 말 한 마디를 나누는 세상이었으면 좋겠습니다. 대화를 잘 하려면 상대방의 감정 상태와 필요를 먼저 알아차려야 합니다. 그리고 거기에 맞춰 대화를 시작해야 제대로 소통이 됩니다. 그렇게 했을 때 상대방은 '친절하다'고 느낍니다. 친절은 마음의 문을 여는 열쇠입니다. 마음의 문을 열지 않고 대화를 하는 건 어리석은 일입니다.

우리는 상대방의 감정 상태와 필요를 알아보기 전에 상대방이 싫어하는 말, 상대방이 필요를 느끼지 못하는 말을 일방적으로 하는 수가 많습니다. 서로 상대방의 감정 상태와 필요를 먼저 읽고 존중해주면 좋겠습니다. 말 한 마디로 천 냥을 버는 시대라고 합니다. 그렇다고 해서 교묘한 설득 기술로 상대방을 내 편으로 만들고, 전투적 말하기로 상대방을 제압한다면 그 방법이 다시는 통하지 않을 것입니다. 상대방을 진정 존중하는 마음만이 '그 다음'을 예약해줍니다.

웃어라! 웃으면 웃을 일이 생깁니다

"웃을 일이 없는데 어떻게 웃어요?" "웃으면 웃을 일이 생깁니다." 사람은 자신이 어떤 일에 대해 만족하는 감정이 생기면, 기쁨이라는 반응이 나타나고 그 기쁨의 표현 방식으로 웃습니다. 그런데 이러한 과정을 역으로 만들어서, 웃으면 기쁨이 생기고 긍정적인 감정으로 발전시킬 수도 있습니다. 미국의 심리철학자 윌리엄 제임스William James는 "사람은 행복해서 웃는 것이 아니라 웃어서 행복합니다."라고 하였습니다. 누구나 한번쯤은 들어봤을 법한 말이지만, 이것은 그저 철학적이거나 추상적인 표현이 아닙니다. 실제로 사람은 웃는 표정만으로도 감정을 긍정적인 방향으로 변화시킬 수 있다는 것이 과학적으로 입증되었습니다.

'안면 피드백 이론Facial Feedback Theory'이 바로 그것입니다. 안면 피드백 이론은 미국의 심리학자 실반 톰킨스Silvan Tomkins에 의해 검증되었는데, 억지로 웃는 표정을 짓는 것만으로도 뇌를 자극하여 우리 몸에서는 웃을 때와 동일한 화학반응이 일어나서 기분이 좋아진다는 것입니다.

거짓말처럼 느낄 정도로 간단하게 우리의 기분을 바꿀 수 있다는 '웃음'과 '웃음치료'는 이미 오래전부터 의학계 혹은 심리치료 등이 필요한 분야에서 치료의 보조적인 수단으로 이용해 온 것도 이를 뒷받침하고 있습니다. 그렇다고 하더라도 나에게 좋지 않은 일들이 있는데 그것을 어떻게 잊어버리고 웃을 수가 있을까요? 잊으려 해도 잊혀 지지 않는데 말입니다. 잊으려 하니까 잊혀 지지 않는 것입니다. 잊으려는 생각조차 하지 말아야 합니다. 헤어진 여자 친구를 잊는 가장 좋은 방법은 무엇일까요? 맞습니다. 새로운 여자 친구를 만들면 됩니다. 잊으려고 노력하면 할수록 여자 친구와의 추억만 떠올라, 잊을 수 없습니다.

사람은 특정한 생각을 떠올리지 않으려고 노력할수록 오히려 그 생각에 집착하게 되는 역설적인 효과가 나타납니다. 이것을 '사고 억제의 역설적 효과Paradoxical Effect of Thought Suppression'라고 합니다. 헤어진 여자 친구를 잊으려는 노력보다는 새로운 여자 친구를 만들면 자연스럽게 '초점 전환Focused Distraction'이 이루어져 이별의 아픔에서 벗어날 수 있습니다.

실제로 제가 아는 어느 분의 이야기입니다. 이 분은 몇 년 전 큰 시련에 맞닥뜨렸습니다. 밤에 잠을 자다가도 일어날 정도로 개인적으로 감당하기 쉽지 않은 큰 아픔이었습니다. 얼마가 지난 후, '이렇게 계속 시간을 보낼 수 없고 시간을 되돌릴 수도 없다.'는 생각을 했습니다. 이미 지나간 일이기 때문에 그가 할 수 있는 일이 아니었습니다. 그는 지금부터는 자신이 할 수 있는 일을 찾아서 이 상황에서 벗어나야겠다고 마음먹었습니다. 그 다음부터는 일부러 시시때때로 가벼운 휘파람도 불고 웃으며 다녔습니다. 그의 상황을 아는 저는 그의 모습을 보고 "뭐가 그렇게 좋아?"라고 의아하다는 질문을 던지곤 하였습니다. 그 때 그가 대답한 말입니다. "그럼 울고 다녀요? 히히."

꼭 그래서라고 이야기하기는 어렵지만, 놀랍게도 얼마가 지난 후 그에게 왔던 그 큰 시련은 그대로 다시 큰 행복으로 돌아왔습니다. '치열한 취업난', '열등감 느끼게 하는 사회', '팍팍한 삶', 이런 것들이 인상 찌푸리고 다닌다고 나아질 일은 하나도 없습니다. 그럴수록, 만나면 심각한 이야기나 부정적인 대화가 오고 갈 친구보다는, 웃을 일이 생기거나 웃게 해 줄 친구를 만나야 합니다. 그러면 더 많이 웃게 되고, 그 친구에게 정서적인 감염Emotional Contagion이 됩니다. 사람의 뇌는 게으릅니다. 그 한계를 아직도 밝혀내지 못하고 있는 뇌는 해야 할 일이 너무나 많습니다. 그래서 모든 일들을 하나같이 논리적으로 처리하지는 못합니다. 따라서 억지로 웃는 표정의 근육 움직임과 진짜 웃는 표정의 근육 움직임을 구별하지 못하고 모두 긍정적인 반응을 내보냅니다. 혼자 있을 때도 웃을 일을 만들고 생각해서 일부러라도, 웃어보십시오. 웃으면 정말 웃을 일이 생긴답니다.

달이 웃고, 해가 웃으니, 저도 웃습니다. 하지만 달은 혼자 웃지 못하고 해도 혼자 웃지 못합니다. 달과 해가 한 목소리로 말합니다. 달도, 해도 내가 웃어야 따라 웃는다고요. 그래서 저는 달을 웃기기 위해 해를 웃기기 위해 오늘도 웃어봅니다. 이런 저를 보고 사람이 좀 싱겁다고 핀잔을 주셔도 좋습니다. 그래서 웃을 겁니다. 웃는 얼굴에 침 못 뱉고 한 번 웃으면 한 번 젊어지고 한 번 노하면 한 번 늙는다는 말처럼 웃음은 이러나저러나 좋은 것이기에 그러려고 합니다.

예술향유, 어렵지 않습니다

언젠가 한국문화관광연구원에서 조사한 '우리나라 사람들의 문화 향수 실태에 따르면, 한 해 동안 미술 전람회를 관람한 사람의 비율은 10.2%였습니다. 클래식 음악회나 오페라를 관람한 사람의 비율은 4.8%로 나타났습니다. 이러한 비율은 연도별로 차이는 있겠지만 지금도 큰 변화가 없을 것 같습니다. 하지만 예술에 대한 경험이 낮은 수준에 머물고 있는 것과 달리, 한 해 동안 영화를 관람한 사람의 비율은 무려 64.4%에 이르며 평균 관람 횟수도 3.6회에 달했습니다. 또 TV를 접하는 시간은 하루 평균 3시간 가까이에 이르러, TV시청은 아직도 우리 사회 구성원들의 가장 대표적인 여가 활동으로 꼽히고 있습니다.

이러한 수치는 사회 구성원들의 일상생활 속에서 예술藝術이 차지하고 있는 위치를 잘 보여주는 예라고 할 수 있습니다. 즉, 예술은 우리 사회 구성원들의 삶에 아주 미미한 영향밖에 미치지 못하고 있음이 사실입니다. 이처럼 예술의 현실적 영향력이 약화되는 현상은 우리 사회에서만 볼 수 있는 현상이 아닙니다. 예술의 영향력이 약화되기 시작한 시기 또한 짧지 않습니다. 특히 젊은 세대를 중심으로 예술의 사회적 권위 역시 현저히 하락하고 있습니다.

하지만 시각을 조금 달리해서 보면, 예술은 여전히 무시할 수 없는 영향력을 지니고 있습니다. 당장 학교의 교과과정만 보더라도 예술 교육이 큰 비중은 아니지만 필수 교과목으로 편성되어 있으며, 예술의 향유 능력 역시 교양의 필수요소로 받아들여지고 있습니다. 또한 국내외의 경매시장에서 유명 화가의 미술품이 천문학적인 고가高價로 팔려 나갔다는 기사도 종종 접할 수 있습니다.

위의 조사에 따르면, 가구 소득 수준이 높을수록 예술행사에 대한 관람률이 높게 나타났습니다. 이런 조사결과는 두 가지 해석을 가능하게 합니다. 하나는 예술행사의 관람을 위해서는 일정한 소득수준을 갖춤으로써 시간적 경제적 여유를 지녀야 한다는 점이고, 다른 하나는 일정한 소득수준에 이른 사람들은 적절한 수준의 예술향유가 필요하다는 인식을 지니고 있다는 것입니다. 특히 이 두 번째 해석의 간접적 근거는 현재 예술행사를 관람하고 있지 않음에도 앞으로 예술행사를 관람할 의향을 지닌 사람의 비율이 소득이 많은 사람의 비율과 비례함을 알 수 있게 합니다.

그렇다면 예술은 도대체 무엇이기에 우리 삶에 뚜렷하게 영향을 미치지도 못하면서 이처럼 우리의 의식에 압박을 가하는 것일까요? 자칫 예술을 모르면 교양 없는 사람으로 취급받을 것 같습니다. 이런 불편함으로 억지로라도 예술을 접해보려고 애를 쓰지만 생각처럼 쉽지 않습니다. 주변을 돌아보면 오히려 혼란이 가중되는 것만 같습니다. 대다수의 예술 관련 행사가 예술에 대한 우리의 전통적 관념에 부합하고 있지만 간혹 이 관념에 도전하고 오히려 파괴하려는 시도도 많습니다. 이들 사례를 이해해보려고 예술 관련 서적을 살펴봐도 의문이 시원스럽게 해소되지 않곤 합니다. 워낙 예술이 깊고 오묘하고 복잡하고 사례마다 다양해서 그런 것 같습니다. 또한 워낙 기초가 없다보니 그렇기도 합니다. 예술, 도대체 이게 뭔가 싶습니다.

사실, 예술의 범주가 자리 잡게 된 것은 기껏해야 18세기 이후의 일에 지나지 않습니다. 그 이전까지만 하더라도 예술은 기술技術이라는 범주와 별로 구분되지 않았고, 예술의 범주에 포함되는 활동 역시 오늘날과 많은 차이를 보였습니다. 예술의 목적과 의미도 오늘날과 달랐으며, 심지어 예술이라는 용어조차 확립되어 있지 않았습니다.

18세기는 예술이 하나의 사회적 범주로 자리 잡고 '미美'를 추구하는 활동으로 인식되면서, 미의 특성에 대해 탐구하고 예술의 의미를 밝히고자 하는 학문인 '미학'이 출현하게 되었습니다. 동시에 이 시기는 예술이 자립화되면서 사회 내의 다른 영역과 구분되어 독자적인 논리를 발현發現시켜 나가게 되었던 때이기도 합니다. 그 과정에서 예술과 삶 사이의 거리는 점차 멀어지게 되었지만, 예술이 지니고 있는 사회적 권위가 상승하는 현상이 나타나기도 했습니다. 예술의 사회적 권위가 하락하기 시작한 것은 대중문화가 주류문화로 확고히 자리를 잡은 1950년대 이후입니다.

현재 우리가 예술에 대해 느끼는 혼란은 이와 같은 예술의 역사와 밀접하게 연결되어 있습니다. 예술에 대한 막연한 경외감은 경계되어야 할 요소이지만, 예술이 지닌 가치를 완전히 부정하는 태도 역시 바람직하지 못합니다. 예술에 대해 균형 잡힌 태도를 가지고, 예술의 의미를 적절히 받아들일 때 우리의 삶은 한층 더 풍성해질 것입니다. 예술적 감성을 통해 삶의 깊이를 더해나가면 좋겠습니다.

따지고 보면 예술도 별거 아니라는 발칙한 생각도 듭니다. 예술도 결국 사람 사는 이야기이고, 자연과 함께하는 이야기를 담아내는 것이라는 생각이 듭니다. 그러니 우리가 지닌 감성의 눈으로 바라보고 해석하고 느끼면 될 것 같습니다. 그러고 보면 이해 못할 것도 없지 않나 싶습니다. 요즘은 아마추어 동호회도 많고, SNS와 같은 문명의 이기利器도 많기에 마음만 먹는다면 그런 대로 예술을 향유할 수 있습니다. 그래도 이해하기 어려운 영역은 전문가들의 해설을 통해 이해의 폭을 넓히면 될 것 같습니다.

오늘 우리의 교육에서 좀 더 예술적 감응을 담아내는 형식과 내용이 더 있었으면 하는 바람을 가져봅니다. 오늘 우리 교육 현장에서 이른바 입시위주 과목 중심의 교육은 분명 문제가 있습니다. 저도 국어교육을 전공한 교사이지만 국영수 과목 위주로 교육과정이 편성되고 시간표가 짜인 현실은 문제가 많습니다. 점차 음악과 미술 같은 예술 교과목이 설 자리를 잃고 있습니다. 입시교육의 현실로는 예술 교과목을 많이 늘리기는 어렵지만 그래도 지금보다는 늘려서 반드시 개설되어야합니다. 전공 교사가 있어야 전문적인 시각에서 교육이 이루어지고, 학교교육 전반에 예술적 의미가 스며들게 할 수 있습니다. 부족한 예술교육은 학교에서 가능한 창의적체험활동 시간이나 중학교의 경우 2016년부터 전면시행중인 자유학기제 시간을 활용해서 지역사회 예술인과의 협력으로 교육을 이루어갈 수 있을 것입니다. 이처럼 예술의 향기를 느낄 수 있는 교육을 기대봅니다.

공감능력을 길러봅시다

오늘 우리는 이전 시대에 비해 풍요와 편리 그리고 지식정보의 홍수 속에서 살고 있습니다. 그런데 우리의 삶은 그에 비례해서 평안과 행복과 안녕을 갖지 못하는 것 같습니다. 우리나라만이 아니겠지만 들려오는 소식마다 폭력과 사고로 수많은 사람들이 사망에 이르고 있습니다. 또한 비정규직 문제, 최저임금, 청소년·노인 자살률 등은 우리사회의 만성적인 문제가 된 지 오래입니다. 언제부터인가 우리나라를 지칭하는 용어가 '헬Hell 조선'인 것만 봐도 우리사회의 문제가 얼마나 심각한지를 알 수 있습니다.

이런 문제들은 어디서부터 발생한 것이고, 어떻게 하면 해결이 가능할까요? 이에 대해 전문 학자들이 내놓는 거시담론과 심층 분석들을 보면 그들의 높은 학식에 기가 죽고 전문지식을 못 알아들으니 주눅 들기도 합니다. 더욱이 이를 해결하겠다고 "나 아니면 안 된다"고 떠벌리는 정치인들의 말에는 눈살을 찌푸리기도 합니다. 종교지도자들의 말은 어딘가 모르게 뜬구름 잡는 것 같아서 '도대체, 뭘 어떻게 하라는 건지' 막연합니다. 그러다보니 '그렇구나!'하는 생각이 드는 게 아니라 오히려 더 답답해지기도 합니다.

문제의 근본 원인이나 근본적인 해결책을 찾아야할 의무나 전문성이나 위치에 있지는 않지만 그래도 이 시대를 살아가는 사람으로서 자라나는 세대에게 내일의 꿈과 자세를 가르쳐야하는 사람으로서 제 나름대로 소박하게 생각해본 것은 '공감共感능력 기르기'입니다. 현대사회의 많은 문제들은 대개 나와 다른 타인의 감정을 제대로 이해하지 못하는 것에서 비롯됩니다. 타인에 대해 충분히 공감하지 못했기 때문에 배려와 관용이 부족한 사회가 되고, 이것이 심해져 오늘날의 상황이 되었습니다.

만약 우리가 2017년 시급기준인 6,470원을 받고 일하는 아르바이트 노동자를, 언제 해고될지 모른다는 불안감으로 하루하루를 살아가는 비정규직 사람들을, 자식들을 먹이고 키웠지만 쪽방에서 홀로 생을 마감하는 가난한 고령자들의 입장이 한 번이라도 되어봤다면 아니, 되어보려고 노력했다면 세상은 좀 더 살만하지 않았을까 싶습니다. 이런 공감이 바로 입장 바꿔 생각해 보는 역지사지易地思之의 자세입니다. 이것이 우리가 흔히 말하는 상대방을 이해하는 것입니다. 이해한다는 말의 영어 단어가 'understand'입니다. 이 단어는 under~아래에와 stand서 있다가 합쳐서 된 것입니다. 상대방을 이해하려면 겸손하게 상대방보다 낮은 자리에서 우러러보는 자세로 봐야합니다.

공감은 사람됨의 기본덕목이라는 황금률이기도 합니다. 기독교에서는 예수가 산상수훈山上垂訓 가운데 보인 기독교의 기본 윤리관이기도 합니다. "그러므로 무엇이든지 남에게 대접을 받고자 하는 대로 너희도 남을 대접하라. 이것이 율법이요, 선지자니라"(마태복음 7장 12절), "남에게 대접을 받고자 하는 대로 너희도 남에게 대접하라"(누가복음 6장

31절) 유교에서도 공자의 어록을 담아낸 ≪논어≫에서 이런 구절이 있습니다. "기소불욕물시어인己所不欲勿施於人"-자기가 하고 싶은 것이 아니면 다른 사람에게 시키지 말라." 사서四書 중 하나인 ≪대학≫에서도 "혈구지도絜矩之道"라는 말이 나옵니다. 이 말은 "목수가 곱자로 재듯이 자신의 처지를 미루어 다른 사람의 마음을 헤아린다."는 뜻입니다.

오늘 우리는 공동체의식에 따른 공감의 자세로 살까요? 가족, 친구, 동료 혹은 그 누군가에 대해 진심으로 공감하면서 살까요? 사실 그렇지 않은 경우가 더 많은 것 같습니다. 가족이나 친구나 동료가 내 상식에서 벗어난 행동을 하거나 나와 다른 견해를 제시하면 대놓고 티는 내지 않았지만 마음 한구석에서 내 생각이 더 중요하고 가치 있는 것이라 여기곤 합니다. 그가 왜 그러한 생각을 가지게 되었는지 깊게 생각해보고 이해하려는 노력하지 않습니다. 주변인들의 생각, 상황, 아픔에 충분히 공감하지 못한다면 미래를 짊어질 희망샘터인 다음세대가 사회인이 되었을 때 과연 어떤 일을 할 수 있을까요? 경쟁과 갈등과 반목으로 치닫는 기성세대에게서 반감反感을 느꼈던 행동을 자신도 모르게 학습되어 반복하게 될지도 모릅니다.

그렇다면 어떻게 이 공감 능력을 기를 수 있을까요? 저는 하나의 방법으로 독서와 어울림을 권하고 싶습니다. "왜 하필 독서냐"고 의아해할 수 있겠지만 제 경험으로 독서를 통해서 내면이 성숙해져 가는 것을 조금씩 느껴왔습니다. 책, 특히 고전古典을 통해서 우리는 사람의 다양한 감정을 느껴볼 수 있고, 그들의 내면세계를 들여다볼 수 있습니다. 책 속에서 그 때 그 당시 사람의 감정 혹은 상황을 공감할 때도 있었지만 그렇지 않은 경우도 많았습니다. 후자일 경우, 왜 그러한 상황에 공감할 수 없는 것인지, 어떤 다른 상황에 처해있기에 그러한지 생각해 보는 시간을 갖곤 했습니다. 그리고 저 자신이 느껴보지 못했던 감정을 이해하고 수용하는 과정에서 타인을 받아들이곤 했습니다. 저는 이러한 것이 인문교양분야의 독서를 통해 얻을 수 있는 소중한 가치 중 하나라고 생각합니다.

　사람은 자신이 타인과 연결되어 있다고 느낄 때 행복을 느낍니다. 그리고 그러한 연결은 공감에서부터 시작됩니다. 오늘날 우리는 '진정한 공감'을 하고 있을까요? 만약 그렇지 않다고 느낀다면 가까운 곳에서부터 주의를 집중해서 바라봅시다. 앞에서 말한 사회적 약자들이 바로 나 자신을 수도 있고, 우리와 아주 가까이에 있는 이웃일 수 있습니다. 나와 함께하는 사람들에게서 나를 만나고, 함께하는 어울림 속에서 하나 됨의 기쁨과 보람을 얻을 수 있습니다. 혼자 걷는 열 걸음의 숨 가쁨에서 벗어나 함께 걷는 한 걸음의 여유를 만끽할 수 있습니다. 분주한 삶에서 잠시 멈춤으로, 나를 찾고 소중한 이웃을 찾고 더불어 함께 살아가는 행복의 비결을 찾아봅시다. 언제부터 할까요? 다음으로 미루지 말고 바로 지금부터 해봅시다.

과거를 반추하는 다시 읽기

　수년전,〈레 미제라블〉은 뮤지컬 영화 사상 최초로 500만 명의 국내 관객을 끌어 모았습니다. 영화가 흥행하자 원작 소설 빅토르 위고의 『레 미제라블』판매까지 상승 가도를 달렸습니다. 실제로 도서출판 민음사에서 출간한 『레 미제라블』5권짜리 완역본은 10만 부 이상이 팔렸습니다. 『레 미제라블』이 영화화 되면서 학창시절의 기억을 떠올리려고 책을 다시 찾는 독자들도 증가했습니다. 학창시절의 향수를 찾아 서점을 방문한 독자들이 많아졌습니다.

　다시 읽기는 세 가지 선물을 안겨다줍니다. 하루에도 몇 백 권씩 수많은 신간이 쏟아져 나오고 있으며 꼭 읽어야 하는 필독서들도 다양합니다. 그런 상황에서 굳이 읽었던 책을 다시 읽는 특별한 이유가 있을까요? 지난 2013년 미국 예일대 영문학과 퍼트리샤 마이어 스팩스 교수는 자신이 어린 시절부터 성인이 돼서까지 읽은 책을, 1년 동안 다시 읽는 이색적인 프로젝트를 시작했습니다. 이 일상적인 다시 읽기, '다시 읽기 Re-rea ding'를 통해 스팩스 교수는 무엇을 얻고 잃게 되는지 알고 싶었던 것입니다. 그녀가 연구한 결과에 따르면 다시 읽기 는 안전감, 성찰, 깊이 읽기를 깨닫게 합니다. 그녀의 말입니다. "세 살짜리 독자는 친숙한 문장을 자주 들으면 만족을 느낍니다. 그러나 단어 하나만 달라져도 그 책은 자기가 애지중지하던 그 책이 아니게 됩니다." 새롭고 예측 불가능한 경험은 아이들에게 의지할 곳을 잃게 되는 것과 같기 때문입니다. 아이들이 부모에게 같은 책을 반복해서 읽어달라고 하는 것도 일종의 안정적인 바람 때문입니다. 아이와 마찬가지로 어른도 이미 친숙해진 책을 다시 읽음으로 예전에 느낀 기쁨과 즐거움을 안전하게 얻고 싶은 것입니다.

과거에 읽었던 책을 시간이 흐른 후 다시 읽기를 하면 과거의 자신과 현재의 자신이 어떻게 달라졌는지도 확인할 수 있습니다. 스팩스 교수의 말입니다. "다시 읽기 는 우리가 얼마나 변했는지 혹은 그대로인지를 분명하게 마주 보게 해줍니다." 같은 단어와 문장을 읽으면서 독자는 동시에 과거의 자신을 떠올립니다. 이 순간 지난 경험이 되살아나고 자신의 달라진 정체성 변화를 측정할 수 있습니다. 과거의 자신과 지금의 자신이 책과 어떻게 반응하는지 깨닫는 시간은 자신을 성찰할 수 있는 계기가 됩니다.

다시 읽기를 통해 책을 찬찬히 들여다보면 깊이읽기 또한 가능해집니다. 소설을 다시 읽을 경우, 사건의 흐름만 따라가는 것이 아니라 대사의 묘미나 인물의 관점, 묘사의 세밀함까지 볼 수 있습니다. 책을 반복해서 읽거나 혹은 시간차를 두고 읽게 되면 동일한 독자라도 자신이 처해있는 상황에 분명한 변화가 생깁니다. 그러므로 다시 읽기를 통해 이전에 알지 못한 새로운 내용을 접할 수 있습니다. 다시 읽기를 통해 독자가 얻을 수 있는 변화는 문학, 지식, 정보, 실용 등 분야에 따라 다양합니다. 가령

문학 도서를 다시 읽게 되면 주인공과 독자 사이에 교감交感하는 폭이 커지게 됩니다. 처음 읽을 때보다 독자는 훨씬 주인공에게 몰입해 감정이입感情移入을 할 수 있습니다. 지식·정보 분야의 책을 다시 읽게 된다면 이전의 불명확했던 맥락이 보이고 이해할 수 있는 영역이 넓어집니다. 같은 책을 다시 읽더라도 과거에 얻을 수 없던 지식이 확장되는 경험을 하게 되는 것입니다.

다시 읽기는 진지한 대화입니다. 정보의 빠른 습득을 요구하는 이 시대에 다시 읽기는 어쩌면 후퇴하는 행동처럼 보일 수 있습니다. 그러나 더 많은 책을 읽는 것보다 때로는 한 권의 책을 어떻게 읽느냐가 중요할 수도 있습니다. 지금까지는 다독多讀을 많이 권유하며 특정 장르에 국한되지 않고 폭넓게 읽는 독서습관이 사회전반에 퍼져 있었습니다. 그러나 이런 독서습관은 지식 위주의 겉핥기식 독서에 치우칠 수 있습니다. 질이 아닌 양 위주로 많은 책을 읽으려는 자세는 오히려 바람직하지 못한 책 읽기를 조장해 독자에게 독이 될 수도 있습니다. 읽었던 책을 다시 읽는 과정에서 독자들이 얻는 사고의 확장과 깨달음이 오히려 올바른 독서를 가능하게 할 수 있습니다.

다시 읽기는 행위 자체에 풍부함을 더해줍니다. 과거에 읽은 작품으로 돌아가 우리는 다시 한 번 책 속에 담긴 글의 의미를 마주할 수 있게 됩니다. 또 한 번 마주한 책은 난해難解한 생각과 씨름하게 하고, 우아한 문체에 감동하며, 설득력 있는 인물에 공감할 수 있게 합니다. 누적된 본인만의 경험에 의해 독자들은 제각기 서로 다른 판단을 내리거나 새로운 발견을 하게 될 것입니다. 그러니 책에서 얻게 되는 것은 독자마다 다를 것입니다. 그러나 다시 읽기가 독자 모두에게 작품과의 징검다리 역할을 하는 것은 분명합니다. 다시 읽기는 독자에게 지난 과거와 대화하는 시간을 선사할 것입니다.

명절이 서글픈 이주노동자를 생각해 봅니다

　　우리나라 사람들은 명절만 되면 만사를 제쳐두고 지옥과 같은 교통체증에도 아랑곳하지 않고 고향을 향해 발걸음을 내딛습니다. 고생고생해 가면서 찾아간 고향에서 보내는 명절은 모처럼 흩어졌던 형제와 자매들이 한 자리에 모여 오붓하게 정을 나눌 수 있어서 좋습니다. 그러나 온 국민이 떠들썩하게 보내는 명절을 명절답게 보낼 수 없는 이웃들이 있습니다. 고국을 떠나 낯선 곳에서 힘겨운 노동으로 살아가는 이주노동자들이 있습니다. 이주노동자가 우리나라에 들어온 지 30여 년이 되었고, 이미 100만 이주노동자가 우리와 더불어 살아가고 있습니다. 이들은 여전히 국외자처럼 취급받고 있습니다. 여성가족부가 2015년 9~11월에 성인 4000명과 청소년 3640명을 대상으로 벌인 '국민 다문화 수용성 조사'에서 '외국인 노동자와 이민자를 이웃으로 삼고 싶지 않다'는 응답이 31.8%로 미국(13.7%), 호주(10.6%), 스웨덴(3.5%) 등보다 크게 높았습니다.

　　또한 임금 체불, 사업장 내 폭행, 열악한 노동환경과 숙소, 외국인인력

도입제도인 고용허가제를 악용한 인권 침해 사례가 끊임없이 보고되고 있습니다. 고용허가제 시행 12년을 맞이했지만 아직도 이들의 인권은 제대로 보장받지 못하고 있습니다. 이주노동자는 필요할 때 가져다 쓰고 쓸모없어지면 버리는 일회용 종이컵이 아닙니다. 이주노동자는 노예가 아닙니다. 그 누구도 이들에게 부여된 인권을, 노동권을 제약할 권리는 없습니다.

고향을 떠나 낯선 곳에서 나그네 생활을 하는 이들에 대한 환대는 우리민족의 아름다운 미풍양속의 하나였습니다. 수많은 외세의 침략 속에서도 가난하고 병든 이들이 구걸을 하면 이를 마다않고 동정을 베풀고 정부기관에서도 구휼을 제도적으로 펼쳤습니다. 이는 그저 동정의 대상이 아니라 마음으로 정을 나누고 안타까워하는 진심이었습니다. 갈수록 우리나라를 찾는 이주노동자들은 늘어나고, 그 중 일부는 불법체류자 신분으로 지내기도 합니다. 비록 이들이 일으키는 사회적 문제가 없는 것은 아닙니다. 그러나 대부분 가난한 나라 출신인 이들은 우리나라 사람들이 꺼리는 힘겨운 노동에 자신을 내던지며 가난으로부터 벗어나려는 소중한 희망을 가꾸고 있습니다. 이들은 결코 노동력이라는 경제적 가치에 의해서, 합법적 신분이냐 그렇지 않으냐는 법적 기준에 의해서, 배타적인 혈연적 가치에 의해서 판단될 수 없는 우리의 소중한 이웃입니다.

'역지사지易地思之', 곧 '처지를 바꾸어 생각하라'는 말이 있습니다. 이주노동자, 왜 고국을 떠나 낯선 곳에 둥지를 틀었을까요? 이들의 입장에 깊이 공감해봅시다. 이들 스스로 느끼는 절박한 처지를 착취에 이용해서는 안 됩니다. 우리는 이들을 귀한 손님을 맞아들이듯이 따뜻하게 품어야합니다. 이민을 받아들인 우리는 이들이 차별 없이 보장되어야 할 권리들을 자국인과 동등하게 누리도록 인정해줘야 합니다. 외국인 노동자들을 착취하려는 생각이 확산되지 않도록 제도적으로 신중하게 감시해야합니다. 앞으로 명절에 우리는 즐거운 게 아니라 외국인노동자들도 함께 즐거워하는 명절이 될 수 있기를 기대해봅니다.

더불어 함께 사는 세상을 꿈꾸며

어느 심리실험의 이야기입니다. 쥐를 두 집단으로 나누었습니다. 두 집단의 쥐들에게 먹이와 공간의 조건은 동일했지만, 한 무리의 쥐에게는 쓰다듬어주고 귀여워해주었지만 한 무리 쥐에게는 무관심으로 일관했습니다. 이렇게 일정시간이 경과된 후에 문제해결능력을 살펴봤습니다. 다정한 접촉과 귀여움을 받은 쥐들은 침착하게 협동하면서 문제를 해결해 나갔습니다. 이들은 활발하게 협동하면서 새로운 환경에 기꺼이 탐색해 보려고 했습니다. 그러나 그렇지 않은 쥐들은 새로운 환경에서 물러나는 경향을 보였습니다.

이와 비슷한 실험입니다. 어린 원숭이 한 마리에게 공간을 나누었습니다. 한쪽은 부드러운 모피를 깔아주고, 한쪽에는 젖병을 달아 놓았습니다. 어린 원숭이가 어느 쪽에 가서 시간을 보내는 지를 살펴본 실험이었습니다. 어린 원숭이는 모피 쪽에 와서 부비며 지내다가 정말 배고플 때만 젖병이 있는 곳에 가서 젖병을 빨고는 다시 모피 쪽으로 돌아갔습니다. 이와 같은 실험의 결과는 접촉이 중요함을 일깨워줍니다. 많이 안아주고 접촉을 갖는 것이 중요합니다. 접촉자극은 건강한 발달과 생존을 위해 필수적입니다.

이는 우리 사람에게도 마찬가지입니다. 19세기 유럽의 고아원에서 한 살 이내의 영아사망률이 90%를 보였습니다. 그 이유를 살펴봤습니다. 혹시 식생활이나 공간적 여건이 문제인지를 살펴봤습니다. 그러나 그것이 이유가 아니었습니다. 같은 조건의 고아원이지만 어떤 고아원에서는 영아사망률이 눈에 띄게 낮았습니다. 그 이유가 무엇인가 주의 깊게 살펴본 결과, 이 고아원에서는 보모保姆들이 영아들을 안아주고 접촉하는 일이 많았습니다. 사랑으로 만져준 영아는 그렇지 못한 영아에 비해 50% 더 빨리 몸무게가 늘어나고, 주변에 대해 주의력을 가지며 행동하기도 했습니다.

이처럼 돌봄과 양육은 사람에게도 중요합니다. 침팬지의 뇌는 3년이면 성장을 완료한다고 합니다. 그러나 사람의 뇌가 일정부분 성장하려면 약 20년 가까운 시간이 걸립니다. 사람은 모태에서 나오자마자 걷고 뛰는 동물들과 달리 두발로 일어서는 데만 일 년이 걸립니다. 이처럼 사람은 다른 동물들 보다 뛰는데도 느리고 힘이 센 편도 아니며 덩치가 그리 크지도 않습니다. 사람은 불완전한 생명체로 태어나 관계를 통해 성장해 갑니다. 사람은 부족한 것을 사회적인 관계망을 통해서 배우며 완성해 갑니다. 이런 이유로 사람을 사회적 존재라고 말합니다.

사람은 불을 사용했습니다. 밤이면 공격해 오는 맹금류猛禽類들을 피하기 위해 불을 피워 놓고 불가에 모여앉아 의사소통을 하며 사회화하는 과정을 거칩니다. 그리고 힘을 합해 협업協業을 하며 자기들 보다 훨씬 큰 동물들을 굴복시켜 나갔습니다. 이렇게 서로 단결할 수 있는 사람은 나아가 삶을 초월해서 죽음이후의 세계의 영역까지 연대連帶하는 능력을 발전시켜 나갔습니다.

우리가 누군가의 팔이나 손을 만지는 단순한 일이 사람의 혈압을 내려줄 수 있고, 말없이 안아주고 쓰다듬어줌과 접촉하는 행위로 위기에 처한 사람을 구할 수도 있습니다. 모두가 바쁘고 힘든 삶이지만 마음의 여유를 갖고, 서로 공감하고 접촉하는 더불어 함께 살아가는 삶이기를 소망해봅니다.

1995년 10월, 미국 메사추세츠 주 한 병원에서 여아 쌍둥이가 태어났습니다. 카이리와 브리엘 잭슨 자매로, 둘 다 1킬로그램에 불과한 조산아였습니다. 언니 카이리는 인큐베이터에서 건강을 회복해 갔지만 동생인 브리엘은 그렇지 못했습니다. 얼굴이 새파랗게 되도록 악을 쓰고 울었고, 맥박·혈압·호흡 등의 수치들은 위험한 상황에 빠질 만큼 악화됐습니다. 의료진은 브리엘을 진정시키기 위해 모든 방법을 동원했지만 소용이 없었습니다.

순간 간호사 게일 캐스패리언에게 예전에 읽었던 한 치료사례가 떠올렸습니다. 게일은 위험을 무릅쓰고 다른 인큐베이터에 있던 카이리를 브리엘의 인큐베이터에 함께 넣었습니다. 그 때 카이리가 브리엘의 어깨에 작은 손을 얹었다. 몇 분 뒤 기적이 일어났습니다. 언니의 손길이 닿고 얼마 후, 브리엘은 빠른 속도로 안정을 찾아갔습니다. 맥박 등 각종 생명 수치들이 급속히 정상수치를 향해 움직이기 시작했고, 브리엘은 살아났습니다.

이 이야기는 미국 전역에 감동을 전했고, 『긍정의 힘』등의 베스트셀러에도 인용되어 많은 사람들에게 희망을 안겨줬습니다. 카이리와 브리엘은 예쁜 소녀로 자라났습니다. 사랑받고 싶어 하고 따뜻한 위로를 원하는 것은 사람들의 본성입니다. 포옹은 지극히 간단한 행동에 불과하지만, 사람들에게 사랑받고 있다는 느낌을 전하고 혼자가 아니라는 사실을 느끼게 하는 가장 유용한 도구입니다. 또한 포옹은 남성과 여성간의 성적인 행동이 아니라 사람과 사람 사이의 평등함을 표현하기도 합니다. 동서양을 막론하고 사회가 고도화될수록, 도시에 사는 인구가 많아질수록, 대가족이 사라질수록 사람들은 고립되고 그만큼 사랑받고 위로받는 것이 절실하게 필요한 일이 되어가고 있습니다.

우리는 가족, 친구, 동료들을, 내 옆에 있는 사람들을 사랑한다 하면서도 한 번이라도 가슴깊이 따뜻하게 안아주지 못하고 사는 건 아닐까요? 필요하고 누군가 곁에 있다는 것을 꼭 확인하고 싶은 사람들은 우리 곁에 없는가요?

얼마 전, 우연히 접한 감동적인 이야기입니다. 한 우편물 집배원이 그가 맡은 달동네에서 우편물을 배달하고 있었습니다. 어느 날 허름한 집 앞에 종이 한 장이 떨어져 있어 오토바이를 세운 다음 그 종이를 살펴보니 수도계량기 검침 용지였습니다. 그런데 자세히 살펴보니 지난 달 수도 사용량보다 무려 다섯 배나 많은 숫자가 적혀 있었습니다. 마음씨 착한 집배원은 그냥 지나칠 수가 없어 그 집 초인종을 눌렀습니다.

"할머니. 수도 검침 용지를 보니까 수도관이 새는 것 같아서요."

"아, 그럴 일이 있다오. 지난달부터 식구가 늘었거든."

이야기를 들어보니 자식들을 출가시킨 후 외롭게 혼자 살던 할머니는 거동이 불편하고 의지할 데 없는 노인들 몇 분을 보살피며 같이 살기로 했다는 것입니다. 할머니는 그분들의 대소변을 받아내고 목욕을 시키고, 빨래도 해야 해서 이번 달 수도 사용량이 유난히 많이 나왔던 것입니다.

다음 날부터 집배원은 점심시간마다 할머니의 집을 찾았습니다. 팔을 걷어붙이고 산더미처럼 쌓인 빨래를 거들었습니다.

"좀 쉬었다 하구려, 젊은 사람이 기특하기도 하지."

"예. 할머니 내일 점심시간에 또 올게요."

그로부터 한 달이 지났습니다. 여느 날처럼 점심시간을 이용해 그 집에 도착한 집배원은 깜짝 놀랐습니다. 대문 앞에 오토바이가 석 대나 서 있었기 때문이었습니다. 안으로 들어가자 낯익은 동료들이 그를 반겼습니다.

"어서 오게. 자네가 점심시간마다 사라진다는 소문이 나서 뒤를 밟았지. 이렇게 좋은 일을 몰래 하다니…이제 같이하세. 퇴근길엔 여직원들도 올 걸세."

사랑은 주위 사람들을 따뜻하게 만드는 강한 전염성을 가지고 있습니다. 달동네 할머니의 사랑은 한 명의 집배원에게 전달되었습니다. 그리고 다른 많은 동료까지도 달라지게 만들었습니다. 세상에서 가장 행복하고 기분 좋은 바이러스는 '사랑 바이러스'입니다.

또 한 가지 이야기입니다. 중국집 배달원을 한 시간 동안이나 울게 한 사연이 있었습니다. 한 여자아이가 빈 그릇과 함께 건넨 편지 한 장 때문이었습니다. 사연은 밤늦은 시간에 걸려온 전화 한 통으로 시작되었습니다. "죄송합니다만 음식 값은 중국집을 지나가면서 낼 테니 집에 혼자 있는 딸아이에게 자장면 한 그릇만 배달해 줄 수 있는지요?"는 내용이었습니다. "당연히 배달해 드려야죠."라고 대답하고는 알려준 집으로 갔더니 예쁜 꼬마 숙녀가 "아저씨 감사합니다."하며 자장면을 받았습니다.

그로부터 한 시간 후, 그릇을 수거하러 갔더니 자장면 그릇이 깨끗하게 설거지가 돼 있어 놀랍고, 기분도 좋았다고 합니다. 그런데 그릇 속에서 "열어 보세요. 아저씨."라고 적혀있는 편지봉투를 발견하게 되었습니다. 그는 편지를 본 순간 망설였지만, 고민 끝에 열어봤습니다. 봉투 안에는 천 원짜리 지폐와 함께 "밥을 따뜻하고 맛있게 먹을 수 있도록 해주셔서 감사합니다."라고 또박또박 예쁜 글씨가 쓰여 있었습니다. 평소 배달일이 너무 힘들어서 몸도 마음도 지쳐있던 그였지만 '오늘은 너무너무 눈물이 난다'며 어느 온라인 커뮤니티 사이트에 사연을 공개한다고 했습니다.

작은 것에도 감사함을 표현한다면 혹시 힘들어하는 어떤 사람들에게는 위로의 선물이 되지 않을까 싶습니다. 내가 따뜻하면 내 주변에도 따뜻한 사람들이 모여듭니다. 따뜻한 사람들이 사는 곳, 바로 내가 사는 지역을 따뜻하게 만들어가는 건 바로 우리 자신입니다.

이병기가 있어 우리 고장이
자랑스럽습니다

'이문회우以文會友'라는 말이 있습니다. 이 말은 공자의 고제高弟인 증자曾子가 "군자는 글로써 벗을 사귀고, 벗과의 만남을 통해 인을 보강해간다"라고 말한 것에서 유래한 말입니다. 오늘 우리에게 그야말로 엄청난 양의 정보가 홍수처럼 엄습掩襲하고 있습니다. 그럼에도 '풍요속의 빈곤이랄까' 이러한 지식정보의 대량생산물 속에서 정작 인간의 삶과 가치에 대한 깊은 사색과 통찰을 느끼게 하는 것은 드뭅니다.

이런 아쉬움을 말끔히 씻어내고 탄성을 자아내게 한 책이 바로 이병기, 『난초』-한국대표시인 100인 선집 008(미래사, 1991)입니다. 저는 이 책을 접하면서 그야말로 우리말의 진수를 만끽할 수 있었습니다. 이 책은 어렵게 느껴지는 시조를 쉽게 이해하도록 해주었습니다. 우리문학의 근간인 시조를 통해 우리나라의 정신사적 뿌리를 이해하는데 유익을 주었고, 참된 가치를 되새겨보는 깊은 사색으로 이끌어 주었습니다. 더욱이 이 책의 강점은 가람 이병기 선생의 시조를 정해진 순서나 격식 없이 마음 가는 대로 펼쳐서 읽음이 가능하다는 장점이 있었습니다.

첨단기술 시대를 살아가는 우리에게 시조가 필요한 이유는 무엇일까요? 도대체 왜 우리는 옛 것에 관심을 가져야만 할까요? 그 이유는 현대 정신문명사의 근원을 찾아보고 이를 통해 오늘의 물질문명과 정신문명의 정체와 문제점을 파악하고 이에 대한 대안을 모색해 볼 수 있기 때문입니다. 특히 우리는 물질 추구와 효율성의 논리가 세계를 지배하게 되면서 인생의 의미를 상실하게 되었습니다. '궁극적 의미'가 사라지고, 오직 도구적 합리성만 판치는 이 세상에서 '의미'를 찾아 헤매기 시작했습니다. 목적이 결여되고, 의미가 사라진 삶이란 불행일 수밖에 없습니다. 이런 점에서 그의 시조는 우리에게 참된 삶의 의미를 되새기게 합니다.

제가 가람 이병기 선생을 알게 된 것은 고등학교 국어교과서에 실린 '난초'라는 시조에서였습니다. 어쩌면 그렇게도 시조가 아름다울 수 있을까 감탄하면서 공부한 기억이 지금도 생생합니다. 그러나 그 때 그는 여러 한국문학의 대가大家들 중의 한 사람으로 기억될 뿐이었습니다. 그러다가 국어교육과에 진학해서 다시금 그를 만났습니다. 〈현대시문학론〉 시간에 접한 그는 고등학교 때와는 다르게 그 깊이가 더해진 느낌으로 다가왔습니다. 이런 이유는 고등학교 때는 국어선생님을 통해 주입한 가람의 시문학이었지만, 대학에서는 시인을 선택해서 조사해서 발표하라는 과제로 만나면서 자발적인 동기에 기인한 이유였습니다. 그 때 저는 도서관을 샅샅이 뒤져 그의 시조와 생애와 관련 논문들을 탐독했습니다. 대략 이주일 간에 걸친 탐구를 통해 어렴풋하게나마 그를 만나고 이해할 수 있었습니다. 이것으로 그의 만남은 끝난 줄로 알았습니다. 그런데 그와의 만남은 여기서 그치지 않고, 더 깊게 이어졌습니다.

서울 출생으로 살다가 지난 2001년 3월 2일자로 지금 재직하는 익산 황등중학교 교목 겸 교사로 부임해서 작은 면단위 농촌아이들과 함께

앎과 삶을 이야기하면서 오늘에 이르고 있습니다. 그는 제가 사는 익산 출신으로 익산시내 곳곳에 그의 시조가 버스 정류장에 새겨져 있고, 제가 사는 황등과 그의 생가가 가깝다보니 가끔 들러보곤 했습니다. 수년 전엔 학교 아이들을 인솔해서 그의 생가에서 펼쳐진 연극과 문화제도 참석했습니다. 이렇게 만남을 거듭하다보니 그의 그윽한 시심이 전해주는 향기에 더 깊이 빠져들게 되면서 감동이 더해져 갔습니다.

그가 좋아 셋째 아들 이름도 가람으로 짓기도 했습니다.

바라기는 그의 생애와 문학을 더욱 알리기 위한 지원 사업이 있었으면 하는 것이었습니다. 이런 바람으로 기회 있을 때마다 건의를 하기도 했습니다. 이런 제 염원과 익산 시민들의 염원이 그에 대한 흠모가 모아졌나 봅니다.

익산시는 2017년 준공 예정인 가람 시조문학관의 내실 있는 운영을 위해 그와 관련 자료에 대한 기증 · 기탁 캠페인을 전개하고 있습니다. 익산시는 캠페인을 통해 개인 및 기관 · 단체가 소장하고 있는 관련 자료와 문학관에 전시하고 연구할 가치가 있는 시조관련 자료를 새롭게 발굴 수집할 계획입니다. 그의 문학적 업적을 기리는 시조문학관이 그의 고향인 여산면 원수리에 건립될 것입니다.

난초蘭草

1
한 손에 책冊을 들고 조오다 선뜻 깨니
드는 볕 비껴가고 서늘바람 일어오고
난초는 두어 봉오리 바야흐로 벌어라

2

새로 난 난초잎을 바람이 휘젓는다.

깊이 잠이나 들어 모르면 모르려니와

눈뜨고 꺾이는 양을 차마 어찌 보리아

산듯한 아침 볕이 발틈에 비쳐들고

난초 향기는 물밀 듯 밀어오다

잠신들 이 곁에 두고 차마 어찌 뜨리아.

3

오늘은 온종일 두고 비는 줄줄 나린다.

꽃이 지던 난초 다시 한 대 피어나며

고적孤寂한 나의 마음을 적이 위로하여라

나도 저를 못 잊거니 저도 나를 따르는지

외로 돌아 앉아 책을 앞에 놓아두고

장장張張이 넘길 때마다 향을 또한 일어라

4

빼어난 가는 잎새 굳은 듯 보르랍고

자줏빛 굵은 대공 하얀한 꽃이 벌고

이슬은 구슬이 되어 마디마디 달렸다.

본디 그 마음은 깨끗함을 즐겨하여

정淨한 모래틈에 뿌리를 서려 두고

미진微塵도 가까이 않고 우로雨露 받아 사느니라.

이 작품은 자연의 생생하고 사실적인 묘사를 통해 청신淸新한 감각으로써 현대 시조의 새로운 경지를 개척한 가람의 시조 정신이 잘 드러납니다. 섬세한 감각과 절제된 언어로 '난초'의 고결한 외모와 세속을 초월한 본성의 아름다움을 신비롭게 형상화하고 있습니다. 의인화 수법을 통해 난초와 독자가 동일화되는 경지까지 유도합니다.

이 시조는 고결하게 살고자 하는 그의 소망을 드러내며 현대 문명 속에서 방황하는 현대인이 지향해야 할 삶의 자세를 일깨워 주는 난초의 고결한 삶에 대해 예찬하고 있습니다. 1에서는 난초가 개화하는 순간을 나타내고 있고, 2에서는 난초의 새로 나온 잎과 바람을 대비시켜 표현하고 있으며 '아침볕'이란 시각적 이미지와 '난초 향기'라는 후각적 이미지를 감각적으로 결합시키고 있습니다. 3에서는 난초와 화자의 마음의 교감이 잘 이루어져 있습니다. 4에서는 난초의 외양과 내면세계가 잘 묘사되어 있습니다. 가람 이병기는 그의 시조 '난초'처럼 탈속한 세계에서 고고한 기품을 지키며 사는, 군자의 기상으로 널리 알려진 인물입니다.

젊은 세대에게는 익숙지 않은 '모정茅亭'. 지붕을 짚으로 올린 정자를 말하는 모정은 지금은 흔하지 않은 곳입니다. 그런데 세월 앞에 퇴색된 빛바랜 모정이 온전히 보전되는 곳이 있습니다. 더욱 짙어지는 가을 정취까지 물씬 담겨 보는 것만으로도 역사의 뒤안길을 잠시 다녀간 느낌마저 드는 곳입니다. 이 시조를 접하면 국문학자이자 시조 작가인 한국 현대시조 발전에 큰 발자취를 남긴 그가 글을 썼던 생가가 떠오릅니다.

전라북도 익산시 여산면 원수리에 소재한 그의 생가는 1901년 건축된 것으로 현재 전라북도 기념물 제6호로 지정되어 있으며 조촐한 초가집에서 생을 마감하기까지 그의 흔적이 고스란히 남아 있습니다. 넓은 주차장 뒤로 펼쳐지는 초가집은 옛것과 새것의 갈림길을 사이에 두고 있지만, 초가집과 마주하게 되면 그가 살던 그 시대로 접어들게 합니다. 계단을 올라서면 사각 연못 옆으로 오래된 배롱나무가 가지를 늘어뜨리고 모정과 4칸짜리 사랑채가 한눈에 시선을 붙잡습니다. 비바람에 빛바랜 툇마루는 잠시 앉아 가을바람을 마주하게 하는 느긋함을 전해줍니다.

창호문 위로는 '슬기를 감추고 겉으로 어리석게 보이라'는 뜻을 품은 '수우재'라는 현판이, 그 옆에 자리한 200여년 된 탱자나무도 정겹게 다가섭니다. 오래된 탱자나무와 사랑채를 일컫는 '수우재'만 보더라도 세상을 모나게 살지 말라는 그의 심성이 엿보입니다.

탱자나무는 4월과 5월에 꽃을 피고 9월과 10월에 열매를 맺는데 지금 이곳은 샛노란 물결을 이루고 있습니다. 그윽한 탱자향까지 코끝에 와 닿아 아련한 추억마저 떠올리게 하니 깊은 탱자향의 그윽함을 담아가도 좋을 것입니다. 고샅길 담장을 이루던 어릴 적 탱자나무와는 사뭇 다르다. 열매가 굵직하고 색깔마저 선명해 그동안 얼마나 잘 가꾸고 아꼈는지 그 정성마저 전해집니다.

둘레가 60cm에 높이가 5m 정도인데 탱자나무에 대한 정확한 기록은 없습니다. 다만 그의 고조부가 충남 논산시 연산면에서 익산시 여산면 참수골로 이사했고, 1884년 조부가 집을 지었다는 기록으로 미뤄 수령이 대략 200년은 넘었을 것으로 추정할 따름입니다.

원래 탱자나무는 뿌리에서부터 여러 개의 줄기로 나누어져 자라는 특징이 있는데 이 탱자나무는 여느 탱자나무와는 달리 하나의 줄기가 곧게 뻗어 오른 독특한 모습을 보이고 있습니다. 조금 더 살펴보면 하나로 뻗어 오른 줄기는 1.6m쯤 되는 높이에서 6개의 가지로 나뉘면서 넓게 퍼져 둥근 형상의 수려한 모습을 갖추고 있습니다. 여기에 빼곡히 영글고 있는 탱자는 보는 것도 부족해 향기로 말을 하고 있으니 그 자태에서 기품마저 전해옵니다. 그의 기품을 닮은 듯 올곧은 자태를 드러내고 있어 익산시는 그의 업적과 뜻을 기리고자 탱자나무를 명물로 지정하기도 했습니다.

고향으로 돌아가자

고향으로 돌아가자, 나의 고향으로 돌아가자.
암 데나 정들면 못 살 리 없으련마는,
그래도 나의 고향이 아니 가장 그리운가.
방과 곳간들이 모두 잿더미 되고,
장독대마다 질그릇 조각만 남았으나,
게다가 움이라도 묻고 다시 살아 봅시다.
삼베 무명 옷 입고 손마다 괭이 잡고,
묵은 그 밭을 파고 파고 일구고,
그 흙을 새로 걸구어 심고 걷고 합시다.

이 시조는 난초의 고결한 성품을 예찬한 그의 대표작입니다. 그는 사실적 묘사와 섬세한 감각으로 난초의 개화 순간과 향기, 기품 있는 외양과 고결한 내면세계를 그려 냈습니다. 그는 조선 시대의 시조와는 달리 창唱으로 불리지 않는 근대 시조를 예술적 차원으로 승화시키기 이한 방법을 추구하였습니다. 그 방법은 창 대신에 시조에 격조格調를 담아내는 것이었습니다. 그는 이 격조를 고전적 기품에서 찾았는데, 이러한 기품을 구체적으로 보여 주는 것이 바로 난초 같은 것이었습니다. 이 시조에서 난초는 격조 있는 기품을 의미하며, 이는 곧 작가가 추구하는 인생의 지향이기도 한 것입니다.

그는 시조시인이자 국문학자, 이론과 창작으로 20세기 시조 중흥에 기여하였으며 국문학의 올과 날을 세웠습니다. 그는 국문학자 또는 시조시인으로 일컬어집니다. 그러나 이 지칭만으로는 무엇인가 아쉽다는 생각입니다. 물론 그는 우리 국문학 연구의 초창기에 올과 날을 챙겨 세운

학자요, 쇠퇴 일로에 있던 우리 시조시를 부흥·발전시킨 시인이었습니다. 이 두 가지 면의 업적만으로도 그는 우리 문학사와 더불어 길이 그 빛을 잃지 않을 것입니다. 그런데도 학자·시인의 지칭만으로 아쉽다는 것은 워낙 그에겐 독보적인 분야가 많았기 때문입니다. 교육자, 한글운동가, 애란가, 애주가로서 그의 면면을 살펴보면 그렇습니다.

그는 16세까지 고향 사숙私塾에서 한학을 공부했습니다. 결혼까지 한 후, 학교공부를 생각하여 전주공립보통학교에 편입학했고, 서울의 관립 한성사범학교에 입학할 때 그의 나이는 20세였습니다. 그의 학력은 이 것이 전부였습니다. 한 가지를 덧붙인다면, 사범학교 재학 중 매주 일요일 2시간씩 '조선어강습원'에 나가 주시경의 조선어 강의를 청강했습니다. 말하자면, 그는 거의 독학으로 국문학연구와 시조시 창작의 새로운 경지를 이룩한 것입니다.

그의 좌우명은 '후회를 하지 말고 실행을 하자'는 것입니다. 그가 50여 년 간 꾸준히 ≪일기≫를 쓴 것도, 78세 생애에 언제나 떳떳하여 흠결을 남기지 않은 것도 이 좌우명을 실행하였기 때문입니다. 특히 일제 식민지시대에 있어서 그의 행적을 봐서도 그렇습니다. '조선어학회 사건'으로 옥고獄苦를 치러야 했고, 이른바 '창씨개명創氏改名'에 응하지 않음으로 고초를 겪었습니다. 임종국의 ≪친일문학론≫에 의하면 그는 일제시대에 쓴 '시와 수필의 어느 한 편에서도 친일문장을 남기지 않은 영광된 얼굴'이라고 했습니다.

비

짐을 매어놓고 떠나려 하시는 이날
어둔 새벽부터 시름없이 내리는 비
내일도 나리오소서 연일 두고 오소서

부디 머나먼 길 떠나지 마오시라
날이 저물도록 시름없이 나리는 비
저윽이 말리는 정은 날보다도 더하오

잡았던 그 소매를 뿌리치고 떠나신다
갑자기 꿈을 깨니 반가운 빗소리라
매어둔 짐을 보고는 도로 눈을 감으오

일찍이 맹자는 백세지사百世之師를 말한 바 있다. 백대의 후세까지도
사표가 될 사람을 일컬음입니다. 이러한 사람의 학풍이나 풍도를 듣는
사람들은 누구나 그 사람을 본떠 분발하고 감동하지 않은 사람이 없다고
도 했습니다. 그의 문학과 생애를 살피는 동안 줄곧 생각해본 낱말이
'백세지사百世之師'입니다. 그는 겨레의 스승으로 우러름을 받아 마땅합니
다. 이런 그가 바로 제가 살고 있는 익산 출신으로, 전북인의 자랑이기에
아이들에게 그의 생애와 문학을 가르치기에 좋습니다. 글로만이 아니라
가까운 여산 생가에 가서 그의 향취를 만끽할 수 있어서 더 좋습니다.

통일은 평화를 담는 그릇이랍니다

분단이후 남북관계의 역사를 보면 대결과 불신의 질곡 속에서 많은 부침浮沈이 있었습니다. 북한 김정은 정권의 핵실험이 갈수록 고조되고 있고 평화의 상징인 개성공단 폐쇄로 한반도의 평화가 위협받고 있는 현실에서 지난 8월 북한이 비무장지대DMZ에서 일으킨 지뢰도발 사건에서 볼 수 있듯이 작금의 남북관계도 이 흐름에서 벗어나지 못하고 있는 것이 현실입니다. 갈등과 반목을 극복하고 한겨레, 한민족이 하나 되는 길은 통일입니다. 통일을 이루기 위해서는 남북 당국 간에 소모적인 갈등과 대립을 중단하고 남북 간에 엉킨 실타래를 풀기위해 화해와 협력을 위한 대화에 노력해야합니다. 이를 위해서는 통일을 위한 의식개혁시민 운동과 교육 운동이 활발히 전개되어야 합니다.

우리나라는 국가 정책으로 교육현장에서도 통일을 강조하지만, 아직도 남과 북으로 나뉘어 서로 적대시하면서 살아가는 분단국가입니다. 우리처럼 대립과 갈등으로 아픔을 함께하던 서독과 동독이 통일하여 독일이 되는 것을 그저 부럽게 지켜볼 뿐 우리는 아직도 분단의 아픔을 극복해내지 못하고 있습니다. 이처럼 분단이 오래 지속되다보니 이제는 그냥 이렇게 사는 것도 나쁘지 않다고 생각하는 이들도 많습니다. 아니 오히려 통일을 이루는 것보다는 분단된 채로 살아가는 게 더 낫다고 생각하는 이들도 많습니다.

얼마 전 중·고등학생을 대상으로 한 통일에 대한 설문조사 결과를 보니, 오늘날 통일교육이 얼마나 중요한지를 생각해보게 되었습니다. 통일을 바라지 않는 학생이 40%가 넘었습니다. 그 이유로는 남한의 경제적인 손실 위험의 가능성을 꼽았습니다. 이러한 경제적인 이유가 우리 학생들이 통일을 바라지 않는 주요 이유라니 참 씁쓸합니다. 우리 학생들이 지나칠 정도로 경제에 민감한 건 아닌가 싶기도 합니다. 통일을 바라는 이유로도 북한의 자원개발과 관광사업 등의 경제적인 이익을 선택했습니다.

1953년 7월 27일 남북이 휴전에 합의하며 한반도에서 들려오던 총성이 멎었습니다. 일단 협정이 체결되면서 전쟁의 위험은 줄어들었습니다. 그러나 평화로 가는 길은 아직도 멀게만 느껴집니다. 정전협정은 우리 사회가 민주화로 가는 길을 막았습니다. 이념에 사로잡힌 우리 사회는 민주화로 더딘 걸음을 걸어야 했고, 국민들의 힘으로 민주주의에 도달했지만 성숙한 민주주의까지는 아직 난제難題가 있습니다. 또한 한반도를 넘어 동북아시아의 평화정착은 반드시 이뤄내야 할 과제로 꼽히고 있습니다. 세계적으로 냉전이 해소된 상황에서 우리만 정치학적으로 냉전을 안고 살아가는 모양새입니다.

정전의 상황인 한반도를 구하기 위한 방법은 항구적인 평화정착 밖에 없습니다. 정부만이 아니라 우리 국민이 모두가 평화를 위한 노력을 계속해야 합니다. 왜냐하면 정전협정의 종식과 한반도 평화 문제는 한국사회뿐만 아니라 동북아 평화를 위해서도 반드시 이뤄져야 할 과제이기 때문입니다. 한반도가 평화로 나아가기 위해서는 안보가 강조되는 분명한 평화를 토대로 성숙한 평화통일 의식이 갖춰져야만 합니다.

우리는 한반도 분단의 역사적 비극을 통해 분단이 인간의 존엄성과 자유를 위협하는 일들을 목격했고, 정치대립·체제대립·이념대립으로 인한 소모적 갈등에 시달렸으며, 시간이 지나면서 비정상적인 분단현실이 어느덧 우리 가운데 내면화되고 일상화되는 것을 경험했습니다. 한반도에 고착된 분단체제는 상대편을 향한 미움과 증오를 증폭시켰고 또 상대방을 힘으로 굴복시키려는 시도로 이어졌습니다. 한반도에 '잠시 중단된 전쟁'으로 인한 긴장상태가 계속되고 있는 이때, 우리는 평화통일을 위한 노력을 한 걸음씩 해야 합니다.

북한은 비핵화와 경제발전을 통해, 남한은 대국민화합과 통일준비를 착실히 하여 분단의 망령에서 벗어나야 합니다. 더 이상의 무모하고 무익한 핵무기 개발과 군사훈련과 군비증강은 즉각 중단하고, 군비증강과 무기구입에 쓰이는 비용을 가난한 주민을 위해 평화의 확산과 사회 복지에 전용함으로 평화를 정착시키도록 북한당국에 촉구해야 합니다.

우리 사회에서 평화통일에 대한 명백한 의지가 부족한 것이 사실입니다. 통일을 원한다면 정부가 아닌 민간차원에서 인도적 지원이 이뤄져야 합니다. 정권이 바뀌고 이념이 다르다 해도 민간 교류가 활발하다면 한반도 평화와 통일은 반드시 이뤄질 것입니다. 그동안 통일운동이 정치논리에 너무 빠졌습니다. 정치논리에 빠져 북한에 대해 트집을 잡거나 제재를 가해 왔습니다. 북한이 항복 내지 굴복하면 통일을 위해서 다 제공하겠다고 하는 논리는 전혀 맞지 않습니다. 우리가 평화통일을 원한다면 서로 인정하고 존중, 상생해 나가야 합니다.

요즘 사회 전체의 흐름을 한마디로 하면 분노, 저항이 맞을 것 같습니다. 분노가 나쁜 게 아닌 현실입니다. 하지만 분노만 가지고는 안 되고, 새로운 대안이 필요합니다. 분단에 대해 우리가 정식으로 분노하고 통일을 대안으로 만들어내야 합니다. 그리고 잊지 말아야할 것은 통일의 과정은 평화적이어야 한다는 것입니다. 통일의 목표도 평화여야 합니다. 통일이야말로 이 땅에 참된 평화를 담는 그릇입니다.

삶을 풍요롭게 하는 것은 탁월한 지적 능력이 아니라 자신과 타인의 감정을 이해하고 이것을 조화롭게 조절할 수 있는 능력입니다. 〈이솝우화〉에 나오는 '여우와 학의 이야기'는 상대의 입장을 배려하는 것이 얼마나 중요한지를 가르쳐줍니다. 이 우화는 남을 배려하지 않고 일방적으로 행하는 행동이 얼마나 사람을 고통스럽게 하는지를 보여줍니다. 여우와 학이 서로를 초청했으면 서로가 잘 먹을 수 있는 음식이나 그릇을 준비해야 했는데 그러지 못했습니다. 우리는 여우와 학의 우화를 통해 배려하는 마음과 그 손님에 대한 예의를 지켜야한다는 것을 배울 수 있습니다.

우리는 서로의 입장을 존중해야 합니다. '이것은 옳고 저것은 틀리다'는 식의 이분법적인 생각은 '다양성'을 밑바닥에 깔고 있는 현대사회에서 역행하는 길입니다. 다양성이 존중되는 사회, 개인의 창의력과 개인의 신념이 존중되는 사회풍토가 우리에게 필요합니다. 절대 선과 절대 악으로 나누려는 이분법적 태도는 위험합니다. 우리가 통일을 이루려면 먼저 북한에 대한 열린 자세로 이해하고 알아가려는 적극적인 자세가 필요합니다.

남북 사이에 존재하는 차이와 다름을 서로 인정하고 그것을 받아들일 때, 한반도에는 지속가능한 평화가 정착될 것입니다. 미래지향적 평화교육이야 말로 다음 세대로 하여금 폭력을 극복할 대안을 찾게 만들고, 인권에 대한 존중 의식을 고양시킬 것이며, 정의에 기초한 평화 정신을 함양시킬 것입니다. 이처럼 다음 세대가 화해와 평화의 정신을 토대로 자라나야만 한반도 통일의 초석이 든든히 마련될 것입니다.

만일 두 사람이 다투었다고 했을 때 양쪽이 똑같이 노력해서 화해를 한다는 것은 말로는 그럴 듯해도 현실에서는 그게 그렇게 되지 않습니다. 어느 한 쪽이 일방통행으로 자기를 꺾어 상대방 무릎 아래로 들어가지 전에는 안 되는데 그게 약한 쪽일 경우에는 화해가 이루어지기 어렵습니다. 힘이 더 센 쪽에서 먼저 사과하고 관용을 베풀어야 비로소 화해가 이루어질 수 있습니다.

남북한이 하나의 경제공동체를 완성하기까지 부담해야 하는 통일비용의 문제는 통일논의에서 갈등의 요인이 되고 있습니다. 이에 우리는 통일의 문제를 실용주의적 경제논리가 아닌, 사람의 문제로 전환해야 합니다. 학생들에게도 경제적 이득을 희생할 수 있는 힘과 용기와 당위를 보여줄 수 있어야 합니다.

우리의 소중한 이웃, 다문화가정

정보화 사회의 도래와 세계화의 물결로 인해 지구촌에 이주 현상이 급속도로 진행되고 있습니다. 현재 우리나라에는 1백만 명 가량의 이주 민이 거주하고 있으며, 법무부 통계분석에 따르면 2050년에는 이주민이 9백10만 명에 이를 것으로 추산되고 있습니다. 최근 우리나라에서 결혼한 8쌍 가운데 1쌍이 국제결혼을 하고 있는 상황입니다. 경기도 안산시 인구의 70% 가량은 해외 이주자로 구성될 정도입니다. 이 같은 통계숫자만 보더라도 지금 우리가 살고 있는 이 시대가 얼마나 이주가 잦아지고 확산되고 있는가를 잘 알 수 있습니다. 우리나라에 다문화라는 말이 일반화된 것은 1990년대초 결혼이주민과 노동 이주자에서 시작되었습니다. 지난 2015년에는 다문화 가족이 27만 8036가구로 늘어났으며, 이 가운데 9~24세 청소년은 8만 2476명으로 늘어났습니다.

그러나 오늘날 이렇게 확산되고 있는 이주에는 신자유주의라는 강한 힘이 작동하고 있음을 인식해야합니다. 이윤이 존재하는 곳에는 어디든지 달려가는 자본의 무한질주 현상에 우리의 생활세계가 급속도로 포섭되고 있습니다. 우리나라 사람이 해외로 이주하거나 동남아인들이 우리 사회에 이주해오는 이 모든 현상 저변底邊에는 자본의 힘이 작동하고 있습니다. 농촌에 이주 여성이 증가하고, 도시에 이주 노동자가 증가하는 것도 오늘날 삶의 조건을 지나칠 정도로 지배하는 자본의 힘 때문입니다.

이주자들이 새로운 문화에 와서 겪는 고통도 이 자본과 결코 무관하지 않습니다. 돈 때문에 전혀 다른 문화권에 자신의 몸을 맡겨야 하는 이주 여성들과 노동자들, 그들이 소수자로 겪는 고통은 이루 말할 수가 없습니다. 소수자로서 겪는 이들의 고통이 그들 자신으로만 끝나는 것이 아니라 그들 자식에까지 이어집니다. 더군다나 경제적 차별을 넘어 문화적 차별로까지 이어지는 이들의 고통은 우리 사회가 결코 외면해서는 안 되는 문제입니다. 더군다나 우리 사회를 오래도록 지배해온 순수혈통주의와 강한 민족주의는 이와 같은 문화적 차별을 더욱 더 심화시키고 있으며, 마침내 유엔 인종차별철폐위원회로부터 지적을 받을 만큼 위험수위에 이르고 있습니다.

2006년 정부가 다문화 정책을 처음 시작한 이래 정부는 지금까지 노동 이주자의 환경개선과 결혼 이주 여성의 정착지원에 집중했습니다. 의사소통을 위한 한국어 강좌와 한국문화 이해가 주를 이뤘습니다. 이에 대한 부작용이랄까 아쉬움이 많았습니다. 다문화 인식 개선의 향상에도 여전히 차별적인 시선으로 바라보면서 반 다문화 인식이 존재하고 있습니다.

반다문화 정서 중에는 '우리의 세금으로 왜 다문화를 도와줘야 하나?', '외국인이 우리의 일자리를 잠식하고 있다.' '외국인 범죄가 증가하여 불안하다.'는 내용입니다. 다행히 지금은 다문화를 바라보는 인식이 좋아지고 있고, 문화차이의 편견이나 차별성도 완화된 상태입니다. 여기에 한국어실력도 향상되어 안정화를 찾고 있는 것으로 나타나고 있습니다. 최근에는 농촌의 부족한 일손까지도 다문화의 노동력이 아니면 해결되지 않고 있는 형편입니다. 사정은 더 시급해져 가고 있습니다. 이른바 중소기업의 3D업종과 소규모 서비스업계에서는 저임금노동력을 확보하기가 어렵습니다. 그러다보니 아시아권에서 이주하는 이들이 절실히 요청되는 상황입니다. 그러니 이제 다문화는 우리사회의 대세입니다. 아직은 한정적이기는 하지만 다문화이주민들이 국적을 취득해서 국민주권의 핵심인 투표에 참여하고 있습니다. 또한 소수이기는 하지만 국회의원이나 지자체의 공무원으로 종사하기도 합니다. 농촌마을의 경우, 부녀회장을 이들 다문화 가족들이 맡아서 적극적으로 활동하기도 합니다. 그런가하면 농촌학교의 경우, 전교생 절반이 다문화 가정의 학생인 경우도 많습니다.

이제 우리 사회에서 이들에게 차별이 있어서는 안 됩니다. 특히 학업을 마치고 사회에 진입하는 다문화 자녀들이 늘고 있습니다. 이들은 군복무, 취업, 결혼으로 우리사회의 일원으로 자리잡아가고 있습니다. 다문화가정 자녀들이 사회적 책임과 의무를 다할 수 있는 정책으로 미래사회를 열어가는 길을 함께 모색해 나가야합니다. 이런 문화풍토 조성을 가꾸어 가기 위해서는 다문화에 대해 어떤 시각으로 바라보고 인식하느냐 하는 문제는 무엇보다도 중요합니다. 이는 다문화 당사자인 이주민이든 내국인이든 같은 맥락에서 상부상조相扶相助하는 생각을 지녀야 합니다. 그동안 무심코 사용했던 문제로 이주민들에게 "다문화"라는 용어자체로 차별성이 내재되어 있다는 평을 받아 왔던 것이 사실입니다. 내국인에게도 다문화에 대한 정책이 오히려 역차별이라는 인식이 존재했던 것도 인정해야 합니다.

그런데 우리는 다문화라는 용어를 놓고 그동안 경제적인 관점으로 접근해왔던 것이 사실입니다. 우리의 의식 가운데는 개발도상국이나 저개발국가 출신 이주민을 지칭하는 용어로 한정되어 인식하고 있었기 때문입니다. 경제적 측면에서 우리보다 선진국에 해당하는 나라에 관해서는 다문화라는 범주 내에 감히 포함시키지도 않았습니다. 다문화를 소외와 차별의 상징으로 인식하는 우리의 의식이 문제였던 것입니다. 불안한 상황이 전개되고 있는 국제정치 상황 속에서 우리는 다른 나라 문화를 얼마나 이해하고 있는지 뒤돌아보는 시간이 되었으면 좋겠습니다.

이제 우리는 압축근대화 시절의 강한 민족주의가 더 이상 오늘날 세계화시대에 적합지 않다는 것을 깨달아야 합니다. 보편적 규범체계를 추종했던 근대적 기획을 넘어 차이를 존중하면서도 연대할 수 있는 바람직한 다문화주의를 모색해야 할 것입니다. 이를 위한 의식의 개혁과 제도의 정립은 너무나 절실합니다. 의식개혁에는 새로운 교육과정의 도입과 새로운 사회를 위한 문화운동이 동반돼야 하며, 제도개혁에는 정치적 실천과 법적 체계의 확립이 뒤따라야 합니다. 정부는 이들 부분과 관련해 나름대로 노력을 기울이고 있지만, 아직까지도 그 실천 과정이 형식적인 차원을 크게 벗어나지 못하고 있습니다. 이를 벗어나기 위해서는 교육기관과 시민단체, 그리고 정부가 좀 더 적극적으로 협조하고 그 구체적 대안을 마련하는 데 총력을 기울여야 할 것입니다.

지금은 국민행복증진 시대랍니다

세계 각국은 지금 모든 대내외 정책의 초점을 국민행복지수 높이기에 맞추고 경쟁적으로 행복 정책 개발에 나서고 있습니다. 2013년 유엔이 '세계행복보고서'를 발간한 이후 나라마다 다양한 지표를 만들어 국민의 행복 수준을 측정하고, 이에 맞춰 정책 전반을 조정해 나가고 있습니다. 우리도 그동안 줄기차게 추진해왔던 경제 성장과 발전이 과연 국민의 행복에 얼마나 기여했는지를 깊이 성찰하고, 모든 정책 목표를 국민행복 증진에 맞춰야 합니다.

우리 사회의 행복 측정 연구는 다른 선진국에 비해 더디고 늦은 편입니다. 아직 체계적으로 이루어지지 못한 채, 개별적인 일회성 연구에 그치고 있습니다. 주관적 지표의 경우, 측정 내용이 제각각이고 설문 항목이나 질문 방식도 서로 다른 기준으로 구성되어 있습니다. 그러다 보니 행복지표의 정책적 활용은 아직 초보단계를 벗어나지 못하고 있습니다. 지역별 특성을 반영하면서도 보편적으로 사용될 수 있는 지표도

개발해야 합니다. 행복 측정에서 지속적으로 논란이 되는 건 사용된 개별 지표들이 적절히 선택되었는지, 부여된 가중치가 적절한지 등의 문제입니다. 행복지수가 국가·지방자치단체의 정책 우선순위 선정과 평가에 기여하려면 사안별로 변화 양상을 포착해야 합니다.

측정된 행복지표 조사 결과를 정책적으로 연계하기 위한 조건은 무엇일까요? 우선 삶의 어떤 측면이 행복에 중요성을 갖는지, 행복도를 높이려면 어떤 사회문제들이 가장 시급히 해결되어야 할 것인지에 대한 정확한 '식별'이 이뤄져야 합니다. 정책 목표와 우선순위 설정, 이를 위한 예산 책정, 자원 투입, 행복 관련 정책의 성과에 대한 평가 등 여러 과정에서 행복지표를 활용하도록 제도적 절차를 마련할 필요가 있습니다. 무엇보다 행복지표는 지속적이고 방대한 자료 축적이 이루어질 때 비로소 그 활용도가 높아질 수 있습니다. 중앙과 지역의 각 기관에서 운영 중인 행복 관련 지표를 체계적으로 통합·분석할 전문조직도 필요합니다.

지금 우리 경제시스템은 모든 사람이 혜택을 얻을 수 있는 시스템이 아닙니다. 지금 우리가 자본주의를 뒤엎을 수는 없습니다. 자본주의의 틀 안에서 장점을 활성화하되, 단점을 보완해나가는 수정적인 발상의 전환이 필요합니다. 좀 더 광범위한 사람들이 혜택을 받을 수 있도록 변화시켜야합니다. 경제적 혜택이 소수에게만 갇혀 있는 시스템은 더 이상 지속될 수는 없습니다.

세계적으로 논의되고 있는, 행복에 영향을 미치는 요인은 여러 가지를 꼽을 수 있습니다. 우선 거시적 요인으로서 '소득'입니다. 소득은 경제발달이 낮은 단계에서는 행복에 영향을 미치는 절대적 변수이지만 경제가 일정 수준 이상으로 성장하고 나면 제한적으로만 영향을 미친다는 것이 수많은 국제 행복연구의 일치된 결론입니다. 왜 그럴까요? 이유는 사람들의 기대심리가 현실 만족에 부정적으로 작용하기 때문입니다. 절대적 소득이 아무리 높아졌다 한들 욕구의 기대치 역시 상승하게 되면 소득의 절대적 증가로부터 얻는 주관적 행복감은 이전과 비교할 때 불변이거나 심지어 더 낮아질 수 있다는 얘기입니다. 나아가 여러 연구들은 소득 불평등이 심각한 나라일수록 '행복 불평등' 역시 커진다고 보고하고 있습니다.

나이와 성별도 한 가지 변수입니다. 나이와 행복감의 관계는, 40대 중반까지 행복지수가 낮아지다가 그 이후부터 증가한다는 주장(U자형)과 51살까지 행복지수가 높아지다가 이후부터는 감소한다는 상반된 주장이 있습니다. 일반적으로 U자형 주장이 다수입니다. 다만 성별에 따른 행복도의 차이는 일반화하기 어렵습니다. 성별은, 그 자체가 행복을 결정짓는 직접 요인이라기보다는 다른 인구사회학적 및 환경적 요인들과의 상호작용을 통해 그 영향력이 형성되기 때문입니다.

교육과 건강을 보면, 교육 수준이 높을수록 더 큰 행복을 경험하는 것으로 알려져 있습니다. 다만, 이는 교육 그 자체의 영향보다는 교육이 가져온 안정된 경제적 지위 때문일 수 있습니다. 여러 행복연구들에 따르면, 건강과 행복은 일관되게 밀접한 관계를 갖습니다. 건강이 행복 수준을 직접적으로 결정짓기도 하지만, 소득 수준과 교육 등이 행복에 영향을 미칠 때조차 건강을 매개로 구현된다는 사실이 밝혀지기도 했습니다.

사회적 신뢰와 네트워크도 중요합니다. 여러 실증연구에 따르면, 가족·이웃·지역공동체와의 연대가 강할수록 또 타인에 대한 신뢰가 높을수록 응답자들의 행복지수가 상승한 것으로 나타났습니다. 특히 삶의 만족도와 직접적 연관이 있는 건 '신뢰' 요인입니다. 행복을 증진하려면 사회적 신뢰를 높이는 정책이 집중적으로 마련되어야 합니다.

최근 하버드대학교와 서울대 등에서 '행복학' 강의가 인기입니다. 또한 여러 대학에서는 행복을 연구하는 기관들이 생겨나고 있습니다. 이처럼 오늘날 행복은 관심이 높고, 중요한 연구 대상이 되고 있습니다. 이런 때에 시민사회단체들과 종교기관들은 참다운 행복이 무엇인지, 행복에 이르는 지혜는 무엇인지를 일깨워주는 역할을 펼쳐가야 합니다. 또한 사회안전망 구축을 위한 감시와 감독과 지원을 위한 실천을 펼쳐가야 합니다. 이것을 잘 감당하는 것이 오늘 우리 사회에서 간절히 필요로 하는 광야의 외치는 자의 소리일 것입니다.

분노조절장애사회에서 우리는

'아빠 들어올 시간이다!' 저녁 식사 후 시곗바늘만 바라보던 아이들이 슬그머니 방으로 들어가면 곧이어 초인종이 울립니다. 직장인 A씨가 퇴근해 집에 들어오는 시간입니다. 현관을 들어선 그는 "아빠가 들어왔는데도 인사도 안 해!"라며 소리 친 뒤, 아내에게 '밥 좀 차리라'며 짜증을 냅니다. 퇴근 후에 늘 집안 분위기를 '공포'로 만드는 A씨 탓에 아내와 자녀들은 살얼음판을 걷는 기분입니다. 하지만 A씨에게도 사정은 있습니다. 과중한 업무, 상사와 부하직원과의 관계 등으로 늘 스트레스에 시달리고 있기 때문입니다. 하지만 사내에서 '성질대로'하기에는 그동안 쌓은 '좋은 사람' 이미지가 깎일까봐 두려워 집에 돌아와 엉뚱한 분풀이를 합니다.

'노여움'을 표현하는 것은 다른 감정을 내보이는 것보다 어려운 경우가 많습니다. 감정이 극에 다다른 상황에서 '화났다'는 신호를 상대방에게 어떻게 줘야 하는지 판단하기 어렵기 때문입니다. 이런 이유로 과도

하게 화를 참거나, 화가 난 상황과 전혀 상관없는 상황에서 뒤늦게 분노를 표현하기도 합니다. 전문가들은 일터에서 받은 스트레스를 엉뚱한 곳에 해소하거나 사소한 실수를 넘어가지 못하고 지나치게 화를 내는 경우, 업무에 집중할 수 없을 정도로 안절부절 못하는 경우, 아이에게 이유 없이 잦은 짜증을 내는 경우 등도 모두 '분노조절장애'의 일부라고 볼 수 있다고 말합니다.

2015년 대한신경정신의학회 조사에 따르면 성인인구의 절반 이상이 '분노조절이 잘 안 된다'고 호소한 것으로 나타났습니다. 치료가 필요한 고위험군도 11%나 됐습니다. 건강보험심사평가원 통계자료에 따르면 분노조절장애 증상으로 병원을 찾은 환자는 2009년 3720명에서 2013년 4934명으로 늘었습니다. 하지만 '화를 주체할 수 없다'는 이유로 병원을 찾은 환자 가운데 질병으로 구분할 수 있을 정도의 분노조절장애가 있는 경우는 1% 미만에 불과합니다.

일상에서 분노조절장애라고 말하는 경우는 엄밀하게는 '충동조절장애'의 일종으로 화나 짜증, 일시적인 분노를 참지 못하고 터뜨리는 증상을 말합니다. 환자 대부분은 우울증, 불안장애 등 다른 정신과적 증상을 동반하는 경우가 많습니다. 자살을 생각해 본 우울증 환자는 뇌의 전두엽(노란색)과 분노, 충동 등을 통제하는 변연계(갈색) 간의 연결(붉은색)이 저하돼 있는 경우가 많습니다. 특히 자신의 감정을 잘 표현하지 못하는 40~50대 중년 남성에게서 두드러집니다. 감정을 억제하는 것이 습관이 된 경우가 많아 우울해도 우울하다고 표현하지 못하고 그냥 지나치기 때문입니다. 이렇게 쌓인 화는 짜증, 불평, 불만 등으로 표현되거나 음주나 흡연, 사회적 관계 악화로 이어질 수 있습니다.

갑작스러운 분노는 각자 성격에 따라 다른 양상으로 나타날 수 있습니다. 남들에 비해 공격적인 성향이 강하다면 폭력이나 폭언 등으로 표출될 가능성이 큽니다. 하지만 '욱하는' 사람들의 대부분은 자신이 처한 상황이 기대처럼 되지 않아 좌절하거나 무력감을 느끼고 있을 확률이 높습니다. 만성적인 스트레스에 시달린 끝에 자신도 모르게 원인과는 상관없는 상황에서 화가 치밀어 오르는 것입니다. 분노 감정을 제대로 조절하지 못하는 증상이 일정 기간 꾸준히 나타난다면 병원을 찾는 것이 좋습니다. 뇌의 전두엽 기능이 떨어져 있을 가능성이 크기 때문입니다. 전두엽은 이마 쪽에 위치해 판단, 사고, 계획, 억제 등 고차원적인 뇌 기능을 하는 곳입니다. 일상생활에서 욕을 하고 싶거나, 남을 때리고 싶다는 생각이 자주 들고, 이를 통제하지 못할 정도로 위험성을 느낀다면 알코올 남용, 경미한 두부손상, 가벼운 뇌진탕 등에 의해 이 부분이 손상됐을 수 있습니다.

분노조절장애 같은 단어가 일상화된 데에는 현대인의 삶이 그만큼 고달프다는 의미일 수 있습니다. 특히 정신적 질환이 없는 대부분의 경우 '만만한' 상대에게 억눌려 있는 분노를 표현하는 경우가 많습니다. 평소에는 욕구나 충동성을 정상적으로 통제하다가 집에 와서 식구들에게 화풀이를 하거나, 여성이나 노인, 아동 등 상대적으로 힘이 약한 상대를 대상으로 한 '분노 범죄'를 일으키기도 합니다.

분노조절장애의 치료는 '쓰나미'같이 몰려오는 분노를 억제하지 못하는 자신의 모습을 인정하는 것부터 시작합니다. 일반적으로 환자들은 '문제가 없다'며 진단을 거부하거나 '내가 화를 내는 것은 ~탓이다'며 외부에서 원인을 찾는 경우가 많아 치료에 들어가기가 어렵습니다. 하지만 환자가 일단 병원을 찾게 되면 전문의는 상담 등을 통해 환자의 감정을 우선적으로 파악합니다. 환자가 느끼는 괴로움의 원인을 파악하는 동시에 혈액검사, 뇌파검사, 뇌영상학적 검사MRI 등을 통해 다른 질환은 없는지도 확인합니다. 분노조절장애 환자는 좌절, 스트레스 등으로 내면이 황폐해진 경우가 많습니다. 단지 사회적으로 부적합한 방식으로 표현하고 있을 뿐인 경우가 많아 이를 교정해주어야만 합니다.

모든 치료에서 가장 중요한 시기는 병의 초기단계이고, 예방입니다. 그래서 오늘날은 예방의학이 발달하고 있습니다. 일상생활에서 분노조절장애, 충동조절장애, 화火를 최소화하거나 조절할 수 있다면 얼마나 좋을까요?

길을 걷는데 지나던 차가 횡단보도를 휙 가로막습니다. 길을 걷는데 오토바이가 인도로 씽씽 지나다니며 사람을 놀라게 합니다. 가만히 있는데 괜히 어깨로 툭 치며 지나갑니다. 이런 경우, 벌컥 화가 납니다. 분노 감정이 온 몸을 사로잡습니다. 그런데 이런 상황에서 조용히 하나, 두울, 셋을 세워보고 한번만 가만히 생각해보면 화를 두 번 낼 것 한번내고 한번 낼 것을 안낼 수도 있습니다. 화는 어디서 나는 것일까요? 횡단보도를 가로막는 차 때문에 나는 화일까요? 인도로 지나다니는 오토바이 때문에 나는 화일까요? 툭 치고 지나는 사람 때문에 나는 화일까요?

엄밀하게 말하면 그게 아닙니다. 이건 그저 하나의 눈에 드러나는 현상일 뿐이고, 더 중요한 것은 우리의 마음입니다. 사실 화는 우리 자신의 마음속 깊은 곳에서 올라오는 감정입니다. 화는 이미 우리 자신의 마음속에 담겨져 있던 것입니다. 마음속에 이미 담겨져 있던 것이 차와 오토바이와 사람을 통해서 불거져 나오는 것입니다. 마음속 깊은 곳에 물처럼 고여 있던 불씨처럼 잠자고 있던 그 화를 들여다보면, 그 잠재적인 에너지는 우리 자신의 자존심과 감정의 응어리임을 알 수 있습니다. 우리가 화를 내고 속상해 하는 것도 따지고 보면 외부의 자극에서라기보다 마음을 걷잡을 수 없는 데에 그 까닭이 있을 것입니다.

만일 푸른 하늘빛과 대자연이 주는 맑은 공기와 밤하늘의 별빛을 보면서 감탄하고 주어진 일과 사람관계에 감사와 감격을 생활화하는 사람이라면 어느 정도 화를 다스릴 수 있습니다. 물론 사람의 성정性情이 완전치 못하니 성인군자의 마음이라고 해도 무너지기도 하지만 그래도 덜 일그러진 마음으로 살아갈 수 있습니다. 그러니 평소에 마음의 여유를 갖고 예술적인 감수성을 길러보는 것이 좋을 듯합니다.

옛날 선비들은 고요히 사군자를 그리거나 자연을 벗 삼아 시를 짓고 풍류가객風流歌客이 되어보기도 하였습니다. 그런데 요즘 사람들은 바쁜 일상과 지나친 경쟁과 성과와 평가로 마음이 평온치 못합니다. 아무리 바쁘고 아무리 힘들어도 몸이 아프면 쉬기도 하고 병원과 약국에 가는 일을 미룰 수 없듯이, 마음의 여유를 챙기는 일을 통한 정신건강에 유의하는 일은 반드시 해야 합니다. 이 일은 중요하고 시급한 일로 미룰 수 없습니다. 해도 되고 안 해도 되는 선택이 아니라, 살기 위해서는 반드시 해야 하는 필수입니다. 가정에서 부부 사이에서도 화가 날 때가 많습니다. 제가 학생을 상담하다가 들은 사례입니다.

"저는 부모님이 싸우실 때면 너무 두렵고 힘들었습니다.… 부모님이 그때 왜 그렇게 싸우는지 알게 되었습니다. 바로 상대방에 대한 마음을 적극적으로 표현하지 않고 쌓아두고 있다가 나중에 그게 터져서 더 큰 싸움이 되는 것 같았습니다."

"3년 전 저희 어머니, 아버지가 툭하면 싸워서 많이 힘들었습니다. 저희 아버지는 주말이면 야구하러 나가시고 저와 동생은 어머니를 따라 마트에 가거나 종일 집에 있어야만 했습니다. 그런 아버지가 못마땅하신 어머니는 아버지가 집에 들어오시면 '당신은 총각이 아니고, 나는 집안일하는 가정부가 아니야'하시며 화를 내셨습니다."

자녀들이 가정 안에서 어려움을 느끼는 감정은 부부 싸움 또는 부부 간 분노와 관련된 경우가 많습니다. 올바른 부부관계가 올바른 부모-자녀 관계의 디딤돌이 됩니다. 부부 사이의 싸움과 화해, 성장의 과정을 바르게 겪어내지 못하면 가정생활 자체가 파탄에 이를 수 있습니다. 하지만 많은 부부들은 자녀를 양육하는 과정은 물론 가정생활 전반에서, 자기 자신 혹은 부부 사이의 화를 자제하거나 달래기보다는 자녀들의 화나 충동을 조절하는 방법에 더욱 관심을 기울이는 그릇된 행동을 보입니다.

아이가 이미 화가 나 있는 상황에서는 참으라고 강요하는 것은 아무 의미가 없습니다. 이러한 상황은 부부에게도 마찬가지입니다. 둘 사이의 감정적인 문제를 누구나 겪는 사소한 문제 또는 별 것 아닌 것으로 치부하는 태도는 문제해결을 막는 큰 걸림돌입니다. 특히 자녀들 앞에서 다툼이 생기게 되면, 사이가 나빠서가 아니라 서로 해결해야할 문제가 있다고 솔직하게 설명하는 게 좋습니다. 관심을 받기 위해, 때로는 화를 내야 한다는 것도 잘못된 사고 중 하나입니다. 싸움 도중 상대방을 통제하려 들면 화는 커지기만 할 뿐만 아니라 무엇 때문에 화가 났는지를 알아낼 수 없습니다.

대화는 상대방을 설득하는 것이 아니라, 자신과 배우자에 대해 보다 깊이 알아가고 이해하는 과정 중 하나입니다. 부부 사이의 대화는 서로의 차이를 존중하고 배려함으로 고운 관계를 유지하는 중요한 시간입니다. 이것이 잘되면 부모와 자녀 사이의 대화도 잘 되고 사회생활도 잘 할 수 있는 힘을 기를 수 있습니다. 가정과 사회에서 대화를 잘하는 사람은 자신의 마음밭을 잘 다스려 분노조절능력을 갖춘 사람입니다. 이런 점에서 가정에서 부모가 대화를 통한 원만한 부부관계와 부모자식 관계를 맺어가는 모습이 중요합니다. 학교에서도 대화를 통한 사람관계능력을 길러주는 교육을 중요하게 펼쳐 가면 좋겠습니다.

SNS로 형성되는 인간관계 바람직한가

오늘날 부정할 수 없는 현실은 언젠가부터 우리 삶에 SNS라는 것이 꼭 필요한 수단이 되어버린 것입니다. 다양한 SNS에서 우리는 일명 '사이버 친구'를 사귀기 시작했습니다. 그것은 거리의 한계를 좁히고 다양하고 넓은 하나의 관계를 형성하게 되었습니다. 얼굴을 보지 않고도 소통이 가능한 점은 SNS의 장점입니다. 외로울 때는 간편하게 연락을 주고받을 수도 있습니다. 간단하고 짧은 연락으로 우리는 현실에서 서로 만날 장소를 정하기도 합니다. 가까우면 가까운 대로 만나고, 국가가 다르면 서로의 언어를 배우며 자신을 발전시킬 수도 있습니다. 이러한 넓고 풍요로운 인간관계야말로 SNS의 강점입니다.

더욱이 친구를 사귈 때도 같은 취미나 관심사를 알 수 있으므로 빨리 친해질 수 있습니다. '사이버 친구'라서 현실보다 편안하고 부담 없는 관계를 유지할 수도 있습니다. 이런 관계는 삶을 윤택하게 만들고 다양한 생각을 하도록 도와주는 하나의 수단입니다. SNS로 인해 같은 공간과 시간에 있지 않아도 다양한 사람들을 만날 수 있게 되었습니다. 이런 장점으로 SNS가 소수나 일부가 아니라 다수와 일반화가 되었습니다. 이에 따라 우리 삶은 이전 시대에 비해 훨씬 편리해졌고 다양해졌습니다. 그러면 SNS는 좋기만 할까요? 그렇지는 않습니다. 인간관계란 단순히 만나는 사람들이 많다고 해서 좋다고 말할 수는 없습니다. 풍요로운 인간관계란 대화를 통해 서로 공감하고 이해하는 것을 말합니다. SNS를 통해 '인스턴트식 대인관계'라는 것이 생겨났습니다. '인스턴트식 대인관계'는 빠르게 인간관계를 맺지만, 관계의 깊이가 얕고 오래가지 않습니다. 하나의 예로 학생들이 조별 과제를 할 때 '단톡방'을 만듭니다. 단톡방에서 과제에 대한 얘기가 오가고 서로 좋은 모습도 보입니다. 그러나 단톡방을 보고는 나 아닌 다른 사람이 하겠지, 나를 불특정 다수가 볼까봐 표현하지 않고 주의 깊게 읽지 않고 무시하는 사람들도 있습니다. 소속감 없이 그냥 얽혀있는, 필요할 때만 이용하는 차가운 SNS의 단면입니다.

SNS에 올리는 글과 사진 등은 그 사람의 단편적인 모습만을 보여줍니다. 그로 인해 상대방에 대한 편견을 가지고 오해를 할 수도 있습니다. 편견으로 상대방과 친해질 기회를 놓치게 될 수 있습니다. 모임에서 각자의 휴대폰만 하는 모습은 어디서든 볼 수 있습니다. 같은 공간에 있지만 서로 간의 교류는 없습니다. SNS로 형성된 인간관계는 성숙한 대인관계가 되지 못할 수 있습니다.

SNS가 급속히 확산되면서 서로 얼굴을 보고 말하거나 번거로운 손편지를 보내는 아날로그 시대는 끝난 것일까요? 그렇지 않습니다. 분명 SNS로 형성된 인간관계는 빠르고 스마트한 세상에서 적절합니다. 이런 장점으로 인해 급속도로 SNS는 우리 삶에 일부에서 중심으로 변모했습니다. 그러나 SNS가 완벽하지는 않습니다. 이를 보완할 아날로그식 인간관계를 맺는 직접적인 만남과 소통도 중요합니다. 바람직한 SNS는 이런 만남을 촉진하고 보완할 수도 있습니다. 또한 SNS의 단점을 보완하는 의미로 아날로그식 손편지도 꼭 필요합니다.

이렇게 볼 때 문명의 발달과 다양함은 이전 시대의 문화를 부정하는 것이 아니라 그 장점을 바탕으로 이를 보완하면서 발전하는 것 같습니다. 그러므로 변화된 세계에 따른 변화된 인간관계 소통망으로 SNS를 활용함에 그 장점과 단점을 고려해서 자기주도적으로 인간관계를 맺어가는 지혜가 필요합니다. 이런 지혜를 통해 기계문명에 끌려가는 인간이 아니라 기계를 스스로 다룰 줄 아는 주인됨의 자세로 주어진 현실을 자기화 시키는 성숙을 이룰 수 있을 것입니다. 그러므로 SNS의사소통이 바람직한가 아닌가는 SNS가 문제가 아니라 그것을 활용하는 우리 자신에 달려있습니다.

사람이 재산이고, 먼저입니다

　오늘날 우리가 사는 세상에서 증기기관의 발명이나 자동차의 대량 생산보다 더 중요한 변화가 있다면 그것은 글로벌 네트워크 경제의 출현일 것입니다. 과거에는 어떤 연구나 생산을 단절 없이 공동으로 작업하기 위해서 기술과 인력들이 물리적인 한 공간에 집중해야 했지만, 디지털 세계에서는 각자의 위치에서 실시간으로 임무를 수행할 수 있게 되었습니다. 이렇게 되면서 경제의 경쟁적 본질을 근본적으로 바꾸어 네트워크 경제라는 새로운 패러다임을 만들어 놓았습니다.

　그에 따라 정보지식사회로 들어서면서 활용 가능한 정보와 지식이 급속도로 증가하고 이를 적절히 활용하는 것이 성공의 관건이 되었습니다. 이런 시대를 사라가는 개별 주체는 많은 정보나 지식을 모두 다 흡수하기가 사실상 불가능하다보니 이를 어디에, 어떻게, 누구와 함께 활용해야 하는 것이 중요해졌습니다. 이러한 측면에서 사람들이 서로 자원이 되어 시너지를 만들어 내는 네트워크의 중요성이 부각되었습니다. 그러다보니 공식적으로 개인이 갖추어야 할 자질로 지능IQ나, 감성 지능EQ에 이어 폭 넓은 네트워크를 구축하고 유지하는 능력인 네트워크 지능NQ과 사회적 관계 지능SQ이 새로운 성공 요소로 손꼽히고 있습니다.

해외로 이주한 중국인들을 화교華僑라고 합니다. 이들 화교는 정확히 파악된 것은 아니지만 대략 전 세계에 약 140개국에 3천만 명 정도가 있다고 합니다. 이들 화교가 전 세계 경제에서 차지하는 비중이 10%가 넘는다고 합니다. 화교의 영향력은 우리나라에서도 현실화되고 있습니다. 이처럼 화교가 번창하게 된 계기는 화교들 사이의 네트워크라 할 수 있습니다. 화교들은 이 네트워크를 활용하여 정보도 교환하고 비즈니스도 함으로써 현지인들과 경쟁할 수 있는 힘을 갖춰 나갔습니다. 끈끈하게 뭉쳐진 네트워크가 얼마나 강력해 질 수 있는지를 화교를 통해 잘 알 수 있습니다.

잘 알려진 재일교포 3세 기업인 손정의 회장의 이야기입니다. 그는 일본에서 컴퓨터의 황제로 불린 사람이었습니다. 많은 사람이 그의 재력과 능력을 부러워하였고 그의 곁에는 사람들이 붐볐습니다. 그런 그가 야심차게 일본 인터넷 사이트의 대표적인 기업인 야후를 인수하였습니다. 그러나 야후는 경쟁력을 잃어만 갔습니다. 급기야 그의 주식시가가 94%나 폭락했습니다. 파산이나 다름없었습니다. 직원들은 대다수가 구조조정으로 내몰렸습니다. 많은 사람들은 그의 인터넷 사업 실패로 재기불능이라고 여겼습니다. 그가 이처럼 어려워지자, 평소에 자주 연락하면서 그에게 좋은 일이 있을 때 꽃다발을 보내줬던 사람들이 소식을 끊었습니다. 심지어 그가 밥을 사먹을 돈이 없어 SNS를 통해 10,000엔을 빌리려 했으나 모두 다 외면할 지경이었습니다.

그러나 그를 기다려주고 수신거절을 하지 않았던 사람들이 그래도 400여명이나 남아 있었습니다. 그는 이들에게 희망을 걸고 노력했습니다. 그는 자신이 사람을 설득하는 것에 뛰어난 재능을 갖추고 있음을 확신하면서 자신을 믿어주는 400여명의 소중한 사람들의 성원에 힘입어 힘을 냈습니다. 그는 미국 유학시절, 대학에 빨리 진학하려고 고등학교 교장을 설득하여 월반하였고, 소프트뱅크를 설립했을 때는 단순히 뱅크라는 글자만 보고 잘못 찾아온 은행직원을 설득하여 자기 회사에 투자하게 했던 사람이었습니다. 그의 열정적인 노력의 결과, 중국 마윈의 알리바바에 투자해 마침내 재기에 성공했고, 1주일에 1조원씩 불어나는 인터넷 플랫폼으로 그의 자산이 엄청나게 늘었습니다. 그는 가장 먼저 자신을 믿고 기다려 준 사람들에게 약 10억 엔씩 배당해주었습니다. 그 돈을 다 합치면 4조원이 넘는 돈이었습니다. 그는 이 400명이상 더 많은 사람을 알고 지내기를 원하지 않았습니다. 그의 막대한 부는 모두 힘들 때 자신을 믿고 함께해준 그의 아내에게 관리하게 하였습니다. 사업도 인터넷도 결국에는 사람입니다. 모든 것 중에서 사람이 가장 중요합니다. 혼자 그리고 혼자만을 위해 사는 사람은 이 험난한 글로벌 시대를 헤쳐갈 수 없습니다.

글로벌 시대의 본질은 사방에 흩어져 있는 수많은 것들을 단순히 묶는 것이 아니라 진심으로 엮어서 배려하고 발전하는 것입니다. 이런 리더십을 가진 사람이 바로 글로벌 인재입니다. 글로벌 시대의 진정한 네트워크는 단순한 연결connection을 넘어서는 배려와 관심이 묻어 있는 '케어넥션Care-Nection'입니다. '케어넥션Care-Nection'은 자원 중 가장 크지만 개발되지 않은 자원입니다. 관심과 연결의 관계에 잠재해 있는 힘이며 그에 속한 사람들과 그들이 함께 일하는 방식의 집단적 발현으로 글로벌 리더십을 갖춘 인재가 되기 위한 절대적 조건입니다.

배려와 관심은 사람은 사람답게 합니다. 무한경쟁사회에서 인간성을 잃어가는 우리네 삶의 자리에서 결코 잃어버려서는 안 될 덕목입니다.

너와 내가 둘이 아니라 하나인 우리를 이루어, 함께 어우러지는 세상으로, 모두가 행복한 삶을 이루어가는 아름다운 세상의 꿈은 그 어떤 가치보다 사람이 먼저이고, 사람을 중요하게 여기는 마음에서 시작됩니다. 개인의 이기적인 욕망을 넘어서는 너그러움으로 함께하는 세상을 만들어 가야합니다. 세상이 아름다운 것은 꽃이 만발해서가 아니라, 이 세상에 아름다운 사람들이 있기 때문입니다. 사람들이 행복해 하는 것은 무언가를 많이 가져서가 아니라, 자신이 가진 작은 것이라도 누군가에게 줄 수 있기 때문입니다. 결국 우리는 사람으로 인해 아름다움을 경험하고, 사람을 통해 행복한 존재입니다. 사람은 서로 잇대어 살아가는 존재입니다.

사람보다 앞서는 제도나 조직이나 가치는 없습니다. 이것은 종교도 그렇습니다. 예수는 사람을 억압하고 옭아매는 종교지도자들을 향해 "안식일도 사람을 위해 있는 것"*이라고 선언하였습니다. 이런 자세로 안식일에는 아무 일도 하지 말아야한다는 규정을 단호히 거부하면서 병든 사람들을 고쳐주시기도 하셨습니다. 그렇습니다. 사람을 옭아매고 수단으로 여기려는 그 어떤 것도 정당화될 수 없습니다. 자칫 부지불식간에 사람을 존귀히 여기지 않고, 수단으로 이해타산으로 대하지는 않는지를 경계해야합니다.

---

* 안식일에 예수께서 밀밭 사이로 지나가실새 그의 제자들이 길을 열며 이삭을 자르니 바리새인들이 예수께 말하되 보시오 저들이 어찌하여 안식일에 하지 못할 일을 하나이까 예수께서 이르시되 다윗이 자기와 및 함께 한 자들이 먹을 것이 없어 시장할 때에 한 일을 읽지 못하였느냐 그가 아비아달 대제사장 때에 하나님의 전에 들어가서 제사장 외에는 먹어서는 안 되는 진설병을 먹고 함께 한 자들에게도 주지 아니하였느냐 또 이르시되 안식일이 사람을 위하여 있는 것이요 사람이 안식일을 위하여 있는 것이 아니니 이러므로 인자는 안식일에도 주인이니라(마가복음 2장 27-28절)

극장이 없어지지 않는 이유와 의미

　디지털 시대가 되었으니 이제 극장은 없어질 것이라고 말하는 사람들이 많았습니다. 이렇게 말하는 사람들의 논리에 많은 사람들이 수긍했습니다. 극장은 굳이 찾아가서 한 장소에서 영화를 볼 수밖에 없는 시스템입니다. 이런 불편함을 감수하면서까지 극장에 가서 영화를 보던 시대에 텔레비전과 비디오가 나왔습니다. 이제는 집 안에서 편리하게 영화를 즐길 수 있었고, 영화만이 아닌 드라마 등 다양한 영상을 접할 수 있게 되었습니다. 그러니 당연히 극장이 소멸될 것이라고 본 것입니다.

　첨단 영상 매체 시대에 따라 이전 시대에 비해 극장소비가 줄 수 있습니다. 이전 시대가 누린 극장의 영광은 이전 같지 않을 수 있습니다. 디지털은 고유의 문화적 성향을 지워버리는 성격이 있습니다. 디지털의 장점은 융합과 복합의 의미를 극대화시키는 유용함입니다. 그 장점과 대세를 거부할 명분이나 힘은 거의 없습니다. 실제로 많은 사람들이 극장이 아닌 다양한 매체로 영화를 시청합니다. 다운 받아 스마트폰이나 컴퓨터로 보거나 IPTV로 영화를 봅니다. 그 현상만을 보면 극장은 금방 사라질 것처럼 보입니다.

그러나 실제로는 극장은 없어지지 않았습니다. 오히려 더 발전했고 활성화되었습니다. 예전에 비해 영화를 제작하는 시스템이 놀라울 정도로 발전했습니다. 천만관객의 영화가 한 두 편이 아닌 시대입니다. 잘 만든 영화는 드라마로, 개그소재로도 활용되고, 해외 수출을 통해 엄청난 이익을 창출하기도 합니다. 그러다보니 이제 영화는 대표적인 영상산업으로 자리매김 된 상황입니다. 이게 도대체 어떻게 된 일일까요? 분명 영화 이외에도 볼거리가 많아지고 편리해진 시대입니다. 텔레비전, 비디오는 물론 인터넷과 스마트폰이 일반화되었습니다. 그런데 이런 첨단 매체가 극장을 이기지 못하고 있습니다. 극장이 없어지지 않고 살아남은 이유는 무엇일까요? 더 나아가서 생존은 물론 더욱 발전된 이유는 무엇일까요? 그 이유는 극장이 갖는 강점이 있기 때문입니다. 극장의 강점은 첨단 영상매체가 대신할 수 없습니다.

주말에 극장을 가보면 사람들로 미어터질 지경입니다. 주중에도 여성 관객들이나 어르신들이 엄청 많이 몰립니다. 백화점의 문화센터 동호회원들도 있고, 오랜만에 만나는 동기생과 친목회원들끼리 모여 영화를 보러 온 것입니다. 아무리 디지털의 첨단시대를 맞아도 극장을 이길 수 없고 대신할 수 없는 이유가 이것입니다. 사람이 만나는 공간은 분명히 있어야 한다는 것입니다. 아무리 컴퓨터가 좋고 스마트폰이 좋아도 젊은 남녀가 다정하게 손잡고 살며시 입을 맞출 수 있는 곳을 대체할 수는 없습니다. 젊은이들이 있고, 그들이 데이트를 하고, 결혼하고, 아이를 낳는 한 극장은 없어질 수 없습니다. 오히려 더 잘 되면 잘 되지, 사라지지 않습니다. 아니, 사라져선 안 됩니다. 데이트 장소로서 극장은 최고의 명소입니다. 그 이유는 첫째, 가격이 가장 저렴합니다. 최근 극장 가격이 오긴 했지만 외국의 기준에 비하면 저렴한 편입니다. 다른 물가에 비하면 비교적 저렴한 오락거리입니다. 그게 오늘 우리에게 극장이 서민들에게 여전히 환영받는 이유 중의 하나입니다. 돈 없는 젊은이들이 반나절을 데이트하며 즐길 수 있는 장소로서 극장은 으뜸입니다.

스마트폰으로 자주 연락을 하며 안부를 묻고 수다를 떨 수는 있어도, 영화를 보며 스킨십을 하는 극장의 기쁨을 어떻게 능가할 수 있을까요? 그래서 극장은 존재할 수밖에 없습니다. 기술이 아무리 시대를 리드해가도 인간의 아날로그적 본질을 규정할 수는 없습니다. 극장은 인류가 존속하는 한 존재할 것입니다.

이는 젊은이들만이 아닙니다. 중년이나 어르신들도 마찬가지입니다. 젊은 날을 회고할 수 있는 적합한 장소가 극장입니다. 과거 '써니'에서부터 최근 '수상한 그녀', '국제시장', '쎄시봉', '강남1970' 등 많은 영화들이 복고취향으로 어르신들의 눈물을 자아내게 했습니다. 영화관객은 점점 넓어지는 추세를 보입니다.

최근에는 저와 같은 교육계도 극장을 드나들고 있습니다. '명량', '암살', '밀정', '인천상륙작전', '덕혜옹주'와 같은 영화들은 우리 역사를 이해하는 교육적 자료가 되기도 하기에 아이들과 함께 극장나들이를 합니다. 이처럼 극장은 남녀노소를 막론하고 저마다의 흥미와 의미와 재미로 호감을 갖게 합니다. 이처럼 극장은 기존의 아날로그적인 강점으로 디지털 시대의 단점을 보완하는 역할로 사랑받고 있습니다. 이는 연극이나 뮤지컬도 마찬가지입니다. 영화산업처럼 연극과 뮤지컬도 호황을 누리고 있습니다.

물론 극장도 안주하지 말고 더욱 자기혁신의 과제를 수행해나가야 할 것입니다. 분명 극장의 존립은 문제가 아닙니다. 그러나 그 안에서 상영되는 영화의 내용이나 극장소비자에 대한 극장의 서비스, 국가의 관심

등은 더욱 개선되어야합니다. 관객은 극장을 원하는데 영화인, 극장, 정책의 배려가 없다면 관객들이 외면하고 말 것입니다. 새로운 시대에 따라 새로운 극장의 자기변신은 무죄입니다. 산업화를 넘어 지식정보화 시대에 더욱 알찬 서비스로 고객만족, 고객감동의 극장문화를 계속 이어가도록 해야 할 것입니다.

이처럼 급변하는 시대에 기존의 문화가 살아남는 것뿐만 아니라 더욱 발전할 수 있다는 사실은 의미 있는 시사점을 던져줍니다. 아무리 세상이 변하고 새로운 매체가 출현하고 새로운 문화가 펼쳐져도 이를 대신할 수 없는 강점이 있다면 얼마든지 경쟁력을 갖출 수 있습니다. 여기에는 종교나 교육도 마찬가지일 것입니다. 급변하는 디지털시대에 위기인 것은 분명하지만 이것이 오히려 새로운 기회일 수 있습니다. 변화에 적응하느라 헉헉댈 것이 아니라 강점을 부각시켜 꼭 필요한 의미를 담보하고 있음을 인식시켜나간다면 종교와 교육은 더 큰 의미로 새롭게 부각될 것입니다.

성형한국, 성형천국이 좋은 걸까요

세계인들이 우리나라를 생각하면 무엇을 떠올릴까요? 최근 미국의 CNN방송이 '한국이 세계 어느 나라보다 잘하는 10가지'를 발표했습니다. 내용을 보면, 인터넷과 스마트폰, 신용카드, 일중독, 성형수술, 소개팅 문화, 직장 내 음주문화, 스타크래프트 등 프로게이머 실력, 여성골퍼들의 탁월함, 항공기 승무원들의 뛰어난 서비스정신, 화장품에 대한 실험정신 등이었습니다. 긍정적인 면에서는 한국인의 한 사람으로서 뿌듯함을 느꼈고, 부정적인 모습에는 얼굴이 화끈거릴 정도로 부끄러움을 느꼈습니다. 그러면서 어쩌면 이렇게 우리나라를 잘 파악했을까 하는 생각에 충분히 공감할 수밖에 없었습니다. 역시 미국 CNN방송의 날카로움에 놀랐습니다.

이 열 가지 중에서 제 눈을 사로잡은 항목은 성형이었습니다. 성형成形에 관해서는 해외 관광객들이 우리나라로 성형수술을 위해 의료여행 Medical tour을 올 정도로 성형수술을 잘 하고 비용도 저렴하다고 전해,

우리나라의 성형이 세계적으로 얼마나 많은 인기와 인정을 받고 있는지를 짐작할 수 있었습니다.

성형은 질병이나 사고에 의한 후유증으로 인해 생기는 여러 가지 장애를 성형이라는 방법으로 치료함으로써 삶의 질을 높이는 의학적인 수단입니다. 따라서 성형은 치료를 위해 사용될 때 그 진가眞價를 발휘하고 인정받을 수 있습니다. 그런데 우리가 잘 아는 바와 같이 우리나라에서 성형은 치료보다는 미용에 주안점이 있습니다. 물론 미용이 꼭 나쁜 것이 아닙니다. 또한 미용도 삶의 질을 높이는데 일조一助할 수 있습니다. 그러나 뭐든지 지나치면 모자람만 못한데 좀 지나친 것 같아서 문제입니다.

턱이 각 졌으면 깎아내고, 쌍까풀이 없으면 만들고, 광대뼈가 튀어나왔으면 그도 깎아내고, 코가 낮으면 높이는 등 개인의 욕심과 판단으로 더욱 많이 행해지고 있습니다. 그러다보니 개성은 온데 간 데 없고 비슷한 인조인간人造人間이 세상에 가득해지지나 않나 하는 우려를 가져봅니다. 직장에 가도 버스나 지하철을 타거나 시장에 가서보면 공장에서 제품 찍어낸 듯 얼굴이 비슷한 사람들만 가득하다면, 이는 안타까운 사회문제가 될 것입니다. 또한 이것은 우리 사회에 심각한 재앙으로 다가올 수도 있습니다. 원칙과 기준이 없이 유행처럼 성형이 만연蔓延해진다면 어쩌면 쓸데없는 걱정과 같은 이야기杞憂가 그저 개인적인 상상에서 그치지 않을 수도 있지 않을까 싶습니다. 이미 우리나라는 공공연하게 성형한국, 성형천국이 된 지 오래입니다. 이제는 중국 등 여러 나라에서 우리나라에 성형관광을 올 정도에 이를 정도이니 그야말로 우리나라는 성형최강국일 것입니다.

정말 중요한 게 무엇인지 곱씹어봐야 합니다. 우리나라가 지나치게 성형지상주의에 빠진 것은 예쁘거나 멋지고 싶어 하는 개인의 취향도 있지만 우리 사회가 그만큼 외모지상주의이기 때문에 그럴 수도 있습니다. 극심한 취업난에 허덕이는 청춘들은 비슷비슷한 스펙으로는 자신의 강점을 각인시키기가 어렵습니다. "보기 좋은 과일이 맛이 있다"는 말처럼 얼굴이나 외모를 보고 호감好感과 비호감非好感을 갖게 됨은 사실입니다. 그러니 면접에서 좋은 인상을 전하려는 동기가 성형수술을 감행하게 하는 지도 모릅니다. 이는 참으로 안타까운 현실입니다. 타고난 자신의 얼굴과 외모가 선택받음의 수단으로 전락한 것입니다. 면접관의 기준에 자신을 끼워 맞춰야 하는 현실이 청춘들을 고액高額의 성형수술대 위에 앉히고 있습니다.

또한 대중문화가 엄청난 산업으로 발전하면서 이른바 한류스타*나 아이돌**스타들이 생겨났습니다. 이들은 자라나는 청소년들의 우상偶像으

---

* 한류스타는 외국에서 인기가 있는 우리나라의 스타를 말합니다. 한류韓流라는 용어는 중국中國에서 90년대 후반 H.O.T 신드롬이 일어나고, 우리나라의 아이돌 댄스 그룹과 우리나라 드라마가 중국에서 청소년층에게 인기를 끌면서 생겨난 신조어新造語입니다. 그 이전에도 해외에서 인기를 끈 국내스타들이 있었으나, 영향력 면에서 비교가 되지 않습니다. 특히 젊은 층에서 그것도 지속적인 어떤 현상으로 나타나기 시작한건 이때부터입니다, 시기적으로 90년대초 이뤄진 중국과의 수교이후 발달된 인터넷 문화와 깊은 연관성이 있습니다. 중국이외에서도 한류열풍은 거셉니다. 2004년 경 우리나라 드라마 ≪겨울연가≫가 일본에서 히트 치면서 남자주인공 배용준은 일본에서 '욘사마'라고 불리며 한류스타가 되었고, 여자주인공 최지우도 한류스타가 되었습니다. 그러면서 최지우가 출연한 ≪아름다운 날들≫의 인기로 이어지고 여기에 출연한 이병헌의 매력이 한껏 발휘된 ≪올인≫으로 이어져 이병헌은 '본사마'라고 불리며 한류스타가 되었습니다. 한류스타는 외국에서 인기가 있는 만큼 우리나라에서도 같은 인기가 있어야 한류 스타로 인정받습니다. 배용준의 경우 일본에 진출하기 전에 이미 ≪젊은이의 양지≫등으로 충분히 커리어를 쌓은 상태였으며, 이병헌 역시 헐리웃에 진출하기 이전에 이미 우리나라에서도 손에 꼽는 배우였습니다. 가수 싸이의 경우도 마찬가지로 우리나라에서 인지도가 상당한 수준의 가수였다가 미국 빌보드 차트에 입성하면서 그로 인해 국내의 입지가 훨씬 견고해진 사례입니다.
** 아이돌은 원래 우상을 뜻하는 철학 용어였습니다만 현재는 십대 청소년들에게 인기가 많은 연예인을 의미하는 말로 쓰입니다. 특히 나이 어린 인기 가수에 대해 아이돌이라는 표현을 씁니다. 이전에는 비슷한 의미로 '하이틴 스타'라는 용어를 사용하기도 했습니다. 1992년 '서태지와 아이들'이 큰 인기를 끌면서 청소년 중심의 음반시장이 형성되었습니다. 서태지와 아이들이 은퇴한 이후 H.O.T, 젝스키스 등이 인기를 얻었습니다. 이후 청소년들에게 인기가 많은 가수들을 부르는 용어로 아이돌이 널리 사용되고 있습니다.

로 등극登極해 있습니다. 청소년들은 이들을 따라 머리부터 발끝까지 따라 하기도 합니다. 그러면서 이들이 공공연하게 성형수술을 당연시 여기는 모습으로 인해 이를 무비판적으로 따라하는 청소년들이 늘고 있습니다. 이래저래 우리나라는 앞으로도 성형의 열풍熱風이 지속될 것 같습니다. 여기에 상업적인 요소들이 가미되면서 성형은 이제 하나의 고부가가치의 산업으로 여겨지고 있습니다. 이른바 서울 강남권 성형외과에는 성형외과 전문 의사 못지않게 환자를 끌어오는 전문코디는 물론 브로커중개인까지 등장한 지 오래입니다. 그렇다고 성형수술을 규제하기는 어렵습니다.

성형은 개인의 자유로운 행복추구권에 기인하다보니 이를 법이나 제도로 규제할 수는 없습니다. 오히려 우리 사회는 보이지 않는 분위기가 이를 조장助長하는 상황입니다. 앞에서 말씀드린 것처럼 성형이 무조건 나쁜 것인 아닙니다. 의학은 치료를 목적으로 하는 것입니다. 그러니 성형이 치료행위로 진행됨은 아무런 문제가 없습니다. 또한 미용이 목적이라고 해도 그것이 개인에게 자존감을 높여주고, 사회적응력을 길러주기도 하니 정신의학적으로 효과적이기도 합니다. 다만 개인의 주체적인 결단과 개성이 존중되고, 우리사회가 보다 건강해지기 위해서는 지나친 성형열풍에 대해서는 깊이 숙고해봐야 하지 않나하는 생각입니다.

이런 점에서 저는 아래턱이 돌출된 연예인이나 사각턱인 연예인들이 자기 자리를 굳건히 지키는 것을 보면 참으로 반갑고 소중하다는 생각이 듭니다. 이들도 성형수술의 유혹을 받았을 것입니다. 그럼에도 이들은 자신들 나름대로 자기 철학이 있어 양악수술이나 턱 성형수술을 하지 않았을 것입니다. 어느 연예인은 쌍꺼풀이 없는 모습 그대로 활동하기도 합니다. 비록 이들이 소수이기는 하나 이들이 정글과도 같은 방송연예계에서 살아남고, 두각頭角을 나타내는 것을 보면 이들이야말로 진정한 실력파 연예인이라는 생각도 듭니다. 또한 이들의 외모가 어찌 보면 연예인답지 않음에도 이들의 활약이 문제되지 않음은 대중들에게 이들의 외모가 호감으로 인정됨이기도 합니다.

그렇습니다. 이들은 누가 뭐라 해도 자신의 외모를 유행에 내맡기지 않은 것입니다. 자신의 있는 모습 그대로를 사랑한 것입니다. 또한 이들의 외모는 그것이 하나의 개성으로 받아들여져 그 누가 대신할 수 없는 독특한 매력으로 인식되는 것입니다. 이들을 통해 우리 사회가 저마다의 개성을 존중하고, 서로 다름을 인정하는 다양성 속의 일치를 이루는 성숙함으로 나아가는 것 같아 반갑고 기쁩니다. 앞으로도 우리 사회가 보다 건강하게 발전하려면 이처럼 자기철학과 소신을 지닌 마음이 건강한 사람들이 많아야할 것입니다. 그리고 이런 사람들이 더욱 굳건하게 자기 자리를 지키고 자기 역량을 더욱 더 발휘하도록 우리 사회의 품격이 높아지기를 기대해봅니다.

이런 점에서 오늘 우리 사회의 종교와 시민단체들이 수행할 사명이 분명히 있다고 봅니다. 이는 우리 교육계도 마찬가지입니다. 무엇이 중요한지를, 무엇이 진정한 삶의 가치인지를 분명하게 일깨워 주어야 합니다. 그러려면 외모지상주의가 아닌 '있는 모습 그대로'를 인정하고 존중하는 분위기를 실현해나가는 공동체가 되어야할 것입니다. 세속적인 기준으로 눈에 보이는 크고 화려한 게 좋은 것이 아님을 분명히 하면서 말입니다.

마음속의 탄탄한 기초공사,
마음의 힘 기르기

　동양적인 얼굴이 매력적인 모델 장윤주. 무한도전 못친소(못생긴 친구를 소개합니다) 페스티벌에 초대받았던 그녀는 "난 내 얼굴 너무 좋은데, 너무 사랑하는데……."하고 초대장을 거절했던 적이 있습니다. 그녀에게서 나오는 무한한 자신감과 자기긍정의 뿌리는 무엇일까요? 바로 '자존감'입니다. 나를 사랑하고 아껴주면서 존중하는 자존감이 언제부턴가 인터넷과 생활 속에서 빈번하게 등장하기 시작했습니다. 그러면서 자존감의 의미를 혼동混同해 남용濫用하는 사람들도 많아졌습니다.

　"자존감이 뭘까요?"하고 물어보면 대부분의 사람들이 자존심 혹은 자신감과 의미를 혼동합니다. 자존감, 자존심, 자신감. 이 비슷한 단어들은 어떻게 서로 얽혀있는 걸까요? 자존감은 3가지 기준이 있습니다. 자기가치감, 자기애, 그리고 이 둘이 겉으로 드러난 자신감입니다. 생각하는 것, 느끼는 것, 겉으로 드러나는 것의 3박자가 골고루 갖춰질 때 자존감이 탄탄해집니다. 자존심은 외적인 평가나 시선과 관련이 있습니다. 다른 사람의 평가와 상관없이 나대로 사랑하고 자신감을 갖게 하는 자존감과 달리 자존심은 우리가 '자존심 상해'하고 말하는 것처럼 다른 사람의 평가에 흔들릴 때 갖는 감정입니다. 타인과의 관계 속에서나 겉으로 드러나는 면들이 자존심, 자신감과 관련이 있습니다.

자존감을 검색해보면 연관검색어로 가장 먼저 뜨는 것이 '자존감 높이는 법'입니다. 자존감이 우리에게 어떤 역할을 하기에 자존감을 높이는 데 많은 관심을 갖는 것일까요? 자존감에 집중하면 외적인 평가와 상관없이 내가 가지고 있는 것, 내가 하고 싶은 것에 몰두할 수 있게 됩니다. 겉으로 드러나는 성취에도 많은 영향을 줍니다.

나 자신에 대해 생각하고 탐구한다 하지만 우리는 항상 자존감에 상처를 입는 상황에 맞닥뜨립니다. 불만족스런 외모와 신체상으로 위축되거나 우울해하고, 복잡하고 불안정한 대인관계 속에서 이리저리 치입니다. 누구나 은연 중 자존감의 상처를 입는 때가 많습니다. 가령, 남이 내 말을 무시할 때나 내게 무관심할 때, 세상에 나 홀로 남겨진 듯 사랑받지 못하는 기분을 느낄 때 우리의 자존감은 큰 타격을 받습니다.

이런 자존감의 상처를 극복하는 길은 여러 가지 상황 속에서 자신의 행동이 어떤 패턴을 해왔는지를 파악해 행동 패턴에 변화를 시도하는 것입니다. 이때 용기와 에너지가 필요합니다. 힘들지만 계속 시도해야 합니다. 상처받았다고 마음에 담아두고, 나중에 '잊었어'하고 끝내기보단 다른 방식으로 행동하려 시도해야합니다.

자존감도 성격처럼 성장하면서 만들어지는 것이고, 성인이 됐을 때 쉽게 바꾸기 힘든 점이 있습니다. 자라나는 시기의 관계는 무시할 수 없는 자존감의 뿌리역할을 합니다. 자존감이 어릴 때부터 형성되기 때문에 부모의 역할이 중요합니다. 자존감을 만드는 부모 역할의 근본은 학창 시절의 남녀관계에 있습니다. 연애관계 속에서 자존감이 많이 드러납니다. 시작할 때의 어려움과 과정 속에서 힘든 것, 실연失戀의 상처 등을 극복하는 과정 속에서 자존감이 발현發現됩니다. 나와 상대를 알아가면서 친밀감親密感을 쌓아가는 연애의 과정이 후에 부모가 되었을 때 영향을 미치기에 아주 중요합니다. 사랑하면서 나타나는 내 모습이 자존감과 연결돼 있기 때문입니다.

우리의 자존감이 내면에 얼마나 깊이 뿌리내리고 있는 지, 알 수 있는 자존감 진단방법이 있습니다. 우리가 인식하는 자존감의 상태는 두 가지로 나눌 수 있습니다. 자존감은 의식해서 생각하는 명시明示적인 자존감과 무의식에서 행동으로 나오는 암묵暗默적인 자존감이 있습니다. 우리가 흔히 자존감에 점수를 매기는 방식은 명시적인 자존감을 측정하는 방법입니다. 암묵적인 자존감은 내가 의식하지 않을 때, 대개 위기상황이 닥쳤을 때 진단해 볼 수 있습니다. 대표적인 위기 상황은 스트레스를 받았을 때입니다. 자존감이 높은 사람은 스트레스를 덜 받는 것은 물론이고, 받았을 때도 건설적으로 풉니다. 자존감이 낮은 사람은 폭식, 폭음 나아가 자신을 놓아버리는 자기 파괴적인 모습으로 스트레스를 풉니다. 진정 자존감을 잘 판단하고 싶다면 우리가 스트레스를 언제 받고, 어떻게 풀고 있는 지 살펴보는 것이 필요합니다.

그렇다면 사람들이 그토록 궁금해 하는 자존감을 높이는 법은 무엇이 있을까요? 첫 걸음은 '너 자신을 알라'입니다. 지금 나에 대해 어떻게 생각하는지 다각도로 살펴봐야합니다. 항상 해오던 방식에서 벗어나야 합니다. 그러기 위해선 사람들을 많이 만나봐야 합니다. 혼자서 '나에 대해 생각해야지'한다고 해서 나를 알게 되는 것엔 한계가 있습니다. '책 많이 읽어라, 여행가라, 강연 들어봐라'하는 것은 매일 하던 것에서 벗어나 아직 모르는 새로운 나를 개발해보라는 의미입니다. 어느 한 곳에 매여 항상 하던 대로가 아닌 이것저것 해보며 내면의 여행을 하고, 나를 더 많이 알아가는 것입니다. 자존감은 결국 나입니다. 나를 사랑하려면 나를 알아야하고 나를 알기 위해선 많은 것을 해보는 것이 좋습니다.

건물의 기초 공사가 탄탄해야하는 것처럼 우리의 마음속에도 나를 생각하는 첫 번째 마음인 자존감 공사를 탄탄히 해야 합니다. 외적인 모습은 언제나 밖에서 오는 평가와 시선에 흔들리지만 내면에 건강한 자존감이 자리 잡혀 있다면 버텨낼 수 있습니다. 저는 제 스스로에게 주문을 걸며 칭찬과 위로를 하곤 합니다. '괜찮아', '잘하고 있어', 그리고 '혹시 실패하더라도 다시 일어서면 되잖아' 이렇게 계속 내면에 말을 걸어 봅니다. 저는 제 자신에게 이렇게 위로를 하고 위로를 받습니다. 제게 가장 위로가 되는 말을 해주는 이는 다름 아닌 저 자신입니다. 사람은 자신이 하고자하는 만큼 성장하고 만들어진다고 합니다. 실패도, 위로도, 행복도 자신을 통해 새로운 나를 만들 수 있습니다.

수많은 사람을 감동시킨 시인 릴케가 이런 말을 했습니다. "슬픔 앞에서 놀라지 마십시오. 당신 내부에서 더 큰 행운이 만들어지고 있기 때문에 그 슬픔은 곧 누그러진답니다." 맞는 말입니다. 슬픔에 빠져 고통스러워하지 말고 기쁨을 맞이할 준비를 해봅시다. 살다보면 크고 작은 슬픔들을 만나게 됩니다. 큰 슬픔이 아니더라도 사소한 작은 슬픔들이 끊임없이 우리를 공격하고 있습니다.

하지만 지나놓고 나면 그 슬픔은 기쁨으로 가기 위한 다리 역할을 했다는 것을 알 수 있습니다. 힘든 일을 겪을 때 행운도 같이 만들어집니다. 슬픔을 두려워하지 마십시오. 슬픔은 곧 기쁨의 전조前兆 현상일 뿐입니다. 그러니 기쁨을 맞이할 준비를 해야 하는데 우리는 슬픔에 빠져 그런 생각을 하지 못하곤 합니다. 힘들수록 정신을 바짝 차리고 돌파구를 찾아야 합니다. 슬픔에서 벗어날 것이라는 희망, 고통과 맞서 이겨낼 수 있다는 자신감 그리고 고통은 자신을 성장시키는 에너지라는 긍정적

태도로 최선을 다하며 기쁨을 준비하는 것입니다.

지금부터 마음 속 자존감 공사를 시작하는 건 어떨까요? 이를 위한 방법으로 자신의 명시적 자존감을 알아보는 방법 중 하나입니다. 문항을 읽고 자신의 생각을 잘 나타낸다고 생각하는 항목에 체크를 한 뒤, 점수를 합산해봅니다.

① 전혀 아니다(1점)   ② 보통이다(2점)   ③ 대체로 그렇다(3점)
④ 매우 그렇다 (4점)

▲나는 다른 사람만큼 가치 있는 사람이다.
▲나는 어려움 없이 내 마음을 결정할 수 있다.
▲나는 장점을 많이 가지고 있다.
▲나는 다른 사람들만큼 일을 잘 할 수 있다.
▲나는 행복한 사람이다.
▲나는 나 자신을 잘 안다.
▲나는 쉽게 포기하지 않는다.
▲나를 좋아해주는 사람이 많다.
▲나는 나에 대해 긍정적인 태도를 가졌다.
▲나는 현재 내가 하는 일에 만족한다.

* 30점 이상 : 자신을 매우 아끼고 사랑함
* 20~29점 : 보통 수준
* 19점 이하 : 매우 낮은 수준
※ 단, 명시적인 자존감은 자존감의 절대적인 척도가 아닙니다.

지속가능한 미래 문명의 패러다임

21세기가 시작되자마자 우리 인류는 인류 최후의 발명품Final Invention이라는 인공지능 등으로 더 이상 지속 불가능한 상황에 직면했다는 불길한 소식을 접하고 있습니다. 만일 이러한 상황이 바뀌지 않는다면, 인류는 엄청난 파국을 맞게 될 지도 모릅니다. 그런데 그와 동시에 인류는 더 흥미로운 삶과 찬란한 문명으로 나아갈 가능성들도 있습니다. 금세기는 인류의 마지막 세기가 될 수도 있고, 반대로 화려한 미래로 한 걸음 더 나아가는 데 밑거름이 되는 세기가 될 수도 있습니다. 만일 인류가 지속 가능한 미래에도 살아남고자 한다면, 이러한 상황에 대처할 방법을 교육으로부터 배워야 할 것입니다.

우리가 예측하는 21세기말 인류가 부딪힐 성장 한계요인은 10가지로 정리해볼 수 있습니다.

1. 인구폭발
2. 지구 온난화
3. 물 전쟁
4. 식량 문제 해결을 위한 유전자 조작의 부작용
5. 변종 바이러스 위기(생물학적 시한폭탄)
6. 환경 파괴로 인한 생태 자살
7. 인공지능, 4차 산업 혁명
8. 종교전쟁(신십자군전쟁)
9. 군비 지출과 미래전쟁
10. 감시사회의 부작용

위의 10가지 문제들은 서로 동떨어진 문제가 아니라 서로 연관되어 있습니다. 어떤 것들은 균형 피드백이 작용하면서 부작용을 상쇄시킵니다. 하지만 대부분은 서로 강화 피드백 작용을 하면서 위기를 심화시킬 것입니다.

위협을 제거하고 더 나은 미래를 만들기 위해서는 위의 10가지 문제들에 도전하고 응전해야 합니다. 위기와 문제는 위대한 창조와 혁신의 발상지입니다. 인류는 생존을 위협하는 문제들에 대해 '도전과 응전'으로 문명을 발전시켜 왔습니다. 생존을 위협하는 추위, 가뭄, 자연재해, 두려운 적, 전염병 등에 도전하고 응전하는 과정에서 신기술과 신사고를 개발하면서 문명을 발전시켰습니다. 개인, 기업, 더 나아가 인류 전체가 겪을 수 있는 현재나 미래의 위기, 문제들을 두려워하지 말고, 회피하지도 말아야 합니다. 위기를 외면하면 더 성장할 수 있는 기회도 동시에 사라지고 맙니다. 위기에 도덕적 상상력을 가지고 능동적으로 대응하고, 동시에 위기와 문제 속에 있는 위대한 창조와 혁신의 기회를 잡아야 합니다.

4차 산업혁명이 순탄하게 진행될지 여부는 제대로 된 교육과 그것이 교육에 얼마나 폭넓게 영향을 받았는지에 따라 결정될 것 입니다. 다음 세대의 대부분은 주요 문제들에 대해 교육을 받게 될 것입니다.

다양한 형식의 생태적 풍요가 물질을 귀중히 여기는 사상物神을 달성하기 위한 중요 요인이 될 것입니다. 기계가 공장을 가동하는 중심이 되면서 인력이 그렇게 많이 필요하지는 않겠지만, 인간이 직접 수행할 직업들은 복잡하고 매력적인 것이 될 것입니다. 휴대전화는 카메라 기능이 탑재되면서 한 차원 진화했고, 가상현실 기능을 일부 탑재하면서 더욱 진화할 것입니다. 기술이 진화하면서 인간 대다수는 많은 시간을 에너지 효율이 높은 기기들과 함께 보낼 것입니다. 게임에는 더욱 복잡한 기능들이 포함될 것이고, 일부 게임은 전 세계적으로 사람들이 몇 주일씩 매달려 진행되는 것도 있을 것입니다. 요트 경주, 글라이딩, 오지 탐험, 연극, 음악, 컴퓨터를 이용한 골프 스윙 자세 분석, 그리고 무한한 새로운 창조 형식들 같은 생태적 풍요는 지구의 통제 시스템에 어떤 해도 입히지 않을 것입니다.

체코공화국 대통령을 역임한 바츨라프 하벨은 인간 사회에 깊이 파고든 소비주의의 지배를 "새로운 전체주의"라 지칭했습니다. 그의 말입니다. "인간의 진정한 존재 이유와 목적에 대한 기존의 이해를 바꾸어야 합니다. 오직 새로운 이해에 기초해서만 새로운 행동 모델, 새로운 가치와 목표 의식을 개발할 수 있을 것입니다. 뿐만 아니라 새로운 정신과 의미를 가진 지구적 규제와 조약, 제도들을 창안할 수 있을 것입니다."

인류는 잠재력이 거의 무한한 양자 컴퓨터를 어떻게 사용할까요? 인류는 특이점을 인류의 미래를 위한 자산으로 만들 수 있을까요? 21세기에 새롭게 등장할 과학은 인류에게 무한한 창조성을 부여할 것입니다.

빙하氷下처럼 서서히 진행되던 진화進化는 지구를 가로질러 하나로 이어진 초고속의 슈퍼컴퓨터가 무한히 병렬연결 되면서 거의 빛의 속도로 바뀔 것입니다. 자동화된 진화는 "사방으로 무한히 열린 것"입니다. 인공지능을 연구하는 학자들은 인류가 신과 같은 기계Future God를 발명할 수 있으리라고 말합니다. 만일 그렇다면 그런 기계가 할 수 있는 일은 무엇일까요? 사람이 죽지 않게 되고, 인공지능AI이 마음을 갖게 되면 어떻게 될까요?

이와 같은 감성을 가진 최첨단 인공지능은 진화된 신新인류이기 때문에 종교적인 문제도 생길 것입니다. 천국과 지옥, 윤회와 환생에 새로운 의미를 부여해야 할 것입니다. 기독교에서는 인간처럼 마음을 지닌 인공지능에게 '세례를 줘야하는가' 하는 문제도 제기될 수 있습니다. 인류가 모든 살아 있는 생물의 게놈(유전체) 지도를 완성할 때, 그것은 인류를 어디로 안내할까요? 인간 게놈 지도를 완성한 크레이그 벤터는 인류가 생물학적인 어떤 것을 발명하게 되리라고 믿고 있습니다. 그렇다면 구약성서에 나오는 하나님이 인간을 흙으로 빚어 창조한 것처럼, 인간이 모든 생명을 창조하기 위한 흙으로 간주할 수도 있습니다.

극단적인 진화가 인류 존재의 궁극적인 목적일까요? 세상을 혁명하려 하지 말고, 먼저 마음을 혁명해야 합니다. 그러기에 인간은 무엇이 인간다움이고, 삶의 의미를 어떻게 구할 수 있을 것인가를 진지하게 생각해야하는 상황입니다.

학교교육에서 교육과정은 점점 복잡해져만 갑니다. 톨스토이나 바흐와 사랑에 빠진 학생들이 그것을 멀리하고 미적분이나 양자화학을 이해해야 합니다. 교양을 넓히기 위한 교육이 직업을 얻기 위한 교육으로 변질되고 있습니다. 물론 우리에게는 둘 다 필요합니다. 고차원적인 문화를 가진 문명을 위해 개설된 교육과정과 인류에게 어떤 일이 일어나고 어떤 선택이 앞에 놓여 있는지 이해하는 데 필요한 복합적인 주제를 가르치는 교과과정 등의 다양한 유형의 교육이 제공되어야 합니다. 다음 세대들이 다양한 분야에 관심을 가질 수 있도록 열정을 심어주어야 합니다.

다음 세대는 21세기의 의미와 그것의 일부를 이룰 다양한 도전들을 배우고 학습해야 합니다. 오늘날의 어린이들에게 21세기의 인간 존재 의미와 마음혁명에 대해 가르쳐야 합니다. 지식인들은 교육봉사라는 의미로 그것을 다음 세대들에게 가르쳐야합니다. 어떤 의미에서 생존 가능성을 위한 교육이 지금 인류가 미래 세대에게 가르칠 수 있는 가장 중요한 주제일 것입니다.

내가 살아보고 싶은 시대로 오늘날을 선택한 가장 중요한 이유는 다른 어떤 시대보다 오늘날의 다음세대들이 이전 세대와는 다른 놀라운 차이와 능력을 보일 수 있으리라는 기대 때문입니다. 21세기 혁명은 피하려야 피할 수 없습니다. 그리고 혁명의 주체는 오늘날의 다음 세대들이 될 것입니다. 인류의 문명이 살아남을 수 있을지는 오늘날의 다음세대들의 손에 달려있습니다.

오늘날의 다음세대들이 살아갈 21세기는 그러한 과정들을 확립하는 혁명의 시기일 것이고, 이를 통해 인류는 전에 꿈꿔본 적이 없는 위대함을 달성할 수 있을 것입니다. 사방으로 무한히 열려 있는 기술을 가진 인류의 미래는 과연 어떨까요? 미래 문명의 성장의 한계를 맞거나 최악의 경우 문명이 붕괴할지 아니면 더 나은 미래를 만들지는 우리의 선택에 달려있습니다. 평화로운 대동세계大同世界를 위한 '지구공명장共鳴場'건설에 기여하는 미래교육의 조건을 찾아 나서야합니다. 이를 통해 교육의 사회적 소임, 지구적 책무를 강화해야 할 것입니다.

4차 산업혁명 시대의 긍정과 기대

4차 산업혁명 시대, 우리의 미래는 어떨까요? 인공두뇌를 가진 컴퓨터에 의해 지배되어 인간은 태어나자마자 '매트릭스'에서 평생을 살지도 모릅니다. 또한 '바이센츄리엘 맨'이란 아이작 아시모프의 원작의 영화에서 본 주인공 로봇 앤드류가 생각납니다. 그는 창의성을 우연히 갖게 되어 여러 창조적 활동을 하였습니다. 그는 인간처럼 생각하고, 느끼고 사회에 지대한 공헌을 해온 것을 강조하였지만 그가 간절히 바란 인간으로 인정받지 못했습니다. 그 이유는 그에게는 영혼이 없다는 것이었습니다. 그는 이를 인정하였습니다. 영혼은 아무리 머리가 좋고, 기능이 뛰어나도 가질 수 없는 것이었습니다. 이에 그는 영원한 삶을 포기하고 스스로 양전자 두뇌를 파괴하여 삶을 마감하고 말았습니다. 이 영화는 기계와 인간의 관계가 극적으로 표현된 것이었습니다.

오늘날 4차 산업혁명에 대한 이해의 대부분은 자동화, 초연결화에 따른 편리성과 직업의 변화, 미래의 교육에 논점을 맞추고 있습니다. 그러나 이런 편협한 이해에 그쳐서는 안 됩니다. 기술의 성격이해와 기술트 랜드의 이해를 통해 보다 긍정적으로, 보다 바람직한 방향으로 기술이 진보하도록 관심을 가져야합니다. 기술의 발전과정과 4차 산업혁명에 대해 깊은 우려를 하는 견해들이 많습니다만 이를 거부할 수는 없습니다. 피할 수 없으면 즐기는 자세로 이를 두려워하고 거부할 게 아니라 여기서 긍정적인 방안을 모색해보는 것도 유익할 것입니다. 앞으로 기술은 '누리는 기술', '나누는 기술', '따뜻한 기술'로 발전해 갈 수도 있습니다.

사실 모든 기술의 발전은 인간 능력의 외연外延을 확장시키는 것이었습니다. 이는 역사상 지속되어 왔습니다. 문화기술면에서 기술은 전문적인 예술 표현 능력을 확대해 주는 누리는 기술들이 발전해 갈 것입니다. 실제로 사진기의 발명은 사물의 정밀 묘사에 노력하던 화가畵家의 영역을 일반인들이 손가락 하나로 가질 수 있게 하였습니다. 일반인들이 디지털 사진기와 포토샵의 대중화로 합성과 이펙트 작업 등의 특수 효과를 작은 시간의 노력으로 얻을 수 있게 되었습니다. 게임 분야에서도 수억 원에 달하였던 게임 엔진들이 무료로 제공되고 있습니다. 그래픽소스, 프로그래밍 소스, 뮤직 자료들을 애셋에서 저렴하게 구입이 가능해서 개발자가 게임을 손쉽게 제작할 수도 있습니다.

초연결성의 극대화는 집단지성과 빅데이터 활용기술들이 힘을 가지게 되었습니다. 이에 따라 개방성을 가지고 공유 플랫폼을 지향하는 기술이 사회적으로 각광을 받고 있습니다. 복잡한 전문기술의 활용 측면, 여러 서비스 및 비즈니스 모델의 확대 측면, 사회적 가치의 실현 측면 등으로 나누는 기술이 더욱 확대될 것입니다. 자동차와 주택에 대한 공유시스템은 많이 알려져 있습니다. 이제는 자전거도 IT 기술을 기반으로 한 공유 플랫폼을 사용할 수도 있습니다. 이렇게 되면 관광 및 친환경도시 조성의 측면에서 많은 유익이 있을 것입니다. 자전거 수리, 주차, 대여, 반환, 재배치 등에 장점을 가질 수 있습니다.

　기술은 우리의 긍정적인 미래를 만들어 갈 따뜻한 기술로 나아가야 합니다. 4차 산업혁명에 의해 로봇이 발전하면 인간 생활의 편리성은 더욱 증대될 것입니다. 직종이 없어지고, 감정까지 상품화하고, 경쟁이 더 강화되고, 부의 편중 기반이 될 수 있습니다. 이에 따라 국민들의 참여와 국민의 권한 부여에 의한 기술의 민주적 지배체제가 필요합니다. 사회적 갈등을 해결하는 기술, 사회적 약자들을 위한 기술, 지배 세력의 권위에 대항할 수 있는 기술 등을 만들고 지원해야합니다. 우리 사회의 종교와 시민사회단체들은 자칫 우리 사회를 어둡게 할 기술귀족들의 기술편중과 지배를 감시하고 감독할 사명도 수행해 나가야할 것입니다.

　박근혜 정부의 최순실 국정농단 사태로 빚어진 촛불 집회에서 석정현 작가가 광화문 활주로를 자유롭게 나는 고래와 그 등에 탄 채 우리를 지켜보는 세월호 아이들의 모습을 그린 그림은 많은 사람들을 감동시켰습니다. 이를 본 이군섭은 진실을 인양하는 고래라는 앱을 개발해냈습니다. 이런 확대재생산의 노력처럼 가치를 지향하는 기술, 따뜻한 기술의 개발이 4차 산업혁명을 긍정적인 미래 사회의 기반으로 삼게 할 수 있습니다. 이를 교육하고 공유하고 구체화하는 기술사회를 이끌어 갈 성숙한 시민사회를 기대해봅니다.

　이와 같은 기술의 진보시대에 오늘 우리의 종교와 시민사회단체들은 어떤 자세를 지녀야할까요? 구약성서에 나오는 7년 풍년을 보내고 7년 흉년을 대비한 요셉, 신약성서에 나오는 지혜로운 열 처녀처럼 다가오는 미래를 잘 준비하고 대배해야할 것입니다. 이를 통해 오늘 우리의 삶의 현장에서 기술의 진보에 대한 긍정적인 효과를 창출해내고, 부정적인 요소들을 예방하기 위한 방안도 함께 찾아나가야 할 것입니다. 아울러

자칫 우리 사회를 어둡게 할 수 있는 농간질의 우려, 기술의 독차지하려는 기술귀족을 감시하고 감독할 우리 사회의 파수꾼과 같은 시민사회단체의 사명도 수행해 나가야할 것입니다.

인공지능과 마음

대부분의 인공지능을 다룬 영화에서 사이보그는 기계적이고 마음이 없는 존재로 등장합니다. 그들은 사무적으로 주어진 명령을 수행하며 그 과정에 인간미가 없다는 것이 특징입니다. 사실 이는 너무나도 당연한 모습입니다.

인공지능의 정의는 말 그대로 '인공적으로 구현한 지능'입니다. 쉬운 예로 인풋에 따른 아웃풋을 정의해 수행하도록 한 것입니다. 최근까지는 인공지능이 단순히 코드와 수식으로 주입된 것이며 '인공지능=기계'라는 생각이 강했으나 이 분야의 발전에 따라 등식은 더 이상 성립하지 않게 되었습니다.

최근 인공지능에 관한 강연을 들을 기회가 있었습니다. 가장 인상 깊은 내용은 '실험실 안에는 더 이상 컴퓨터 공학자와 기계공학자만 존재하지 않는다'는 것이었습니다. 휴머노이드 연구의 과정은 '심리학자'와 함께합니다. 결정적으로 지능이 알고리즘의 삽입만으로 만들어지는 것이 아니라, 로봇을 앞에 두고 사람의 행동을 관찰하게 해 자기만의 처리 방식으로 지식을 습득하고 응용하도록 합니다. 사람처럼 구현되어 사람의 행동을 점차 유사하게 따라 하는 로봇의 등장이 도래한 것입니다.

로봇이 가진 사고의 확장은 선호도를 만들고 종래에는 로봇에게도 '마음'과 비슷한 것이 생길 수 있습니다. 그 또한 외부에서 센서에 전해진 자극에 반응일 뿐이지 않으냐, 하는 의문이 나올 수 있겠지만 그때가 도래하면 로봇의 행동은 인풋에 대한 아웃풋 정도로 단순히 치부할 수 있는 것이 아니라, 그 내부에서 로봇의 경험을 토대로 쌓아 올려진 수많은 지식에 의해 출력된 결과일 것입니다. 그리고 경험상의 선호도가 반영되어 결과물을 출력하는 그 과정은 '마음'과 굉장히 유사할 것이라 조심스레 예측해봅니다.

물론 이는 아주 먼 미래의 일입니다. 현재 인공지능 학문 초기부터 목표로 했던 자동 외국어 번역기는 아직 제대로 작동하고 있지 않으며, 어린아이 정도의 수준으로 사고하는 로봇 역시 가까운 미래에서는 실현되기 어렵습니다. 하지만 인류는 언젠가 자신과 유사하게 생긴 로봇을 직면하게 될 것입니다. 사람과 비슷하면서도 다른 그들을 맞이했을 때 우리는 어떤 행동을 취해야 할까요?

매체의 홍수시대,
진실한 매체를 찾아야 합니다

　신문은 물론이고 지상파 방송, 종합편성 방송, 인터넷 방송, 케이블TV 등 무수히 많은 대중매체들이 연일 정보를 쏟아냅니다. 매체들은 자신들의 입장을 알리고 다양한 분야의 사람들과 소통을 이끕니다. 그러나 너무 많은 매체의 홍수는 그 특성을 구분하지 못하거나 애써 구분하지 않게 합니다. 쏟아지는 뉴스, 광고, 드라마를 볼 때 진실이 무엇인지 모호합니다. 특히 상업방송 시대는 시청률 경쟁이 치열합니다. 이때 이윤을 확보하려는 매체 전문가들이 매체를 조작하면 어느새 진실은 왜곡되고 시청자들은 혼돈 중에 참과 거짓을 구분하기 어렵게 됩니다. 때문에 매체를 다루는 영역의 '윤리'가 요구됩니다. 언론 윤리는 거짓을 벗어 버리고 저마다 이웃에게 진실하게 말해야합니다.

　어떤 매체가 이웃에게 진실을 말하고 이웃의 성장에 좋은 말을 하고 있을까요? 우리가 처한 매체환경이 이렇다면 어느 매체가 진실을 전하고 있는지 옥석을 가려야만 합니다. 매체분야 전문가들만이 윤리적 의무가 있는 것은 아닙니다. 매체를 이용하는 사람들도 마찬가지로 그러한 의무가 있습니다.

자신의 고유한 책임을 인식하고 있는 시청자들 못지않게 매체 운영자들도 자기 책임을 다하려고 노력해야 합니다. 매체 이용자들의 첫째 의무는 식별력과 선정選定 능력을 갖추는 것입니다. 매체의 홍수, 특히 규제가 거의 없는 매체 시장에서 각 개인은 좋은 매체를 선정하고 식별하는 능력을 키워야합니다.

'정규재TV'라는 인터넷 방송은 한국경제신문 주필 정규재가 운영하는 팟캐스트입니다. 2017년 1월 25일에 있었던 정씨와 박근혜 전 대통령의 인터뷰 때문에 세상이 시끄러웠던 적이 있습니다. 방송내용만 두고 판단하기는 쉽지 않지만 헌법재판소의 탄핵심판을 기다리는 박 전 대통령의 인터뷰는 심각한 왜곡이 있었습니다. 이처럼 방송을 통한 사실 왜곡이 심각한 상황에서 매체 이용자들이 식별력과 선정능력을 갖추려면 방송 책임자가 진행한 방송 내용의 진정성, 일관성 등을 살펴야 합니다. 여러 곳에서 정씨가 쓰고 진행한 방송 내용을 읽고 들어보면 그 내용의 편파성, 왜곡을 볼 수 있고 일관성의 부재가 분명하게 드러납니다. 특히 인터뷰 중 박 전 대통령이 자신의 비리와 권력남용을 변명하고 국회 탄핵을 두고 "나를 끌어내리기 위해 오랫동안 준비되고 기획 관리됐다."고 주장할 때 그 주장의 근거를 구체적으로 캐묻지 않은 정씨의 태도는 전문가의 자질을 의심하기에 충분했습니다. 방송 전문가라고 할 수 있는 진행자의 책임은 막중하며 매체의 식별력과 선정 능력을 갖추는 것은 포기해서는 안 되는 일입니다.

3

질문하는 교육이 필요합니다

산들바람 불어오면

문화교양시대를 맞이하는 자세

"인간은 만물의 척도"라는 말이 있습니다. 이는 세상의 중심이 되어 모든 것을 판단하고 주도하는 인간의 존엄함과 유능함을 단언斷言하는 자신에 찬 말입니다. 실제로 인간은 지구상에 출현한 이래 자신을 둘러싸고 있는 환경에 적응하거나 혹은 그것을 변화시키려는 움직임을 끊임없이 보여 왔습니다. 이러한 과정에서 인간은 광대한 자연을 극복하고 변형하면서 사회를 이루고 '생존을 위한 적응체계'로서 문화를 형성해 왔습니다. 인간은 살아가는 과정에서 여러 어려움과 아쉬움에 처하면서 자신의 한계를 통찰하고, 초자연적인 존재에 의존하기도 했습니다. 그러면서 종교에 귀의歸依하기도 했습니다. 또한 개인과 집단 사이에 상호 충돌하는 다양한 이해관계를 조절하고 통제하면서 사람들의 삶과 집단 사이의 관계를 조직하고, 발생하는 제반 위기에 총괄적으로 대처하는 단위로서 국가를 만들어냈습니다.

사람들은 산업과 기술을 발전시켜 가면서 문제 해결능력을 높여갔으며, 자신을 둘러싼 상황에 대해서 질문을 제기하고 그에 대한 답변을 찾아가는 과정에서 다양한 분야의 학문도 등장시켰습니다. 그런가 하면 생활전반에서 희로애락喜怒哀樂의 감정과 희구希求하는 바가 자연스럽게 표출되면서 예술세계가 전개되었으며, 신체를 단련하고 공동의 놀이를 하는 과정에서 다양한 스포츠 분야도 생겼습니다.

이런 점에서 사람은 문화의 주인공으로서 자부심과 권위를 누릴 만합니다. 문제는 모든 사람이 그러한 혜택을 누리는 것은 아니라는 것입니다. 더 큰 문제는 대다수의 사람들이 그로부터 소외되어 있다는 것입니다. 사회는 형성 초기부터 오늘에 이르기까지 차별과 불의로부터 자유롭지 못했습니다. 국가권력을 차지한 이들은 자신들의 권력을 유지하고, 확장하기 위해서 억압적인 물리력을 동원했습니다. 산업화에 따라 서로 대립하는 계급이 나타나기도 했습니다. 종교 역시 항상 만인萬人의 편은 아니었습니다. 오히려 가진 자와 엘리트 지배 계층만을 위한 도구로 전락해서 사회적인 약자들을 소외시키기도 했습니다.

인류의 역사는 생존과 세력범위 확대의 수단으로 전쟁이 끊임없이 되풀이되면서 사람들의 삶과 영혼은 살육과 파괴 속에 더욱 피폐되었습니다. 점령과 굴복, 지배와 피지배라는 악순환 속에서 인종과 민족 사이에 서열과 차별이 만들어졌으며, 몇몇 열강들이 주도권(헤게모니)을 장악한 채 세계를 뒤흔들면서 많은 사람들의 운명을 결정하기도 했습니다. 주도국가들, 지배자, 그리고 가진 자는 학문과 예술, 스포츠를 무기로 활동하면서 자신의 권위와 이익을 도모했습니다.

최근 정보기술의 발달과 함께 개인의 개성과 정보는 보호받지 못하고, 오히려 권력과 자본에 의한 통제와 조작의 대상이 되기도 했습니다. 경쟁력과 효율을 최우선하면서 계속 새로운 기술이 추구되는 가운데, 기술 보유자이며 인적자본으로서 사람은 끊임없이 도태되고 배제되었습니다.

이처럼 사람의 산물産物인 문화가 사람을 존중하고 배려하는 것이 아니라 오히려 사람을 소외시키고 억압하며 차별하는 상황이 벌어지기도 해왔습니다. 그런데 사람에게 내재되어 있는 정열과 의지, 특히 욕망과 환상은 문제를 해결하기보다 오히려 더 악화시키는 경향을 보이기도 했습니다. 사람은 차별과 경멸, 기만과 조작, 그리고 압박과 착취를 내면화시키면서 스스로 족쇄를 만들어갔고, 상호간의 경쟁상대 혹은 적이 되어 사람관계와 집단의 갈등과 반목과 분쟁을 초래하면서 그 흔적을 역사와 문화에 각인시켰습니다. 개인 혹은 집단은 능력과 외모, 성격뿐 아니라 소속되어 있는 인종, 국가 및 사회계층과 문화적 배경, 출신 지역에 따라 지위와 물질적인 복지, 그리고 사회적 영향력 특히 경험의 폭과 내용까지도 크게 달라졌습니다. 이러한 차별과 소외는 세대를 거듭하면서 지속되었습니다. 특히 여성은 인류 역사 속에서 가장 오랫동안 차별과 지배의 대상이 된 채로 소외되어 왔습니다.

다른 한편, 사람은 또 다른 방향으로 움직이기도 했습니다. 자신이 처해있는 힘든 상황에서 벗어나거나 혹은 그것을 개선하기 위해 끊임없이 추구해왔습니다. 우선 사람은 계속 질문을 제기해왔습니다. 과연 사람이란 어떠한 존재이고, 사람에게 바람직한 삶이란 무엇인가? 또한 사람은 어떠한 가치와 방향을 추구해야 할 것인가에 대해서 물어왔습니다. 이러한 질문에 대해서 사람들은 다양한 답변과 해결책을 모색하고 그것을 실현시키려고 했습니다. 이런 노력들은 개인적으로 도모되기도 했지만, 상호간의 인정과 존중, 소통과 지원을 바탕으로 한 연대를 통해서 도모되기도 했습니다.

역사를 돌이켜 보면, 사람이 만들어 놓은 다양한 굴레에서 다소나마 벗어나 보다 인간답고 바람직한 세상을 만들고자 했던 사람들이 있었습니다. 이 사람들은 인간적인 한계와 가능성 안에서 주어진 환경에 충실하게 적응하면서도 또 한편으로는 그에 도전했습니다. 사람이기에 부여받은 감정과 욕구에 어쩔 수 없이 얽매이면서도 자신을 포함한 기존 상황에 대해 근본적인 문제와 의문을 제기해서 그것을 해결하고 개선시키고자 노력한 이들의 구체적인 모습을 재구성해 보면 오늘을 사는 우리에게도 큰 교훈과 지혜를 줄 것입니다.

그러나 특정한 시대와 특정 사회를 살다간 한 개인의 생애 그 자체에 대한 관찰에만 국한하는 것은 큰 의미가 없을 수 있습니다. 그 어떤 개인이라도 결코 혼자 사는 것이 아니라 타인과 다양한 관계로 얽혀있으며, 사회체계와 문화적인 규범이라는 테두리에서 자유롭지 못하기 때문입니다. 그러므로 개인의 순응과 도전, 심지어는 포기와 좌절에 이르기까지 그것이 당시의 문화적이고 사회적인 구조에서 어떠한 위치를 차지하고 있으며, 또한 각자의 선택에서 당시의 문화적인 요소들이 어떻게 작용했는지 확인해봐야 합니다.

그렇다고 해서 개인의 삶을 주어진 문화의 산물로서만 봐서는 안 됩니다. 오히려 개인과 문화의 상호작용에 주된 초점을 맞춰서 살펴봐야 합니다. 모든 사람은 주어진 환경에 적응하기도 하지만, 작든 크든 그에 대해서 반응하고 도전하면서 변화의 요인을 제공하기도 합니다. 그러므로 각 인물이 자신에게 부과된 환경을 넘어서 새롭게 구축하고자 했던 문화적인 이상과 목표, 그리고 그것을 실현하기 위해서 투여했던 실천적 움직임에 보다 비중을 두고 살펴봐야 합니다. 이런 개인적인 시도는 성공해서 기존의 문화적인 틀을 해체하거나 변화시킬 수도 있었고, 반대로 좌절해서 더욱 경직되고 편협한 상황을 초래하는 경우도 있습니다. 이러한 결과에 대해서도 단순히 개인적인 요소로만 설명하는 데 그치는 것이 아니라, 각 개인의 삶과 시도를 문화적인 관점에서 설명하고 평가해보면서 그것의 문화적 한계뿐 아니라 성취까지 가늠해봐야 합니다.

특정시대와 공간에 담긴 문화적인 의미를 내포하는 삶이 반드시 한 개인의 그것에만 그치라는 법도 없습니다. 어느 시대나 사회를 막론하고 문화란 공통의 체계와 관습을 이루고, 그에 대한 반응과 작용 역시 집단적으로 나타나는 경우도 있습니다. 그러므로 집단적인 문화운동의 성격을 가진 사례나 설사 한 개인의 삶을 조명하더라도 그가 문화적인 실천 과정에서 만나고 소통하며 연대했던 사람들뿐만 아니라 대립하고 적대했던 사람들과의 관계에 대해서도 주의를 기울여보면 오늘 우리의 삶을 성찰해보고, 내일을 준비하는데 유익할 것입니다. 이런 이유로 오늘 우리에게 역사이해는 중요할 것입니다.

다양하고 바른 역사이해를 위하여

우리는 종종 '훗날 역사歷史가 말해 줄 것이다'라는 말들을 듣습니다. 이 말은 뭔가 억울하거나 당장은 말 못할 어떤 사정이 있지만 뒷날 언젠가는 자연스럽게 그리고 정확히 알려지게 될 것임을 의미합니다. 개인 간의 사소한 일에도 이렇듯 역사까지 거창하게 운운하며 넘기기 일쑤입니다. 이는 역사가 바르고 정의로운 어떤 힘을 갖는 개념이라고 믿기 때문입니다. 그렇습니다. 역사의 한자 풀이를 봐도 그런 의미를 알 수 있습니다.

역사를 기록하는 사관史觀을 의미하는 '史'는 가운데 중中과 붓을 잡는 손 수手의 합성어입니다. 붓을 잡고 바르게 중도를 기록함입니다. 늘 왕의 면전面前 즉 좌측에서 그의 행동을 헤아리는工 좌사左史와 우측에서 그의 말口을 기재記載하는 우사右史가 있어 나중에 그 말들과 행동行을 취합해서 올바른 중도中道의 자세로 기록했음이 역사라는 것입니다.

이것이 문자 시대의 기록문화였다면, 문자 이전의 선사시대에는 언덕이나 구릉(언덕 한厂)에 곡식을 심으며(벼 화禾) 정착했다(머물 지止)는 글자 '역歷=?+禾+禾+止'의 풀이에서도 짐작할 수 있듯이 당시의 유물遺物이나 유적遺蹟을 통해서 그 문화를 알 수 있습니다. 결국 역사란 오랜 시간 속에서 농경의 흔적歷과 기록을 통한 문서의 시대史로 구분됩니다. 따라서 전자가 기록 없는 선사시대先史時代라면 후자는 문자를 갖는 기록 문화 시대 또는 역사를 갖는 역사시대歷史時代라고 부릅니다. 그런데 그간의 역사라는 것이 주로 통치자인 왕의 행적이나 큰 사건사고의 서술이 대부분을 차지했습니다.

군주가 왕도를 펼쳐 태평성대가 지속되었다면 역사는 별로 기재될 것이 없었을 것입니다. 그러나 인류 역사에서 그렇게 평화스런 시대가 얼마나 있었던가요? 전쟁 등 혼란한 정국에 대부분의 국력을 허비했던 데다가, 그 중에서도 사치행각과 음주飮酒 가무歌舞에 젖어 정사政事는 뒷전이고 백성들은 도탄塗炭에 빠져 어렵기만 했습니다. 때문에 왕은 늘 신변身邊의 위협과 비난의 대상이 되었습니다.

이런 군주를 사관들이 좋게 기록할 리는 없었습니다. 고려말 혼란한 시기의 우왕은 "자신의 과실過失을 기록하면 죽이겠다."라고 겁박했고, 사초史草에 실은 '조의제문弔意祭文'을 문제 삼아 조선의 연산군은 피비린내 나는 무오사화戊午史禍*를 일으켰습니다. 이러한 오류誤謬를 범하지 않

---

* 무오사화의 직접적인 도화선은 김종직의 〈조의제문〉을 김일손이 사초에 실었던 일이었습니다. 1498년 실록청이 개설되어 〈성종실록〉의 편찬이 시작되자 〈조의제문〉이 세조의 즉위를 비방하는 것이라며 유자광은 김종직과 김일손이 대역부도를 꾀했다고 연산군에게 고했습니다. 이에 연산군은 김종직과 그의 문인들을 대역죄인으로 규정하였습니다. 이미 죽은 김종직은 대역의 우두머리로 관을 쪼개어 송장의 목을 베는 형을 받았습니다. 또한 김종직의 문도로서 당을 이루어 국정을 어지럽게 했다는 죄로 많은 사림들이 처형되거나 귀양을 갔습니다. 반면 무오사화를 주도한 유자광 등 훈구파는 권력기반을 굳히게 되었습니다. 무오사화의 결과 신진사림파는 중앙정계에서 물러나게 되었습니다. 그러나 사림은 선조 대에 이르러서는 국정의 주도권을 장악하게 되었습니다.

기 위해서 우리는 역사를 배우며 되새김해야합니다. 정치를 잘 하려면 지난 치란治亂의 자취를 살펴봐야 합니다. 역사야말로 미래에 대한 최고의 예언서입니다.

그러나 과거를 잊어버리고 또다시 반복하는 어리석음이 수없이 벌어지는 것을 쉽게 볼 수 있습니다. 임진왜란이 일어나자 도성과 백성을 버리고 명나라로 망명하려 했던 선조나 일본의 테러가 무서워 러시아 공사관으로 숨어버린 고종의 아관파천俄館播遷**이 있었습니다. 이런 일은 근현대사에서도 일어났습니다. 우리나라 초대 대통령 이승만은 1950년 6·25전쟁당시 서울이 함락되자 자신은 이미 대전으로 피신한 채, 국군이 여전히 북진北進 중이라는 거짓 방송을 하였습니다. 그리고는 한강다리를 폭파해서 서울시민의 피난길마저 막았습니다. 휴전이후에는 자신만은 무제한으로 출마할 수 있게끔 4사5입 개헌을 밀어붙인 다음 3·15 부정선거를 자행해 대통령에 당선되었습니다. 결국 4·19 혁명으로 대통령직에서 하야하고 하와이로 망명하고 말았습니다.

군사쿠테타로 집권한 박정희는 유신체제로 자신의 장기집권을 이어가다가 1979년 10월 26일 자신의 가신그룹간의 갈등의 심화로 인해 총탕에 운명했습니다. 12·12 하극상 군사쿠데타로 집권한 전두환은 1980년 5·18 민주화운동을 당시 광주시민들에게 총기를 난사한 만행을 저

** 청일전쟁 승리로 조선에 대한 우월권을 확보한 일본은 중국으로부터 랴오둥 반도를 할양받는 등 대륙침략의 발판을 마련했습니다. 그러자 일본의 독주를 우려한 러시아는 삼국간섭으로 랴오둥반도를 반환하게 했습니다. 러시아 공사 베베르는 민씨왕비 세력에게 친러정책 실시를 권유했습니다. 이에 일본공사 미우라 고로는 1895년 8월 20일 민씨왕비를 참혹하게 살해한 을미사변을 일으켰으며, 친일내각은 단발령 실시를 비롯한 개혁사업을 재개했습니다. 그러나 민씨왕비학살과 단발령은 반일감정을 폭발시켜 전국적인 의병봉기가 일어났습니다. 민씨왕비가 시해된 후 친미·친러 세력은 고종에게 안전을 위해 잠시 러시아 공사관으로 옮길 것을 종용했습니다. 1896년 2월 11일 새벽, 고종은 극비리에 러시아 공사관으로 파천했습니다. 아관파천을 계기로 친러파가 정권을 장악하고 전제왕권이 다시 강화되었습니다.

질렀습니다. 이들 통치자들은 모두 자기 본위로, 국민을 무시하는 통치자들의 모습이었습니다. 아무 힘없는 백성들인 것 같지만 이들의 분노는 감당키 어려웠습니다. 임진왜란 당시 자기만 살겠다고 백성을 버리고 떠나는 선조에게 "저희를 버리고 어디로 가시려 합니까?"라고 탄식하며 왕에게 돌을 던졌고, 왕궁을 불태워버렸습니다. 종신장기집권의 야욕을 드러난 이승만 대통령을 추방하였습니다. 그리고 보면 세상의 거창한 사건들은 주로 통치자들의 범죄의 역사였습니다. 이에 반하여 민초民草들의 눈물겨운 저항과 나라수호의 역사가 있었습니다. 쓰러져가는 나라를 되찾고자 전국에서 뭉친 이름 없는 수많은 의병과 군번 없는 학도의 용군 그리고 일제하의 독립지사들이 그들입니다. 개인적인 안위安慰나 가족사랑은 뒤로 한 채 오직 구국일념으로 자신을 희생했습니다.

"내 손톱이 빠져나가고, 내 귀와 코가 잘리고, 내 다리가 부러져도 그 고통은 이길 수 있으나 나라를 잃은 그 고통만은 견딜 수가 없습니다. 나라에 바칠 목숨이 오직 하나밖에 없는 것이 이 소녀의 유일한 슬픔입니다." 이는 1919년 3·1운동의 주동자인 유관순 열사***의 유언遺言입니다. 유관순 열사는 체포되어 모진 고문을 당했습니다. 손톱을 뽑히고, 머리가죽을 벗기고, 불을 달군 인두로 몸 지지기, 그리고 차마 입에 담기조차 참혹한 성고문까지 당했습니다. 이렇게 모진 고문을 받다가 서대문형무소에서 만기출소 이틀 전에 옥사獄死를 했는데 당시 유관순의 나이 18세였습니다.

"고향에 계신 부모 형제 동포여! 더 살고 싶은 것이 인정입니다. 그러나 죽음을 택해야 할 오직 한 번의 가장 좋은 기회를 포착했습니다. 백년

*** 국가보훈처에서 말하는 의사와 열사의 차이입니다. 의사義士는 무장한 상태로 독립운동을 한 국가유공자를 말합니다. 열사烈士는 무장하지 않은 상태로 독립운동을 국가유공자를 말합니다. 그러니 안중근과 윤봉길은 의사이고, 태극기 들고 만세를 부른 유관순과 고종황제의 편지를 갖고 헤이그에 간 이 준은 열사입니다.

을 살기보다 조국의 영광을 지키는 이 기회를 택했습니다. 안녕히, 안녕
히들 계십시오." 매헌 윤봉길 의사義士의 유언입니다. 그는 일왕의 생일
기념행사를 벌이던 상해의 홍구공원에서 침략자 일제의 장성將星들을 폭
살하였습니다. "중국의 백만 대군도 하지 못한 일을 조선의 한 청년이
해냈습니다."하며 장개석 총통은 극찬했습니다. 이렇듯 쓰러져 죽으면
서도 오직 나라를 걱정했던 민초들이 있었기에 오늘의 대한민국이 존재
할 수 있었던 것입니다.

그런데 요즘 영화보다도 더 극적인 사태가 우릴 혼란스럽게 하고 있
습니다. 세상에 국민이 나라의 주인이라는 국민주권시대에서 대통령과
잘 아는 사이라는 이유로 공식적인 직함이 없는 한 사람의 민간인에 의
해서 국정농단이 벌어졌습니다. 그녀의 말 한마디에 장차관이 교체되고
우리나라의 내노라하는 재벌총수들이 벌벌 떨었습니다. 그 과정에서 대
통령은 해서는 안 될 권력으로 불법과 탈법을 자행하였고, 정치인들과
재벌들은 이익 채기기에 급급했습니다. 여기엔 이화여대와 같은 대학마
저 알아서 충성을 바쳤습니다. 너무나 한심하고 창치해서 "이게 나라
냐?"고 국민들이 분통을 터뜨렸습니다.

인류 역사에서 가장 큰 비극은 역사에서 아무런 교훈도 얻지 못한다
는 데 있습니다. 그것은 불행을 또다시 반복하게 합니다. 역사는 과거를
통해 미래의 이정표를 제시하고 있는데도 말입니다. 그나마 우리나라가
덜 부끄러운 것은, 아니 자랑스러운 것은 보고 듣고 말할 것이 너무나
많은 연약한 촛불들, 그들이 모이고 모여 어둠을 밝히는 희망이 되었음
입니다. 구리로 거울을 삼으면 의관衣冠을 바르게 할 수 있고, 일로써
거울을 삼으면 흥망興亡의 원인을 알 수 있으며, 다른 사람을 거울로 삼
으면 잃고 얻음을 밝힐 수 있습니다.

오늘도 가슴 뜨겁게 역사를 새로 쓰고 있는 민초들의 외침들, 올바름

을 찾는 지혜와 용기 그리고 열정들이 역사의 힘이 되고 있습니다. 훗날의 역사보다는 지금 당장의 시정是正이 더 소중하기에 그래서 광화문이 더욱 뜨겁습니다.

박근혜 전 대통령은 세월호 참사 당시, 꽃다운 아이들이 차가운 바닷속에 빠져 들어가는 그 아픔과 참혹함을 아랑곳하지 않고 비선秘線을 통해 자신의 얼굴을 젊게 보이려는 성형시술을 했다고 합니다. 이처럼 겉으로 드러나는 자신의 얼굴을 성형하는 것을 선호하더니 급기야 우리 역사마저 성형해서 주입하려고 합니다.

영국의 총리였던 '윈스턴 처칠'이 죽기 전에 남긴 유명한 명언입니다. "역사를 잊은 민족에게 미래는 없습니다." 역사의 중요성을 말해주는 이 말은 많은 이들에게 깊은 감명을 주었습니다. 그리고 지금, 이 말은 우리나라에겐 어떤 칼날보다 예리하고 강력한 경고를 하는 것만 같습니다. 편향된 역사교과서를 국정화하려는 박근혜 정권에게 말입니다.

만약, 처칠이 살아 돌아와 우리나라를 보면 혀를 차며 "미래가 없어지고 있다"라고 말할 것만 같습니다. 우리나라는 진정한 역사를 점점 잊어가고 있기 때문입니다. 정부가 밀어붙이고 있는 국정교과서는, 우리의 부끄러운 역사인 '한일협정'은 경제 발전의 토대로, '5.16 군사 쿠데타'는 근대화 혁명으로, 독재자 박정희 전 대통령은 '경제 발전과 산업화의 아버지'로 미화했습니다. 이것은 자신의 아버지를 우상화하려는 박근혜 전 대통령의 수작이고, 부끄러운 역사를 더 부끄럽게 만드는 '하지 않으니만 못한' 행동입니다. 그리고 민족의 미래를 어둡게 만드는 파렴치한 짓입니다.

2016년 8월 〈비정상회담〉이라는 방송에서는 '식민지 역사에 대한 각국의 입장'에 대한 내용을 다뤘습니다. 방송 중 일본 대표 오오기는 "일본은 '위안부', '난징대학살', '생체실험' 등과 같은 일본이 저지른 역사적 악행에 대해서는 제대로 교육을 하지 않습니다."는 말을 했습니다. 반면 독일 대표 닉은 "독일에서는 어렸을 때부터 역사교육을 철저히 하고, 수학여행으로는 아우슈비츠로 가서 과거를 반성합니다."고 말했습니다. 아우슈비츠는 폴란드에 있는 독일 나치의 학살이 자행되던 수용소입니다. 당시 400만 명의 목숨이 희생당했으니 일본보다 더하면 더했지 결코 덜하지 않았습니다. 그런데도 독일은 부끄러운 역사를 미화시키거나 숨기려는 행동을 취하지 않았습니다. 이것이 지금 우리나라 정부가 배워야 하는 태도가 아닐까 싶습니다.

우리가 역사를 공부하는 이유는 부끄러운 사건을 통해 교훈을 얻고, 자랑스러운 사건을 통해 자부심을 느끼기 위해서입니다. 어째서 대한민국을 이끌어 가야 하는 박근혜 정권이 이런 기본적인 것도 모르는지 답답한 노릇입니다. 1987년, 우리나라가 민주화를 거치면서 큰 분수령이 있었던 해였습니다. 서울대생 박종철이 치안본부 남영동 대공분실에서 물고문을 당하다가 숨지는 일이 발생했고, 경찰은 이를 숨기기 위해 "책상을 '탁'치니 '억'하고 죽었다"고 사인死因을 발표한 바 있습니다. 그러나 곧 이는 거짓으로 밝혀졌고 이 사건은 진실이 드러나면서 같은 해 6월, 연세대생 이한열이 최루탄에 맞아 희생되는 사건 등으로 인해 많은 학생과 국민들의 민주항쟁으로 이어졌습니다. 마침내 6·29선언까지 이끌어 내는 등 민주화의 큰 기점이었습니다.

이때 국민들을 하나로 묶는 계기가 된 것 중에 하나가 당시 경찰의 "책상을 '탁'치니 '억'하고 죽었다"는 표현이었습니다. 도대체 얼마나 국민들을 바보로 여기고 기만했으면 그와 같은 표현으로 속이려 했을까 싶었습니다. 그러나 다행히 국민들은 그 같은 속임수에 넘어가지 않았고, 민주화를 더욱 거세게 요구했습니다. 그런 과정을 통해 오늘 우리는 군사독재정권에서 민간민주정부에서 자유를 누리고 있습니다. 그런데 교육부가 고등학교 한국사 교과서에서 '책상을 탁 치니, 억 하고 죽다니'

란 표현은 국가권력에 대해 부정적인 인상을 가질 수 있으므로 빼라며
수정명령을 내렸습니다. 역사의 명확한 일에도 정부가 성형의 칼을 들이
대려는 허튼 수작은 성형을 좋아하는 박근혜 전 대통령과 비선실세 최순
실의 진가가 매우 잘 드러나는 부분입니다.

'오십보소백보五十步笑百步'라는 말이 있습니다. 이 말은 전장戰場에서 오
십보 도망간 군인이 백보 도망간 사람을 보고 비웃었다는 말입니다. 이
고사古事의 핵심은 두 병사가 전장에서 도망갔다는 점입니다. 이와 비슷
한 속담이 있는데 '똥 묻은 개가 겨 묻은 개를 나무란다.' 즉, 자기는
더 큰 흉이 있으면서 도리어 남의 작은 흉을 본다는 말입니다.

역사를 왜곡하거나 하려는 나라가 우리만은 아닙니다. 역사왜곡에 재
빠르고 열정적인 나라는 일본과 중국입니다. 일본은 임나일본부설, 삼국
고구려, 백제, 신라조공설, 대한제국강제병합, 관동대지진, 위안부 문제 등
수많은 부분에서 역사를 왜곡하면서도 이를 사실인양 주장하고 또 교과
서에 기록해서 가르치고 있습니다. 중국은 동북공정東北工程****에서 역사
왜곡의 단면을 보이고 있습니다. 즉, 현재 중국의 국경 안에서 이루어진
모든 역사는 중국의 역사이므로 고구려와 발해의 역사 역시 중국의 역사
라는 주장입니다.

두 나라의 경우와 우리나라의 경우를 비유로 들여다 보건대, 일본과

**** 동북공정은 동북변강역사여현상계열연구공정東北邊疆歷史與現狀系列研究工程의 줄임말입
니다. 중국은 현재 중국의 국경 안에서 이루어진 모든 역사는 중국의 역사이므로 고구
려와 발해의 역사 또한 중국의 역사라고 주장합니다. 동북공정에서 우리나라 고대사에
대한 연구는 고조선·고구려·발해 모두를 다루고 있지만 가장 핵심적인 부분은 고구
려입니다. 이 연구를 통해 중국은 고구려를 고대중국의 지방민족정권으로 주장하고 고
구려의 역사를 중국역사로 편입하려 하고 있습니다. 동북공정은 1983년 중국사회과학
원 산하 변강역사지리연구중심이 설립된 이후 1998년 중국 지린성 통화사범대학 고구
려연구소가 '고구려학술토론회를 개최하면서 본격적으로 추진되었습니다. 2004년 동
북공정 사무처가 인터넷에 연구내용을 공개하면서 우리나라와 중국 사이에 외교문제
로 비화되었습니다. 우리나라도 중국의 역사왜곡에 대처하기 위해 2004년 고구려사연
구재단을 발족했습니다.

중국이 백보를 도망친 자와 똥 묻은 개에 해당한다면, 우리나라 박근혜정권은 오십보를 도망한 자요 겨 묻은 개일 것입니다. 그러나 좀 더 거칠게 말한다면 오십보소백보는 고상한 표현입니다. 역사는 일점일획─點─劃도 왜곡해서 안 된다는 점에서 볼 때 역사도 성형하려는 박근혜정권의 행태는 오히려 똥 묻은 개나 겨 묻은 개나 다름없습니다.

역사이해는 '국정교과서'라는 틀로 다양한 역사적인 해석과 이해를 차단한 획일劃─이어서는 안 됩니다. 오늘 우리의 다양한 삶의 자리와 입장에서 다양하고 풍성한 해석의 논의가 펼쳐져야 합니다. 역사해석과 시각을 지나친 색깔론으로 몰아가면서 정권의 홍보용으로 역사를 규정하거나 이용해서는 안 됩니다. 역사는 정권의 것이 아니고, 그 누구의 것도 아닙니다. 살아서 운동력을 갖춘 오늘 우리의 삶과 연결된 우리의 이야기입니다. 그러므로 역사는 정권의 것이 아니고, 그렇다고 전문적인 역사학자들의 것도 아닙니다. 누구나 역사이해가 가능하기에 역사 이해는 십인십색十人十色, 백인백색百人百色일 수 있습니다. 그러기에 역사이해는 역사를 이해하는 이들과 공동체의 대화와 토의가 필요합니다. 이런 풍성한 소통과 어울림을 통해 역사는 끊임없이 새롭게 해석되고 이해되고 활성화될 것입니다.

이 땅에서 일어났던 모든 일은 그 존재만으로 충분한 가치가 있습니다. 역사와 전통은 중요합니다. 그러나 그것만 가지고는 안 됩니다. 시대는 우리에게 늘 변화를 요청합니다. 우리가 먼저 시대를 읽고 전통을 잘 계승하고 보다 적극적으로 변화해서 오늘 우리에게 아름다운 전통을 만들어가야 합니다. 과거 역사는 버릴 것이 없습니다. 다만 좋고 나쁜 것의 교훈을 얻고 그 교훈을 바탕으로 생명을 살리고 이 시대에 할 일을 반드시 해야 합니다. 그래야 다음 세대를 위한 기초와 토대를 만들어 줄 수 있을 것입니다.

역사를 바라보는 두 개의 시선

  2017년 3월 1일, 삼일절이자 수요일은 일본군 위안부 문제해결을 위한, 1272번째 '수요집회'가 열렸습니다. 25년 동안 계속돼 오고 있는 수요집회에는, 사죄를 하기 위해 찾아오는 일본 국민들의 모습도 보였습니다. 그런데 일본 정부는 반성은커녕 여전히 위안부 문제를 부정하며 역사교과서를 왜곡하려고 하고 있습니다. 일본 사회에 존재하는 '두 개의 상반된 역사'를 만나봅니다.

  2017년 2월 22일, 일본 정부의 포스터에 독도가 등장했습니다. '다케시마의 날' 포스터였습니다. 일본의 시마네현은 1905년 2월 22일 독도를 일본 행정구역에 강제로 편입시켰습니다. 그리고 이 날을 '다케시마의 날'로 정해 매년 행사를 개최하고 있습니다. "다케시마독도는 역사적 사실은 물론 국제법상으로도 명백히 일본의 고유의 영토이며…" 일본 내각부 정무장관 무타이 스케의 말입니다. 이뿐만이 아닙니다. 아베 정부는 얼마 전 '초·중학교 학습지도요령'을 개정하겠다고 발표했습니다. 이 개정안에는 초등학교와 중학교 사회과목에 '독도'와 '센카쿠 열도'를 일본 고유의 영토로 명기하고 영유권 주장을 가르치도록 하는 내용이 포함되어 있습니다. 학습지도요령은 문부과학성이 정하는 강제지침인 만큼 역사왜곡이 우려됩니다. 실제로 2012년에 교과서에서 위안부 강제동원 사실이 삭제된 적이 있습니다. 일본 정치인들은 이를 근거로 끊임없이 역사를 부정하는 발언을 해왔습니다. "종군위안부라는 말 자체가 종전 이후 미디어가 날조한 용어입니다. 종군위안부라는 조직은 존재하지 않았습니다." 전 일본 자민당 의원 니시카와 교코가 지난 2013년에 한 말입니다.

2016년 12월 말 부산 일본총영사관 앞에 세워진 위안부 소녀상에 대해 일본 정부는 소녀상에 대한 항의조치로 주한 일본대사와 부산 총영사를 2017년 1월 9일 소환했습니다. 그리고 위안부가 역사적 사실이 아니라고 강조하면서 미국 캘리포니아 주에 설립된 소녀상도 '철거해야 한다'고 전면 공세에 나섰습니다. 이런 가운데, 소녀상 앞에 놓인 편지들이 화제가 됐습니다. 바로, 일본인들이 소녀상을 방문해 놓고 간 편지입니다. 일본 정부가 만들어가려는 역사, 그리고 일본의 시민사회가 배우고 기억하려는 역사, 두 역사는 큰 차이를 보이고 있습니다.

인공지능 시대에 따른 교육은

지금 우리가 살고 있는 시대는 알파고와 이세돌 9단이 바둑을 두는 시대, 이른바 트랜스휴먼*, 포스트휴먼** 시대입니다. 자유를 실현하기 위해 노력해온 역사에 비추어 볼 때, 우리는 이런 시대의 도래를 어렵지 않게 예측해볼 수 있습니다. 사람은 누구나 기본적인 생존을 실현하기 위해서는 먼저 의식주衣食住를 해결해야 합니다. 이런 의식주를 해결하기 위해서는 노동을 해야만 합니다. 노동을 자청해서 즐겁게 임하는 사람도 있지만 일반적으로는 노동은 고통스러운 것으로 여깁니다. 왜냐하면 노

---

* 트랜스 휴먼trans human은 사람의 수명이 200여년에 달하는 신인류를 말합니다. 22세기에 등장할 것으로 추정되는 인류는 오늘날의 인류보다 몇 배에 해당하는 근력, 민첩성, 회복력을 지닌다고 합니다. 이는 유전자 조작에 의해 완성될 것입니다. 일명 안드로이드형 인간입니다.

** 포스트 휴먼post human은 사람의 수명에 제한이 없습니다. 영원히 사는 것입니다. 언제 등장할 지는 미지수입니다. 아마 25세기 이후일 것으로 추정됩니다. 무한한 세포재생력을 가지며 심지어 늙지도 않으며 상처회복력은 사람의 수 천 배에 달할 것으로 추정됩니다. 무한한 재생력은 권능이라고도 불릴 지경이며, 어떠한 질병에도 걸리지 않을 것입니다. 물론 유전자 조작에 의해 탄생됩니다.

동에는 고통이 따르기 마련이기 때문입니다. 사람은 노동을 할 때 자연과의 대립이나 갈등을 피할 수가 없습니다. 사람은 고통스러운 노동을 통해서 비로소 자유라는 기쁨을 성취할 수 있습니다. 그러나 사람은 이 자유를 성취하는 과정에서 겪게 될 수밖에 없는 고통을 가능한 한 최소화하려고 합니다. 사람은 자연과의 직접적인 관계 맺기에서 일어나는 '노동'의 수고를 덜기 위해서 도구를 발명하는 '작업'의 차원으로 이동하려고 합니다. 실제로 인류의 역사는 이런 과정을 거쳐 왔습니다.

근대에 이르러 사람은 자신의 힘든 노동을 극복하기 위해 기계를 발명했습니다. 이른바 근대인은 기계혁명을 통해서 힘든 노동에서 자신을 해방시키려고 했습니다. 그러나 유감스럽게도 근대인은 이런 기대와는 달리 과학기술과 자본이 결합된 자본주의 사회에서 기계에게 자신의 일자리를 내줘야 하는 상황에 직면하게 되었습니다. 기계의 발명이 사람의 노고를 덜어준 것이 아니라, 오히려 사람의 노동을 더 가중시켰습니다. 더군다나 숙련공은 추방되고, 단순 노동자는 기계의 부속으로 전락해서 더 많은 노고를 치러야 했습니다. 그래서 일자리를 잃게 된 근대인은 기계파괴운동 이른바 러다이트Luddite 운동을 전개하기에 이르렀습니다.

현대인들은 어떨까요? 트랜스휴먼 시대를 맞이하는 현대인도 이런 어려움에 또 다시 직면할 수 있습니다. 근대의 제1의 기계혁명이 사람 자신을 실직失職으로 내몰고, 노동의 노고를 더 가중시켰듯이, 오늘날 인공지능을 통해 전개되는 제2의 기계혁명도 이런 상황을 초래할 수 있습니다. 과거 제1의 기계혁명이 사람의 육체노동을 기계로 대체했다면, 오늘날 제2의 기계혁명은 사람의 정신노동을 기계로 대체하고 있습니다. 기계혁명의 이런 변천 과정은 어쩌면 자연스러운 과정이기도 합니다. 왜냐하면 사람은 육체노동의 수고를 덜어내고 나면, 당연히 정신노동의 수고도 덜어내려고 애쓰게 마련이기 때문입니다.

오늘날 현대인은 기계에게 지능을 부여해서 자연 안에서 자신이 지닌 지위를 기계에게 이양하고 있습니다. 여기에 이제는 자신이 힘들여 수행해야 했던 정신노동마저도 기계가 수행할 수 있는 상황을 맞이하고 있습니다. 이로 인해 현대인은 장차 더 이상 그 어떤 육체노동이나 정신노동도 할 필요가 없이 그저 놀기만 하는 존재가 될 상황입니다.

그러나 우리에게 이런 세상이 우리에게 유익한지를 깊이 생각해봐야 합니다. 이것이 우리를 행복으로 이끌어줄 것인지요? 과거 기계혁명 때 육체노동의 전문가인 숙련공이 쫓겨나듯, 이제 정신노동의 전문가인 지식인마저 쫓겨나는 것은 아닐 지요? 아울러 과거에 단순노동자들이 기계의 부속품이 되었듯이, 이제 오늘의 정신노동자들도 로봇의 지배를 받는 것은 아닐 지요? 이미 '빅 데이터'가 시를 쓰고 로봇이 상담을 하는 시대가 되었습니다. 정신노동의 영역에서 높은 위치에 자리하고 있는 지식인도 이제 '빅 데이터'에 무릎을 꿇어야 하는 상황입니다. 그뿐만이 아닙니다. 기계가 눈물을 흘리고, 욕망을 갖고, 사랑을 하는 시대가 다가오고 있습니다. 지금 우리의 삶 속에는 사람과 기계 사이의 경계가 무너지고 있습니다. 아니 사람이 만든 기계가 사람 자신이 될 뿐만 아니라 사람을 넘어서는 신적인 존재가 될 지경입니다. 고대 신화 시절에 사람과 신이 서로 경계를 넘나들며 살았던 상황이 이제 또 다른 형태로 우리에게 재연되고 있습니다.

신화는 계몽이 되고, 계몽은 다시 신화가 되고 있습니다. 이제 신이 사람을 창조한 것이 아니라 사람이 신을 창조하는, 그래서 자신이 만든 존재에 경배를 하는 알파고 성전聖殿이 출현할 날도 멀지 않았습니다. 그러나 장차 도래할 이 성전의 시대를 맞이해서 우리는 모두 축복을 받으며 과연 행복할 수 있을까요? 우리는 결코 이 물음에 대해 낙관적인 답을 내릴 수 없습니다. 문제는 성전이 실현되어 존재한다는 데 있는 것이 아닙니다. 이 성전에 대해 우리가 어떻게 임하느냐의 문제입니다. 기독교와 같은 유일신 종교는 신이 사람을 만들었다고 하고, 불교와 같은 동양권 종교에서는 사람이 신이 될 수 있다고 합니다. 인본주의적 사상에서는 사람이 필요에 의해서 신을 만들었다고 합니다. 어느 쪽이 맞든지 간에 사람이 신을 통해 자신의 욕망을 실현하려고 하는 이상, 사람은 자신을 자유의 길이 아니라, 노예의 길에 들어설 것입니다.

신을 빙자한 중세인의 욕망추구가 신앙인의 삶을 파멸로 이끌었듯이, 인공지능을 통한 현대인의 욕망추구도 트랜스휴먼의 삶을 파국으로 치닫게 할 것입니다. 과거 종교와 권력이 결합된 귀족사회가 파국을 맞이했듯, 오늘날 과학기술과 권력이 결합된 사회도 이 운명을 피할 수 없을 것입니다. 모든 것을 일방적으로 지배하고 소유하려는 끝없는 욕망에는 이미 그 안에 자기파멸이 내재되어 있습니다. 그러므로 사람이 발명하는 기계도 누가 누구를 지배하는 도구로 전락할 것이 아니기에, 우리 모두의 공동선에 이바지하는 산물産物이 되도록 해야 할 것입니다. 그러기에 인공지능 시대에도 종교와 철학과 역사와 문학과 같은 인문학적 성찰과 함께 예술적 감성이 필요합니다. 인공지능의 발전에 이를 지원하고 감독하는 일종의 조미료調味料와 같은 문화교양文化敎養이 가미되어야만 합니다. 그래야 인공지능의 발전이 파괴적이지 않은 상생相生으로 나아가게 할 것입니다.

인공지능시대에 우리 교육은 어떤 방향과 방법을 취해야할까요? 많은 전문가들은 제4차 산업혁명의 도래와 함께 이미 여러 분야에서 급격한 변화들이 일어나고 있고, 앞으로 그 변화의 속도는 더 빨라질 것으로 전망하고 있습니다. 미국, 영국, 호주 등 선진국에서는 이미 소프트웨어 프로그래밍 언어인 코딩coding을 공교육에서 가르치고 있습니다. 소프트웨어가 새로운 생활언어로 자리 잡고 있는 것입니다. 왜냐하면 기계적인 언어, 즉 프로그래밍을 이해하면 개인의 경쟁력을 훨씬 높일 수 있다고 보기 때문입니다. 그렇다면 우리도 인공지능시대에 대비해 교육의 전열을 가다듬어야 할 것입니다.

1970년대 미국의 로봇 공학자인 모라벡Hans Moravec은 "어려운 일은 쉽고, 쉬운 일은 어렵습니다."(Hard problems are easy and easy problems are hard)라는 표현으로 컴퓨터와 사람의 능력 차이를 분명하게 강조하는 표현을 했습니다. 이것이 바로 이른바 '모라벡의 역설Moravec's paradox' 입니다. 즉, 사람에게 쉬운 것은 컴퓨터에게 어렵고, 반대로 인간에게 어려운 것은 컴퓨터에게 쉽다는 말입니다.

사람은 느끼는 것·의사소통 등 일상적인 행위들을 매우 쉽게 행하지만, 복잡한 계산 등은 어려워합니다. 그러나 컴퓨터는 그 반대입니다. 그러므로 인공지능이 행하기 어려운 영역에 대한 교육을 강화해야 합니다. SW교육의 핵심은 문제해결력 향상입니다. 이것이 바로 창의성과 컴퓨팅 사고능력computational thinking입니다. 인공지능 시대에는 많은 지식을 머릿속에 넣는 것보다 당면한 문제를 어떻게 창의적으로 해결할 수 있는지가 더 중요합니다. 지금은 싫든 좋든 컴퓨터 사회입니다. 따라서 컴퓨터와 컴퓨터 언어, 즉 프로그래밍 언어로 문제를 해결하는 능력인 컴퓨팅 사고 함양 교육은 필수불가결합니다.

이상과 같이 인공지능시대에 대비해 미래사회의 주인공인 미래세대인 학생들에게 요구되는 능력을 몇 가지 살펴봤습니다. 이제 우리의 교육은 급변한 세상에서 보다 유연한 교육체제의 전환과 교육과정 개혁이 진행되어야합니다. 교육당국과 교육기관은 인공지능시대에 따른 다양한 교육 콘텐츠를 개발해 SW교육생태계를 구축해야 하고, 정부는 이를 체계적으로 지원해야 합니다. 또한 인공지능의 결점을 보완하는 인재양성과 인성교육의 방안을 모색하고 이를 실제적으로 구현할 수 있도록 지혜를 모아야 합니다. 왜냐하면 SW교육의 핵심은 인공지능 시대에 필요한 문제해결능력을 키워주는 것이고, 이것이야말로 우리 교육이 보다 인간적이고 발전적이고 미래지향적인 길이기 때문입니다.

앞으로의 기술변화 속도는 엄청날 것이기 때문에 미래사회를 예측하는 것은 쉽지 않습니다. 하지만 지금까지 드러난 윤곽으로 보면 교육이 어떤 방향으로 진행돼야 할지, 일정 부분 예측이 가능합니다. 새로운 시대적 요청에 따라 교육의 내용과 방법에 일대 혁신이 요구됩니다. 과연 인공지능 시대를 살아가야 할 학생들에게 요구되는 능력은 무엇일까요?

먼저 비판적 사고능력이랄까 정보판별능력입니다. 학생들은 시공간의 제약을 초월해 무한한 정보환경에 노출돼 있습니다. 따라서 자신과 공동체에 유익한 지식과 정보를 비판적으로 선별하고 우선순위를 판단할 수 있는 능력의 함양이 요구됩니다.

다음으로는 사물과 시대변화를 깊고 넓게 보는 통찰능력입니다. 이것은 현상을 총체적으로 조망하고 핵심을 꿰뚫어 보는 능력을 말합니다. 빅 데이터를 활용하는 인공지능과는 달리, 인간은 스몰 데이터small data만으로도 지혜를 터득할 수 있는 능력이 있습니다. 이처럼 인공지능이 행하기 어려운 능력을 함양시키는 교육을 강화해야 합니다.

또한 무엇보다 중요한 것은 인공지능으로 대체 불가능한 사람됨에 초점을 맞춰야 합니다. 이름 난 사람, 머리에 든 것이 많은 사람보다 더 중요하고 기본이 되는 것이 된 사람입니다. 이런 사람됨으로 사람과의 어울림으로 조화를 이룸이 공감과 소통에 대한 능력입니다. 미래학자 제러미 리프킨은『공감의 시대』에서 "경쟁의 문명에서 공감의 문명"으로 전환을 예고했습니다. 이는 인간을 이해하는 새로운 패러다임이 '공감共感'이며, 타인의 행동을 자신 스스로 행동하는 것처럼 느끼는 '공감

뉴런거울신경세포, empathy neuron'의 발견과 함께 '공감하는 인간Homo empathicus'
의 탄생을 의미합니다. 이는 끊임없이 다른 사람들과의 관계와 소통을
넓히려는 '공감 본성'이 인류의 문명을 진화시켜 온 자양분이라는 것입
니다. 우리의 가정과 사회도 구성원들의 소통과 어울림이 중요해진 시대
입니다.

이런 시대가 요구하고 적합한 지도자는 '나는 너와 다르다'는 권위적
분별에서, '나도 너와 같다'는 정서적인 공감을 우선해야할 것입니다. 실
제로 오늘 이 시대는 이런 지도자에게 더욱 특별한 매력을 느낍니다.
공감의 부재는 소외와 관계 단절의 결과를 부추기며, 조직의 가장 중요
한 요소인 경외와 신뢰를 잃을 수 있습니다.

다른 사람의 감정을 읽고 심중心中을 파악하면서 적절한 반응과 소통
을 하는 능력은 인공지능으로 대체할 수 없는 인간의 고유능력입니다.
이것이 바로 기계성과 대비된 인성人性일 것입니다.

학생 인성 이전에 교사 인성이 먼저랍니다

우리나라에 최근 들어 노인 요양 시설이 우후죽순雨後竹筍 늘어나고 있습니다. 정상적으로 운영된다면 더할 나위 없는 시설이 되겠지만, 불행하게도 많은 경우가 영리營利 취득을 위해 불법·편법적으로 운영을 하고 있고 입원 노인들이 제대로 보살핌을 받지 못해 문제의 심각성을 더해주고 있습니다.

여기에 가족들로부터 냉대까지 받는 경우 또한 많아 주위를 착잡하게 만들고 있습니다. 가족 냉대의 원인 중 하나가 유산 상속 때문이라고 합니다. 이미 재산 상속을 끝내고 입원한 노인들의 가족들은 거의 문안 인사도 안 오는 반면, 상속을 하지 않은 채 입원한 노인들의 가족들은 대체로 뻔질나게 문안 인사를 온다고 합니다.

노부모에 대한 애틋한 사랑 때문에 가족들이 찾는 게 아니라 돈 때문이라는 것입니다. 이런 경우 돈이 사라지면 노부모에 대한 관심도 자연히 사라지기 마련입니다. 돈이 문안을 가능하게 하는 이유 혹은 조건이 됐기 때문에, 이러한 이유나 조건이 사라지면 그에 따른 행위도 소멸되는 것입니다.

우리는 어떤 사랑을 하고 있을까요? 사랑에는 몇 가지 유형이 있다고 합니다. 한 사람의 행복은 이러한 사랑의 유형 중 어느 것을 추구하느냐에 달려 있습니다. 사랑의 유형 중 세 가지 유형을 살펴보겠습니다.

첫째, '만약if' 식의 사랑입니다. 이 사랑은 "만약if" 우리가 어떤 요구 조건을 충족시킬 때, 비로소 얻게 되는 그런 사랑입니다. "사법고시에 합격하면, 당신을 사랑하고 결혼하겠습니다."라는 식입니다. 이것은 조건적인 사랑입니다. 그러니 사랑하는 사람이 원하는 어떤 것을 주는 대가로 받는 사랑입니다. 이 사랑은 조건이 만족되면 좋으나 그렇지 않으면 사랑도 자동적으로 성립이 되지 않습니다. 만약 사법시험에 떨어지면 사랑은 어떻게 될까요?

둘째, '때문에because' 식의 사랑입니다. 사랑은 어떻게 어떤 사람이 그의 됨됨이와 소유 혹은 그의 행위 자체 때문에 받는 사랑입니다. "얼굴이 매우 예쁘기 때문에 당신을 사랑합니다."라는 식입니다. 이것은 한 사람에게 사랑을 받을 만큼 어떤 이유가 있기 때문에 사랑하는 것입니다. 그러나 예쁜 얼굴에 화상을 입으면 어떻게 될까요?

셋째, '불구하고in spite of'식의 사랑입니다. 여기에는 사랑에 대한 조건도 없고, 이유도 없기 때문에 '만약에'와 '때문에' 식의 사랑과는 다릅니다. "당신이 가난함에도 당신을 사랑합니다."라는 식입니다. 문자 그대로 "있는 그대로의 존재 자체"를 사랑하는 것입니다. 이른바 실존적인 사랑, 이타적인 사랑으로 기독교에서 말하는 아가페 사랑입니다.

우리는 어떤 사랑 실천하고 있을까요? 이상의 세 가지 사랑을 보면 첫째와 둘째 사랑은 조건이나 이유가 전제된 사랑입니다. 앞서 기술한 노인시설의 문안의 예가 그렇습니다. 조건이나 이유가 소멸되면 사랑도 소멸됩니다. 반면에 조건이나 이유가 없는 '있는 그대로의 존재 자체의 사랑'은 영원한 사랑입니다. 어머니의 자식에 대한 아가페적인 내리사랑이 그러합니다. '있는 그대로의 존재 자체'를 수용하는 실존적 사랑을 실존주의 교육철학에서는 '참된 만남'이라고 부릅니다.

최근 인성교육이 강조되고 있습니다. 인성교육이 법으로 제정될 정도로 중요해졌습니다. 인성교육이 강조되는 것에 대해 교육자의 사람으로서 반갑고 바람직한 느낌도 있지만 생각해보면 씁쓸한 느낌도 듭니다. 그 이유는 인성교육이 중요해질 정도로 우리사회에서 인성이 심각한 문제라는 것이고, 그동안 교육에서 인성교육이 등한시되어 왔다는 것을 분명하게 드러내주는 것이기 때문입니다. 그렇다면 이렇게 중요해진 인성교육을 어떻게 해야 할까요?

교육에서 중요한 것은 교육과정과 교재教材입니다. 이는 교육의 방향을 알려주고 교육의 지침을 알려주는 것이기 때문입니다. 그렇다면 인성교육의 가장 훌륭한 교육과정과 교재는 무엇일까요? 교육부나 교육청일까요? 교육관련 대학이나 연구기관일까요? 아닙니다. 일선교육을 담당하는 교사입니다. 교사야말로 최선의 교육과정이자, 내용이자, 방법입니다. 교사는 오랜 시간 학생들과 함께하면서 교과지식만이 아니라 알게 모르게 영향을 미치는 존재입니다. 그러기에 교사야말로 학생의 인성함양에 엄청난 영향을 미칩니다. 이런 점에서 교사가 이론이나 말이 아닌, 진실한 삶으로 증언하고 증명하는 보여주기 교육이야말로 참된 인성교육이고, 인성교육의 실제일 것입니다.

어느 날 간디를 찾아 먼 길을 아들과 함께 걸어온 한 어머니가 있었습니다.

"선생님, 제발 도와주세요. 제 아들이 설탕을 지나치게 좋아해요. 건강에 나쁘다고 아무리 타일러도 제 얘긴 듣지 않아요. 그런데 제 아들이

간디 선생님을 존경하니 선생님께서 끊으라고 말씀해주시면 끊겠다는
군요."

간디는 잠시 소년을 바라보더니 어머니에게 말했습니다.

"도와드리겠습니다. 하지만 보름 뒤에 아드님을 데려오십시오."

어머니는 간디에게 간청하며 다시 말했습니다.

"선생님 저희는 아주 먼 길을 걸어왔습니다. 오늘 제 아들에게 설탕을
먹지 말라는 한마디만 해주세요."

간디는 다시 소년을 바라보더니 말을 이어갔습니다.

"보름 뒤에 아드님을 데려오십시오."

더는 간청할 수 없었던 어머니는 야속했지만, 보름 뒤 아들을 데리고
다시 간디를 찾아왔습니다. 간디는 소년에게 말했습니다.

"애야, 설탕을 많이 먹으면 건강을 해치니 먹지 않는 것이 좋겠구나."

설탕을 먹지 않겠노라 약속한 아들을 보며, 고마운 뜻을 거듭 전하던
어머니는 궁금한 것이 생각나 간디에게 물었습니다.

"선생님 그런데 보름 전에 찾아뵈었을 때는 왜 보름 후에 다시 오라고
하신 건가요?"

간디는 어머니에게 말했습니다.

"사실 저도 설탕을 좋아했습니다. 보름 전에도 설탕을 자주 먹고 있었
기 때문에 설탕을 먹지 말라고 하기 전에 제가 먼저 끊어야 했습니다."

위의 이야기는 옳은 행동을 하고 남보다 먼저 모범을 보이는 것이
'교육'임을 일깨워줍니다.

오늘날 교사의 질이 이전 시대에 비해 교사양성대학의 입학성적入學成績
이 높고, 교사들 중 고학력자高學歷者들이 많습니다. 요즘 교사의 인기가
참 높습니다. 선망羨望의 직업입니다. 그러나 교사의 학력에 비례해서
교사의 인성人性은 그다지 높지 않은 것만 같습니다. 교사의 성적이나

고학력 이전에 교사의 인성이 중요합니다. 인성은 단기간에 갖출 수 있는 것이 아니라 오랜 세월 생활습관으로 몸에 배는 것입니다.

　이런 점에서 교사양성대학과 교사채용과 교사연수기관에서 성적향상이나 교육기법과 기술보다는 교사의 인성을 중시하는 교육이 중요합니다. 사실 우리 교육계에서 보면 이전 시대에 비해 비교도 안 될 교육시설과 재정과 교육자의 높은 학력과 처우개선이 이루어졌습니다만 "선생은 많은데 스승이 없습니다."는 말이 여기저기에서 들려오는 상황입니다. 이런 상황의 현실은 교육자의 한 사람으로서 부끄러움을 느낍니다. 이제라도 학생들의 인성교육 이전에, 교사가 먼저 말과 혀가 아닌 행함과 진실함으로 보여주는 교사들의 인성교육이 있었으면 좋겠습니다. 여기엔 교육 관련당국이나 양성기관 뿐만이 아니라 교사 개인의 지속적인 자기수양이 두 개의 수레바퀴처럼 함께해야만 가능한일일 것입니다.

대학수학능력시험은 타당한가

    해마다 수능일이 되면 대한민국 모든 국민이 주의를 기울일 정도로 긴장하는 날입니다. 이 날 혹시라도 수험생들이 시험장에 들어가는데 지장이라도 있을까봐 관공서와 기업체 등에서는 출근 시간을 한 시간 늦추기까지 할 정도입니다. 이처럼 중요한 수능을 접하면서 문득 이런 생각이 들었습니다. 단 한 번의 시험으로 대학입학을 결정하는 수능 제도가 과연 타당할까요? 비교육적이고 비인간적이며 다양성을 말살하는 입시제도는 아닐까요? 이미 시험이 치러진 이후이니 말 그대로 만시지 탄晩時之歎이지만, 지금이라도 대입제도인 수능과 우리나라 교육의 문제점과 대안에 대해 같이 고민하면 어떨까 싶습니다.

    안타까운 현실은 현재 수능이 갖는 치명적인 문제도 있습니다. 지난 2016년 11월 치렀던 2017학년도 수능에서 다시 한 번 일어나서는 안 되는 일이 발생하고 말았습니다. 물리Ⅱ에서는 답 없는 문항이 나오고 한국사는 정답이 두 개인 문항이 나왔습니다. 물리Ⅱ는 모든 문항이 정답, 한국사는 복수 정답 처리를 했습니다. 수능이 처음 도입된 이후 2004 · 2008 · 2010 · 2014 · 2015학년도, 그리고 이번 수능까지 오류는 총 6번이나 발생했습니다.

수능은 전국 고3 학생들의 장래가 걸려있으며 수능 날에는 출근시간도 늦춰지고 비행기 이착륙을 지연시킬 정도로 중요한 시험인데도 말입니다. 이는 수능 오류에 대한 미약한 처벌과 출제위원들의 전문성 결여가 문제라고 생각합니다.

한국교육과정평가원에 따르면 2016년 수능출제에 투입된 인원은 문제 출제와 검토위원 500여명, 숙소 관리인력 200명 등 모두 700여 명이었습니다. 그리고 출제위원들이 받는 수당은 하루 30만원 정도였습니다. 합숙기간이 34일간이라면 약 1,000만 원을 받는 셈입니다.

이러한 인력과 자금이 들어가는데도 오류가 발생한 것입니다. 이를 해결하기 위한 방안으로는 수능 출제위원들에 대한 심사 강화와 검토위원들의 전문성 확보, 수능 오류에 대한 처벌 강화가 필요하다고 봅니다. 이제는 단 하루에 치러지고 그것으로 대학진학을 결정짓는 수능제도가 타당한 가를 깊이 고민해봐야 하지 않을까 하는 생각이 듭니다.

단 하루에 고등학교 3년간 배운 모든 과목을 평가하는 시험이 바로 수능입니다. 국어선생이기도 한 제가 수능 언어영역(국어) 문제를 주어진 시간에 풀기가 어려웠습니다. 이건 제가 국어실력이 부족해서이기는 하지만 그만큼 문제가 어렵고 문항수가 많기 때문이기도 합니다. 그나마 우리말인 언어영역이 이럴진대 다른 과목은 어떨까요?

그런데 수능에 아무런 문제가 없는 것처럼 이를 비판하고 개선해야한다는 목소리가 작습니다. 심지어 수험생들도 이에 대해 큰 불만이 없는 것 같습니다. 그러면 저만 생뚱맞게 별다른 문제가 없는데 공연히 문제로 삼는 것일까요? 저도 그렇다면 좋겠습니다. 그런데 잘 들여다보면 여기엔 심각한 문제가 숨어 있습니다. 수험생들이 정해진 시간에 수많은 문제를 푸는 데 불만이 없는 것은 "문제풀이 기술"을 습득했기 때문입니다. 오늘 우리시대의 인문계 고등학생들의 가방을 확인해보면 금방 알 수 있습니다. 거기에는 교과서가 아니라 문제집이 가득 자리 잡고 있습니다.

우리나라 수험생의 수능 준비는 최소한의 사고능력만으로 최대한 빠른 시간 내에 함정에 빠지지 않고 정확하게 정답을 골라내는 기술을 연마하는 과정인 셈입니다. 이런 수능제도는 창의적 사고와 다양한 시각을 허용하지 않고, 오직 정답만을 찾는 "순응" 능력만을 강요할 뿐입니다. 순응을 강요당한 학생들이 어떻게 비판적인 사고를 갖고, 자신의 삶을 숙고하고 진리를 향한 몸부림을 하고, 높은 이상을 추구하고, 창조적인 파괴를 시도해볼 엄두를 키울 수 있을까요?

대학교수들은 "학생들이 중고등학교에서 무엇을 배워 대학으로 진학하는지 모르겠다."고 투정하는 볼멘 목소리가 높습니다. 이는 대학생들을 가르칠 교수들이 보기에 대학수학능력이 부족한 학생들이 대학에 진학하고 있다는 얘기입니다. 대학수학능력을 평가하고자 하는 수능이 제 기능을 감당하지 못한다는 얘기입니다. 또한 대학들은 자신들의 교육이념에 부합하는 학생들을 발굴하려고 노력하기보다는, 수능점수를 기반으로 하는 천편일률적인 방식으로 입학생을 선별합니다. 최근 수시모집을 비롯해서 입학사정관제 등의 다양한 입학전형이 개발되었으나, 이것 역시 큰 틀에서 보면 문제해결을 위한 대안이 되지는 못합니다. 우리나라는 초중고에 이르는 과정동안 무비판적으로 주입된 지식, 암기한 정형화된 지식으로 점수를 받는 요령을 충실히 연습한 학생들에게 포상으로 대학 간판을 메달처럼 달아주고 있는 것입니다.

오늘 우리의 대학은 이미 대학생다운 비판 정신이 사라진 지 오래입니다. 순응과 안일에 길들여진 암울한 젊은이들의 초상들인 셈입니다. 이는 우리 젊은이들의 잘못이 아닙니다. 그런데 설상가상雪上加霜으로 대학에 들어오면 또 다른 형태의 수능이 존재합니다. 극심한 경제난으로 인해 갈수록 어려워진 취업전쟁으로 인해 취업시험이 기다리고 있습니다. 대학교를 다니는 동안 또다시 정답만을 찾아 헤매라고 강요당합니다. 이것이 우리나라 교육제도의 현실입니다.

입시제도의 변화 없이는 공교육의 정상화를 기대할 수 없습니다. 어떤 새로운 제도를 도입하더라도 입시제도의 근간根幹인 문제풀이 기술을 훌륭히 습득한 학생이 수능에서 좋은 점수를 받고, 이들에게 대학입학증서로 포상하는 제도가 지속되는 한 창의성과 다양성은 말살되고 말 것입니다.

현재 교육의 현장에서는 창의성과 다양성이 말살되어가고 있습니다. 창의성이 결여되면 학문의 발전은 기대할 수 없으며, 비판적 사고와 다양성이 허용하지 않는 문화풍토가 지속되는 한 민주주의도, 인간성 회복도 헛된 꿈일 뿐입니다.

매년 가을 즈음에서 노벨상 수상자가 발표됩니다. 언론에서는 볼멘소리로 "일본은 노벨상을 받는데, 왜 우리나라에는 평화상 이외에 노벨상 수상자가 나오지 않는가?"라며 문제를 제기하곤 합니다. 어쩌면 우리는 노벨상을 시험을 통해 받을 수 있다면 수도 없이 받을 수 있을 것입니다. 그러나 시험문제를 풀듯이 학문을 할 수는 없습니다. 어디에도 그렇게 하는 학문은 없습니다.

얼마 전 정부는 '2025년까지 세계톱클래스 연구자 1000명 양성하는' 노벨상 프로젝트를 가동한다고 발표했습니다. 올림픽 금메달을 따기 위해 국가대표선수들을 태릉선수촌에 입촌시켜 훈련시키는 엘리트 체육인 양성 프로그램의 데자뷰입니다. 뭔가 크게 잘못되었다는 느낌입니다.

우리에게 필요한 것은 노벨상 프로젝트가 아니라, 탄탄한 과학기술의 "저변확대"입니다. 그러면 당연히 세계적 과학자가 나오고 그 결과 노벨상은 따라오게 될 것입니다.

주어진 시간에 실수하지 않고 요령껏 정답 찾기만을 강요하는 우리나라 교육현실을 고려하면, '창의적인 연구를 해야 하는 과학자를 배출할 수 있을까?'라는 의구심이 당연합니다. 발상의 전환이 없는 교육에서는 학문의 발전도, 노벨상도 기대할 수 없을 것입니다.

숙고하는 삶의 교육이 요청되는 시대

우리가 사는 이 시대는 크고 작은 범죄들이 끊임없이 일어나고 있습니다. 범죄의 원인에는 여러 가지가 있지만, 그 주된 원인은 교육에 있다고 생각합니다. 우리나라는 그 어느 나라보다 교육열이 높습니다. 초등학교부터 중학교까지 9년간을 의무교육기간으로 정해, 국민의 세금을 아낌없이 투입해서 무상교육을 실시하고 있습니다. 9년간의 의무교육을 마치면 교육이 끝난 것이 아닙니다. 고등학교진학률이 90%에 이르고, 대학교육이 대중화된 지 오래입니다. 이처럼 우리나라의 교육열이 높고, 교육수혜자가 많으니 그에 비례해서 국민의 행복지수와 도덕지수가 높을까요? 그렇지 않습니다. 왜 그럴까요? 그토록 오랜 시간 우수한 시설 확충과 재정적 지원을 했는데 왜 그럴까요? 도대체 무엇이 문제일까요? 그 이유는 교육이 잘못되어 있기 때문입니다.

물론 겉으로 드러나는 교육지표는 이상적입니다. 교육당국이나 학교들이 내걸고 있는 교육목표는 바람직한 인간육성입니다. 흔히 전인교육,

공동체정신, 민주시민육성이라는 것이 대부분입니다. 어디나 이기심을 교육목표로 하지는 않습니다. 나를 넘어 우리를 되새기는 교육목표를 내걸고 있습니다. 그러나 이것은 허울 좋은 목표일뿐입니다. 실제는 그렇지 않습니다. 우리나라 교육은 더불어 함께, 모두가 행복해지기 위한 교육이 아닙니다. 겉으로는 민주시민의 덕목을 길러 더불어 함께 사는 공동체정신을 함양해야한다고 하면서 정작 속으로는 경쟁의 불가피성을 강조하면서 나만 잘되고 남을 눌러야한다고 가르칩니다. 그저 '내 성적만 높으면 장땡'이라는, 지극히 이기적인 욕망을 당연시하는 비인간적인 삶의 방식이 당연시되고 있습니다.

한마디로 겉과 속이 다릅니다. 이를 교육당사자들인 학생들이 모를까요? 바로 옆 친구가 경쟁자이고 사람을 숫자적인 순위로 평가하고 서열로 가치를 규정하는 것이 현실임을 모를까요? 은연중에 아니 대놓고 교사나 학교가 이를 강조하는데 그걸 모를까요? 이런 현실에서 학생들이 교육당국을 믿고 신뢰할 수 있을까요? 기성세대를 존경하고 사회를 존중하고 사회인이 되기를 소망할 수 있을까요? 겉과 속이 다른 교육을, 앞뒤가 안 맞는 삶의 방식을 열심히 가르치는 교사들을 존경하고 따를 수 있을까요? 언젠가 모 기업의 광고카피의 내용입니다. "세상은 2등을 기억하지 않습니다. 오직 1등만을 기억할 뿐입니다."이 말은 너무도 우리사회의 현실을 그대로 드러낸 말로 그 누구도 부인할 수 없었습니다. 이에 대해 청춘들은 이 말을 이어받아 이렇게 비아냥거렸습니다. "일등만을 인정하는 더러운 세상."

이에 대해 종교계학교들은 다르다고 말할 수 있을까요? 아닙니다. 겉으로는 고매한 인간상을 제시하고 이를 교육지표로 내세우면서 실제로는 이른바 명문학교 진학을 최우선과제로 삼고 있습니다. 이를 이루기 위해 우열반 운영도 서슴지 않습니다. 소수의 성적우수자들을 위해 다수를 소수의 내신등급 높이기를 위한 디딤돌로, 희생양으로 삼는 일을 당연시하기도 합니다. 명문상급학교에 진학한 학생들이 종교적인 이념을 내걸은 학교의 이상에 찬동하고 학교를 자랑스럽게 여길까요? 그렇지 않습니다. 학생들은 학교가 말하는 고매한 이상은 그저 참고사항으로, 구색 맞추기임을 잘 압니다. 그리고 친구들의 희생으로 자신의 성공을 이룸을 당연시하는 일그러진 인성을 지닌 기능인으로 성장합니다. 성공할수록 인성이 왜곡되는 구조입니다. 희생양으로 치부되고 인권과 인격이 무시된 다수의 학생들은 어떨까요? 이들은 학교가 제시하는 종교적인 이상을 비웃을 것이고, 사회를 삐딱하게 보고, 자아상에 큰 상처를 입습니다. 이런 교육의 문제는 교육전문가가 아니더라도 쉽게 알 수 있는 공공연한 문제로, 비밀도 아니고, 어제 오늘의 일도 아닙니다.

더 늦기 전에 우리 사회 전체가 우리 교육의 민낯을 들여다보고 진지한 성찰을 통한 교육바로세우기를 실현해야합니다. 이렇듯 근본적인 교육의 문제를 외면하고서 지엽적인 교육문제를 논의해봐야 실효를 거두기 어렵습니다. 무엇이 중요한지, 무엇이 근본적인 문제인지를 분명히 파악해야 해결점도 찾을 수 있습니다. 의사가 환자를 치료하려면 근본적은 문제를 파악해서 그것을 제거하든 치료해야 하듯이 우리 사회의 근본적인 문제, 우리교육의 근본적인 문제를 분명하게 파악해야합니다. 그렇지 않으면 우리 사회의 갈등과 부조리와 부패를 막을 수 없을 뿐만 아니라 돌이킬 수 없는 지경에 이를 수 있습니다. 이에 대한 진지한 반성과 개선이 없이는 아무리 교육기간과 지원비를 늘린다고 해도 제대로 된 교육이 이루어질 수 없습니다. 이와 같은 교육에 대한 거시담론의 논의와 대책은 국가와 사회 전체가 고민할 문제로, 신중해야하는 장기적인 과제입니다.

그렇다면 지금 당장 고민해보고 개선해야할 수 있는 미시담론은 무엇이 있을까요? 이에 대한 해답의 실마리를 생각해봅니다. '학교學校'의 영어단어 'school'은 고대 그리스어에서 유래한 말입니다. 그 뜻은 스승과 제자가 평안한 분위기에서 산책을 하며 서로 주고받는 대화에서 비롯됐습니다. 여기서 'school'은 학교나 교육의 개념보다 '대화'에 더 가까운 의미였습니다. 그러나 오늘날 'school'이라는 단어를 떠올리면 '취업', '경쟁', '시험'이 떠오릅니다. 긍정적인 느낌보다 부정적인 느낌이 짙습니다. 지금 'school'의 느낌은 본래 'school'의 의미와 너무 멀어져 있습니다. 이를 교육자나 학습자가 잘 알고 있습니다. 정말 경쟁이 불가피하고 그래야만 하는 것일까요? 아닐 수도 있지 않을까요? 꼭 경쟁을 통한 삶의 방식이어야만 하는 것일까요? 그렇게 하지 않아도 행복하고 바람직한 삶의 방식이 있을 수 있지 않을까요? 이런 생각의 끈을 교사와 학생이 함께 대화하면서 찾아가면 어떨까요? 조금 시간이 걸리고 서툴고 어색하고 힘든 과정이라고 해도 말입니다. 이런 숙고熟考하는 삶이야말로 빨리 성공하는 속성速成교육, 인간을 경쟁동물로 진화시키는 왜곡을 막는 일입니다.

　칼은 강도가 소지했을 때, 의사가 소지했을 때 가치가 달라집니다. 마찬가지로 지식도 어떤 학생이 습득하느냐에 따라 그 가치가 달라집니다. 자신만 생각하는 지식을 가르치면 사회악을 불러올 뿐입니다. 우리나라 교육이 학생들에게 무엇이 참 되고, 어떻게 살아야하는지, 왜 그렇게 해야 하는 지를 주입식 지식이 아니라 대화로 찾아가는 지혜를 터득하는 것이면 좋겠습니다.

문화품격교육으로 아이들과 함께한답니다

도시권에 비해 아무래도 조손가정, 특수교육대상자, 한부모가정 등 비교적 저소득층이다 보니 부모님과 함께 문화생활을 누리기가 어렵습니다. 또한 농촌이다 보니 문화적인 혜택과 기회나 접근성이 쉽지 않기도 합니다. 그러다보니 아이들은 어딘지 모르게 '촌스러운 것' 같은 느낌을 갖습니다. 이런 생각이 가정환경과 지역적 위축성과 맞물려 자존감 저하로 이어지기도 합니다. 이를 극복하는 것으로 문화생활을 누림으로 삶의 품격을 높이는 것이 어떨까 하는 생각에 이르렀습니다. 생각은 좋은데 문제는 그에 따른 재정이 준비되어 있지 않았습니다. 학교 예산이라는 게 정규교육과정을 운영하는 데 집중되어 있다 보니 이런 일에 투입될 예산을 확보하기가 어렵고, 이미 예산편성이 되어 있는 터이기에 다른 곳에 쓰기로 되어 있는 예산을 빼올 수도 없었습니다.

이런저런 궁리를 하면서 이런 생각으로 지인知人들에게 상의를 해보았습니다. 지인들이라고 제게 좋은 취지라고 기부를 해줄 수 있는 것도 아니고 그걸 바라는 것은 아니나 혹시나 하는 마음에 조언을 구해보기로 한 것입니다. 그랬더니 몇몇 지인들로부터 귀한 조언을 들을 수 있었습니다. 다들 저의 열정과 의지에 칭찬과 격려를 아끼지 않으면서 같이 한 번 알아보자면서 지혜를 모아주었습니다. 그러던 중, 지인들의 조언에 힘입어 교육청과 국가기관이나 시민사회단체들의 공모전 사업 정보를 얻어서 지원서를 작성해서 제출해보았습니다. "뜻이 있는 곳에 길이 있다."는 생각 하나로 도전하고 또 도전해 보았습니다.

농촌 작은 중학교로 아이들에게 꿈을 심어주고 자존감을 높여주는 교육복지를 펼치고 싶다고 하는 취지의 기획안을 작성해서 제출한 결과, 탈락의 아픔도 있었지만 승인을 받은 곳들이 더러 있었습니다. 이렇게 승인받은 곳들로부터 지원금을 받고 보니 무려 1천만 원 이상을 얻어냈습니다. 학교 규모와 학생 수로 볼 때 결코 적은 금액은 아니었습니다. 여기에 제 업무상 상담과 다문화와 통일교육으로 사용가능금액이 300만 원 이상이 되니 갑자기 부자가 된 기분이었습니다. 이렇게 따온 지원금으로 아이들의 문화수준을 높이는 일에 중점을 두었습니다.

이렇게 해서 작년과 올해 연극 공연, 영화 관람, 음악공연, 미술관, 사진전, 무용제 등 다채로운 행사에 아이들은 데리고 다녔습니다. 그러느라고 퇴근후나 주말에도 제 시간을 갖기는 어려웠습니다. 평소에도 좋은 공연이나 문화행사를 찾느라 신문과 방송과 인터넷여행을 하느라 바빴습니다. 그렇게 열정을 쏟다보니 아이들의 문화수준이 조금은 올라간 듯해서 좋았습니다. 농촌에서 살다보니 난생 처음 이런 문화생활을 하는 아이들도 많았습니다. 저도 아이들을 위해 알아보고 인솔하다보니 문화수준이 높아진 것 같습니다. 이렇게 해서 농촌학교 선생인 저나 아이들이나 모두 촌스러운 때가 좀 벗어진듯합니다.

이제는 아이들이 미리 자기들이 자료를 찾아와서는 이런 공연이 있으니 함께 관람을 하자고 하기도 하면서 짜임새 있는 자료를 찾아서 제게 가져오기도 합니다. 그 모습이 어찌나 기특하고 자랑스러운지 애쓴 보람이 있다 싶었습니다. 최근 우리나라 문화수준이 많이 높아지고 저변도 확대된 것 같습니다. 제가 사는 곳에서 가까운 시내에 가면 영화 상영관이 있고 예술의전당이나 전문연극공연장이 있습니다. 문화인들과 교류를 하다 보니 문자나 카톡으로 공연이나 문화행사 소식도 쉽게 전해 받게 되었습니다. 더러는 지원공연이라면서 무료로 관람할 수 있도록 초대도 해주고 있습니다. 이런 지원과 격려에 힘입으니 더욱 알찬 '문화전도사'로서, '문화알리미'로서 아이들과 함께하고 있습니다.

저는 이런 일들이 그런 대로 의미 있다고 생각합니다. 그저 저소득층 농촌학교라고 즉각적인 먹을 것이나 학용품이나 장학금을 지급하는 복지도 중요하지만 이런 금전적이고 물질적인 지원은 일시적인 효과는 가능하나 장기적이고 정신적인 영역까지는 미치지 못하는 것 같습니다. 삶의 질을 논하고, 삶의 가치와 의미를 강조하는 이 시대에 아이들에게 필요한 것은 문화적 성숙과 의미입니다.

아이들은 자신들이 접하는 다양한 문화에서 자신의 삶을 성찰하고 숙고하는 시간을 갖곤 하였습니다. 자신이 감상한 문화를 부모님이나 친구들과 나누면서 자신의 표현력을 높여나갔고, 같이 하는 아이들과 감상을 나누면서 생각과 느낌의 폭을 넓혔습니다. 그리고 자신이 경험한 작품에 대한 이해를 찾아보기도 하고, 작품 경험 후에 자신의 감상과 다른 이들의 감상평을 비교하면서 공감하기도 하고 전문평론가들의 감상에 딴죽을 걸기도 하였습니다. 이른바 박사님, 교수님, 전문평론가들의 말과 글을 그대로 수용하지 않고 자신의 경험과 감상으로 재해석하고 비판한 것입니다. 들어보면 어수룩하고 근거가 빈약하기는 하지만 나름 예리한 관찰력과 창의성이 돋보이기도 합니다.

아직 영글지 않은 작은 농촌 중학교 아이들이 주저리주저리 문화평론을 해대는 모습에 저는 가슴 벅찬 감격과 희망과 보람을 느낍니다. 그리고 확신합니다. 저소득층 아이들이나 농촌지역 아이들에게 필요한 교육복지는 그저 퍼주기식 배려가 아니라, 그 수준을 높여주는 문화성숙 교육인 것 같습니다. 제가 아이들과 함께하는 작업에 이름을 붙여 본다면 '사제동행 문화업UP', '품격신사 프로젝트'일 것입니다.

질문하는 교육이 필요합니다

많은 교육 전문가들은 우리나라 학생들이 정보를 받아들이는 능력은 우수하지만 질문을 스스로 창조하는 능력은 떨어진다고 말합니다. 이건 비단 학생들만의 문제는 아닙니다. '2010년 G20 서울정상회의'에서 오바마 대통령이 한국기자에게 질문 기회를 줬을 때, 아무도 질문하지 않았던 일화, 오랜 시간이 지났음에도 부끄러운 기억으로 남아있습니다. 당시 우리나라 기자들은 왜 질문을 하지 못했던 걸까요? 우리나라의 인재들은 왜 다른 나라의 인재들에 비해 질문하는 능력이 떨어질까요?

그것은 우리가 '질문하는 문화' 속에서 자라지 못했기 때문입니다. 학교에 입학하면서부터 주어진 정보들을 비판 없이 받아들이고 암기하는 주입식 교육을 받으며 자라고, 사회에 나와서도 지시하는 업무들을 빠른 시일 내에 열심히 하는 것이 미덕처럼 여겨지는 사회적 분위기 속에서 질문을 받으면 오히려 위축되고 질문을 하고 싶어도 표현하지 못하는 것입니다.

하지만 많은 선진국에서는 인재를 교육하고 관리할 때 '질문'이라는 도구를 최대한 활용합니다. '이 문제를 당신의 장점을 활용하여 해결해야 한다면 어떻게 접근하겠는가?' '만약 시간과 돈의 제한이 없다면 어떤 방법들이 가능할까?' 등 창의성을 발휘하면서 이때까지의 관습에서 벗어나 새로운 시각으로 문제를 바라볼 수 있는 질문들을 던지고 이를 통해 유능한 인재를 양성하는 것입니다.

인공지능, 빅데이터, 사물인터넷 등으로 대표되는 '제4차 산업혁명의 시대'가 다가오고 있습니다. 정보통신기술ICT을 기반으로 다양한 기술 융합이 이루어지고 있으며, 이를 선도하기 위해서는 융합형·창조형 인재가 절실히 필요한 상황입니다. 그렇다면 앞으로 우리의 교육은 어떻게 변화해야 할까요? 지식을 습득하는데 그치지 않고 생각을 키워 지식을 창출할 수 있는 창의력을 키울 수 있는 교육이 해답이 될 것입니다. 대답을 잘하는 모범생만을 기르는 것이 아니라 자신만의 기발한 상상력과 창의력을 개발하는 교육이 절실합니다. 질문을 한다는 것은 남의 지식을 습득하는데 그치지 않고 그 이상의 것을 찾기 위해 자기만의 생각과 창의력을 발현할 수 있는 엄청난 가치를 지니기 때문입니다.

우리는 미래사회가 요구하는 창의적인 인재를 육성해야 합니다. 이를 위해서는 그 어떤 곳보다도 가정의 역할도 중요합니다. 창의력 교육은 초·중등교육에서 선행되어야합니다. 대학에서 창의력교육을 한다는 것은 소 잃고 외양간 고치는 격으로 때가 늦은 것일 수 있습니다. 창의력을 높이기 위해서는 질문과 토론 및 탐구활동이 교육현장에서 중시되어야 할 것입니다. 그리고 대화를 중시하며 질문하고 토론할 수 있는 문화가 형성되어야 합니다. 질문을 중시하는 교육을 통해 창의적인 인재들이 많이 양성되면 그것이 결국, 우리 사회의 경쟁력이 될 것입니다.

한 연구 조사에 따르면, 4살 된 아이들은 하루 평균 98번 질문을 한다고 합니다. 아이의 사소한 말 한마디 놓치고 않고 매 순간 아이의 질문에 성심성의껏 대답해주고 싶지만, 부모는 바쁜 일상 속에 무심코 넘어가는 경우가 많습니다. 나중에 얘기하자, 그런 걸 왜 물어보니, 학교 가서 배우면 되는 거야 등 잘못된 반응을 보이는 경우도 많습니다. 자녀의 '왜요?'는 지적 호기심을 충족시키려는 아이들의 자연적인 두뇌 활동입니다. 귀찮다고 무시하면 지적 능력이나 언어 발달에 큰 걸림돌이 될 수 있습니다. 따라서 아이들의 질문을 절대 귀찮아해서는 안 됩니다. 바쁘다는 이유로 아이의 질문을 거부하면 정작 대화가 필요한 시기에 아이들은 입을 닫아 버립니다. 아이들의 질문에 부모가 인내심을 갖고 최선을 다해 답해주는 기술과 노력이 필요합니다. 하나씩 차분하게 설명해 주는 것을 통해 아이는 인과관계를 터득하게 되고 객관적이면서 정돈된 사고 능력과 표현능력을 갖출 수 있습니다.

가정에서 아이와 질문하는 문화를 형성하기 위해서는 원활한 대화가 먼저입니다. 자녀와의 성공적인 의사소통을 위해 꼭 기억해야 하는 대화 기법 6계명을 살펴보면 다음과 같습니다.

1계명은 말하는 것을 멈추기입니다. 부모가 말을 하고 있으면 아이의 말을 들을 수 없습니다. 아이의 말을 경청하기 위해 부모가 먼저 말하기를 멈춰야합니다.

2계명은 눈을 보고 열심히 듣기입니다. 대화중에 시선을 딴 곳에 두거나 다른 일을 하면 아이는 자신이 무시당하고 있다고 느낍니다. 눈을 보고 아이가 무슨 말을 하는지 열심히 들어주어야 합니다.

3계명은 아이의 말에 공감을 표시하고 용기를 북돋워 주기입니다. 공감은 상대방의 말에 동의하는 것과는 다릅니다. 동의는 상대방의 의견에 전적으로 동조하는 것인 반면 공감은 의견에 동의하거나 일치하지 않아도 상대방의 입장을 이해할 때 보일 수 있는 반응입니다. 아이의 말에

동의할 수 없다고 해도 깊이 이해한다는 표현을 할 수 있습니다.

4계명은 열린 마음으로 대화하기입니다. 대화를 할 때 아이의 입장에서 아이의 욕구가 정당하다는 것을 인정하고 아이의 관점에서 사물을 볼 수 있도록 노력해야 합니다. 서로의 경험과 가치관에 따라 바라보는 시각이 다를 수 있음을 인정해야 아이가 무엇을 원하는지 어떤 말을 하고 싶어 하는지 제대로 들을 수 있습니다.

5계명은 남는 시간 활용하기입니다. 말을 하는 사람은 1분에 100~150개의 단어를 말합니다. 하지만 듣는 사람은 분당 450~500개의 단어를 받아들일 수 있습니다. 아이의 말을 들을 때 이 차이를 이용하여 다음에 올 말을 예상하면 아이의 말을 이해하는 데 훨씬 도움이 됩니다.

6계명은 아이의 말이 끝나기 전에 앞서서 정리하지 말기입니다. 아이가 하려는 말이 무엇인지 눈치 챘다고 하여 '너 이런 말 하려는 거지?' 하면서 앞서서 정리해서는 안 됩니다. 습관적으로 아이의 말을 정리하면 아이는 더 이상 말하고 싶은 생각이 들지 않습니다.

이를 위해서는 부모의 자세가 중요한데 그 내용은 다음과 같습니다.

첫째, 부모의 열린 사고가 먼저입니다. 남에 대한 배려가 생활화되어 있는 부모는 긍정적인 성격으로 자신의 잘못을 겸허히 받아들일 줄 아는 열린 사고를 합니다. 이런 사고를 하는 사람들은 본능적으로 권위를 싫어하는 자유사상가이며, 새로운 아이디어에 관심을 가지고 새롭게 창의적인 해결방안을 모색합니다. 머릿속 사고는 열어둘수록 좋은 법입니다. 나는 머릿속 사고를 닫아놓고 사는 닫힌 부모인지 머릿속 사고를 열어두고 사는 열린 부모인지를 다시 한 번 생각해 보시기 바랍니다.

둘째, 상상력을 자극하는 질문을 던져야 합니다. 수렴적 사고의 틀에서 벗어나 확산적 사고를 할 수 있는 특별한 질문을 던져야 합니다. 엄마가 아이에게 "절에 가서 빗을 팔 수 있을까?"라고 묻습니다. 아이는 "에

이, 말도 안 돼요. 스님은 머리카락이 없는걸요." 빗을 팔 수 없다는 생각에 사로잡힌 아이는 기존의 사고 범위를 벗어나는 게 어려울 것입니다. 이처럼 이미 알고 존재하고 있는 사실을 있는 그대로 받아들이는 것을 수렴적 사고방식이라 합니다.

하지만 다른 아이는 "절에 가서 빗을 팔 수 있어요. 빗으로 머리를 두드리면 혈액순환에 좋다고 하면 돼요." 이처럼 팔 수 있다고 생각하는 아이는 기존의 사고 범위를 뛰어넘어 가능성의 범위를 최대한 확장시킵니다. 이미 존재하고 있는 지식을 이용하거나 아주 새로운 방법을 떠올리는 확산적 사고를 하기 때문입니다.

아이가 수렴적 사고의 틀에서 벗어나 확산적 사고를 하게 하려면 같은 현상에 대해서도 다른 생각을 할 수 있는 특별한 질문을 해야 합니다. 이를테면 "흥부는 착할까 나쁠까?"라고 묻기보다는 "네가 만일 흥부였다면 어떻게 행동했을까?"와 같은 확산적 질문을 해야 합니다.

셋째, 아이의 꿈과 상상력에 날개를 달아줘야 합니다. 스티븐 스필버그를 상상력의 대가로 만든 사람은 바로 그의 부모였습니다. 체격이 작고 왜소하여 친구들에게 놀림을 받곤 했던 스필버그는 수업시간에 집중하지 못하고 엉뚱한 질문만 하곤 했습니다. 선생님은 그의 어머니에게 집에서 주의를 줄 것을 당부했습니다. 하지만 스필버그의 부모는 생각이 달랐습니다. 상상력이 뛰어난 아이들은 결과보다는 과정을 즐기기 때문에 평범한 아이들에 비해 호기심이 많고 엉뚱한 행동을 일삼는다고 생각했던 것입니다. 그들은 아들의 호기심을 존중하고 격려해줬고 덕분에 상상력이 충만한 자신만의 세계를 만들 수 있었습니다.

아이가 미래에 대해 끊임없이 상상하도록 격려하고 아이의 엉뚱함에 진심 어린 박수를 보내는 일이야말로 우리 아이를 성공으로 이끄는 지름길임을 명심해야 합니다. 아이에게 사고력과 창의력을 키워줄 수 있는 질문을 하는 것 못지않게 아이로부터 많은 질문을 끌어내는 것도 중요합니다. 질문이 없는 아이는 발전하기 어렵습니다. 질문은 곧 세상에 대한 호기심이며 사고력을 발전시킬 수 있는 중요한 열쇠이기 때문입니다. 질문을 멈추지 않는 아이로 만드는 것은 부모의 몫입니다. 아이가 문답의 중요성과 재미를 알게 되면 아이는 스스로 질문하고 답하는 것까지 즐길 수 있습니다.

질문을 많이 하는 것도 중요하지만 질문의 내용이 더 중요합니다. 하루에 딱 4가지만 질문해도 충분합니다. 부모의 호기심을 채우는 질문이 아닌 아이의 사고력을 키워주는 질문 4가지만 하면 아이는 스스로 성장할 수 있습니다.

말과 글을 구성하는 중요한 요소인 '사실'은 객관적 사실이나 지식을, '가치'는 주관적인 느낌이나 판단을 그리고 '의지'는 미래의 실천의지를 의미합니다. 이 사실과 가치 그리고 의지를 잘 구분하고 적절하게 사용해야 말을 잘할 수 있고, 글을 잘 쓸 수 있습니다. 이를 위한 지혜로운 질문입니다.

첫째, 사실을 묻는 질문입니다. "오늘 있었던 일 중 가장 기억나는 게 뭘까?" 하루를 보내고 편하게 대화할 수 있는 시간을 택해 아이에게 첫 번째 질문을 합니다. 첫 번째 질문은 하루 동안 아이에게 어떤 일이 일어났는지를 묻는 것으로 '사실'과 관련된 질문입니다. 기억나는 것 한 가지만 물어도 괜찮지만 이왕이면 3가지를 답하도록 묻는 게 좋습니다. 자기 나름대로 중요도를 감안해 최종적으로 3가지를 뽑아내는 과정에서 생각하는 힘이 쑥쑥 자랍니다.

둘째, 가치를 묻는 질문입니다. "왜 그 일이 제일 기억에 남을까?" 이 질문은 바로 가치, 아이의 주관적인 느낌이나 판단을 묻는 질문입니다. 사실을 묻는 질문과는 달리 가치를 묻는 질문은 대답하기가 좀 더 어렵습니다. 혹 아이가 금방 대답을 하지 못하고 뜸을 들이더라도 채근하지 말고 스스로 생각해볼 수 있도록 기다려주는 것이 중요합니다. 시간이 걸리더라도 결국 아이는 자기 나름대로의 생각이나 느낌을 정리해 대답할 것입니다.

셋째, 의지를 묻는 질문입니다. "어떻게 하면 더 잘할 수 있을까? 의지를 묻는 질문은 대화의 내용에 따라 자연스럽게 나올 수도 있고, 하기 어려울 때도 있습니다. 아이가 대화를 할 때마다 꼭 의지를 묻는 질문까지 해야 한다는 부담감은 갖지 않아도 됩니다. 어른들이 생각하는 것보다 아이들은 객관적으로 자기를 돌아보고 반성할 줄 압니다. 또한 스스로 앞으로 어떻게 해야 할지도 정할 수 있습니다.

넷째. 문제 제기를 끌어내는 질문입니다. "궁금한 게 있니? 궁금한 것을 묻는 것을 문제 제기라 합니다.

꿈은 결과보다
과정이 더 중요함을 가르쳐야합니다

살면서 가슴이 뛰는 경험을 해 본 적이 있는지요? 무서운 영화를 볼 때, 밤길에 무서운 사람이 따라 올 때, 입학시험을 보거나 면접을 볼 때, 다른 사람 앞에 서서 발표하거나 공연 할 때 두려움이나 긴장이나 공포나 심장병으로 인해 오는 가슴 두근거림을 말하는 것이 아닙니다. 아침에 눈을 뜨면서 가슴이 설레고 하루하루의 삶이 너무나 행복해서 기쁨과 열정으로 가슴 벅찬 느낌으로 두근거리고 가슴이 뛰는 경험을 말합니다. 이런 경험으로 아침을 맞이하시는 삶인요?

오래전 어느 생명보험 회사의 TV 광고 카피가 인상 깊었습니다. 카피의 제목은 "용기에 대하여"였습니다. 카피의 내용은 이랬습니다. "모험을 하십시오. 두려워하지 마십시오. 용기 있는 사람만이 가슴 뛰는 삶을 살 수 있습니다. 가능성! 그것은 당신 안에 있습니다. Change the Life!"

그렇습니다. 가슴 뛰는 삶은 용기입니다. 용기를 가지고 모험을 해야 합니다. 때로는 말도 안 되고 무모해 보이는 도전인 것 같아 두려움에 잠 못 이루는 밤을 보내야할 지도 모르지만 그래도 이를 감수해야합니다. 지금 당장의 삶이 근심과 걱정과 불안이지만 이것이 곧바로 절망으로 이어지지는 않습니다. 아직은 끝난 것이 아닙니다. 아직은 늦지 않았습니다. 포기하지 않으면 절망은 없습니다. 희망은 반드시 찾아옵니다. 절망의 끝자락에서도 한 줄기 희망은 우리 곁에 있습니다. '혹시 누군가가 도와주겠지' 하는 막연한 바람을 말하는 것이 아닙니다.

불안과 우울과 두려움에서 벗어나는 길은 거기서 매몰되어 허우적거리는 것이 아니라 이를 극복하려는 긍정의 힘과 용기를 통한 결단입니다. 운동경기에서도 불리할 때 수비에 치중하는 게 아니라 오히려 공격을 감행합니다. 공격이 제2의 수비입니다. 당장의 문제에 급급하다보면 미래를 준비하고 맞이하는 것만 못하는 게 아니라 당장의 문제도 해결하지 못합니다. 외부적인 도움을 갈망하는 것이 아니라 긍정과 희망으로 기대하는 것입니다. 간절히 바라면 그것이 현실이 됩니다. 미래는 꿈꾸는 사람의 것입니다. 우리는 반드시 두려움에서 벗어나기 위해서 희망을 노래해야합니다. 긍정이든 부정이든 모든 가능성이 우리 안에 있습니다. 강렬한 삶의 열정으로 주어진 삶을 바꿔 나가야합니다.

그러면 어떻게 해야 용기 있는 삶을 살 수 있을까요? 그 출발점은 어디일까요? 그것은 큰 꿈, 미친 꿈, 불가능한 꿈에 도전하는 것입니다. 가슴 뛰며 인생을 살아간 위대한 사람들의 공통점은 미친 듯이 꿈을 향해 도전한 것입니다.

세상은 미친 꿈을 꾼 사람들에 의해 앞으로 나아갔습니다. 물론 미친 꿈이 부정적인 결과를 가져온 경우도 있습니다. 세계정복이라는 미친 꿈이 살육과 전쟁으로 이어지기도 하고, 개인적인 미친 꿈이 건강을 해치거나 심지어 목숨을 앗아 가기도합니다. 사회공공성을 해치고 자기 이기심을 이루려는 헛된 꿈은 분명 문제입니다. 이런 꿈은 살림의 꿈이 아니라 죽음의 꿈입니다. 이런 꿈이 아닌, 건강한 꿈으로 몰입하면서 집중하는 꿈에 미쳐야합니다. 꿈을 꾸고 그 꿈을 실행해 가는 순간 가슴이 뛰는 열정에 잠을 이루지 못합니다. 이런 삶을 사는 사람에게는 나이는 숫자에 불과합니다. 진정한 젊음은 꿈에 대한 간절한 열정입니다. '무료하고 일상적이며 지루하고 나태한 하루하루를 숙제처럼 헐떡이며 살 것이냐?' 아니면 '무력한 삶에서 벗어나 하루하루가 축제처럼 펄떡이며 살 것이냐?'는 미친 꿈을 꾸느냐 마느냐에 달려 있습니다.

왜 많은 사람들은 이런 미친 꿈을 꾸면서 살지 않을까요? 그 이유는 꿈에 대해 오해하고 있기 때문이기도 합니다. 그 오해 중에 하나 '꿈은 이루어진다'는 오해입니다. 사실 꿈은 이루어지지 않을 때가 훨씬 많습니다. 간절히 원하면 이루어진다는 말을 많이 하지만 사실은 그렇지 않은 경우가 더 많습니다. 간절히 원해도 안 되는 경우가 훨씬 많습니다. 어떻게 보면 '꿈은 이루어진다'는 생각이 꿈을 작게 만드는 지도 모릅니다. 꿈이 반드시 이루어져야한다는 생각에 이루어질 것 같은 작은 꿈, 소박한 꿈을 꾸게 하는 지도 모릅니다. 누가 봐도 이루어지지 않을 것 같은 위대한 꿈, 큰 꿈은 아예 꾸지도 않습니다. 왜냐하면 큰 꿈은 이루어지지 않을 것이라고 여기기 때문입니다. 그러니 꿈이 작아질 수밖에 없습니다. 이루어질만한 꿈, 내 능력이나 내 주제에 맞는 꿈을 꾸는 것입니다. 심지어는 꿈을 아예 꾸지 않습니다. '꿈은 이루어진다'고 믿었는데 '노력해도 안 된다'고, '왜 이루어지지도 않을 꿈을 꾸냐'라는 생각에 꿈 꾸기를 포기하고 맙니다.

진정으로 열망하는 마음으로 유엔 사무총장을 꿈꾼다면 역대 유엔 사무총장 사진으로 집을 도배하고, 아침마다 유엔 사무총장의 연설문으로 잠을 깨고, 유엔 사무총장 관련한 책을 매일 읽고, 현재의 사무총장에게 편지를 보내고, 학교에서 모의 유엔 총회를 열면 기를 쓰고 참석하고,

유엔 사무총장 관련 다큐멘터리는 **빼놓지** 않고 찾아서 보고, 기회가 되면 미국으로 건너가 유엔 본부를 찾아가서 배경으로 사진도 찍고, 그 사진을 집에 붙여 놓고 미친 듯이 꿈꿔야합니다. 그러나 그런다고 유엔 사무총장이 되는 것은 아닙니다. 안 될 가능성이 99.999%입니다.

그러면 이루어지지도 않을 꿈을 왜 꾸어야 할까요? 왜 꿈이 중요하다고 여기저기에서 말할까요? 그 이유는 꿈을 이루는 것이 목적이 아니기 때문입니다. 사실 중요한 것은 꿈을 이루는 성취나 목적이 중요한 게 아니고, 이루어가는 과정과 성장이 목적입니다. 그런데 왜 이루어지지도 않을 꿈을 위해 그렇게 소모적인 노력을 해야 할까요? 그 이유는 유엔 사무총장을 꿈꾸는 사람은 막 살지 않기 때문입니다. 그 사람은 어떤 방식으로든 성장합니다. 유엔 사무총장 되는 것이 목적이 아닙니다. 유엔사무총장이라는 미친 꿈이 그 사람을 성장시킵니다. 그러니 꿈은 성취가 아니라 성장입니다. 이루는 것이 목적이 아닙니다. 그러므로 가슴 뛰는 삶은 살기 위해서는 미친 꿈, 위대한 꿈, 불가능한 꿈에 도전해야 합니다.

저는 지금도 2002년 월드컵을 잊지 못합니다. 생각만 해도 가슴 벅찬 감격이었습니다. 그 때 전 국민을 가슴 뜨거운 열정으로 몰아넣었던 구호는 '꿈은 이루어진다'였습니다. 그런데 사실 엄밀히 말하면 결국 이루지 못한 꿈이었습니다. 물론 대단한 성취요, 성공이었지만 사실 온 국민의 목표는 우승이었습니다. 적어도 저는 그랬습니다. 태극전사들이 예상보다 너무도 잘 해주었기에 '혹시 또 모르지' 라는 생각에 잠을 설치고 가슴이 뛰어 우승에 대한 기대를 하였습니다. 그러니 결국 우승은 하지 못했습니다. 준우승도 하지 못했습니다.

그러나 그 누구도 실패한 꿈이었다고 말하지 않습니다. 4강 신화를 이룬 것에 대해 감격해합니다. 모든 국민이 하나가 되어 응원했습니다.

'혹시나 이러다가 우승하는 것이 아닐까'하는 엄청난 욕심을 가졌습니다. 그 꿈은 한마디로 미친 꿈이었습니다. 그 미친 꿈이 이루어지지는 못했지만 상상하기조차 힘들었던 4강을 이루었습니다. 호랑이를 그리려는 꿈과 열정이 있었기에 결과적으로 호랑이를 그리지는 못했지만 고양이는 그릴 수 있습니다. 우승의 강한 열망이 있었기에 4강 신화를 이룬 것입니다. 꿈을 꾼다고 다 이루어지지는 않습니다. 그러나 그 꿈을 꾸는 과정으로 인해 오늘의 삶이 열정으로 가득할 수 있기에 꿈을 이루면 더 좋지만 꿈을 이루지 못해도 좋습니다. 과정을 즐기면서 오늘을 멋지게 열정적으로 사는 사람이 꿈의 사람입니다. 이런 사람은 꿈을 좇는 사람이 아니라 꿈이 좇아오게 하는 사람입니다. 꿈을 조절하는 지혜로운 사람입니다. 먼저 산 기성세대로서, 가르치는 선생으로서 저는 꿈의 과정을 즐기는 사람이고 싶습니다. 그리고 그 즐거움을 다음세대인 아이들에게 보여주는 교육을 하고 싶습니다.

새로운 시대에 따른 교육의 변화와 과제

교육의 목적을 다양하게 말할 수 있지만 '4人'을 배양하는 일이라는 것은 일반적인 견해일 것입니다. 첫째, 인간人間을 기르는 일입니다. 둘째, 인력人力을 배양하는 일입니다. 셋째, 인성人性을 제대로 갖춘 인간을 길러 내는 일입니다. 넷째, 사회에서 필요로 하는 인재人材를 양성하는 일입니다. 환경이 어떻게 바뀌든 내용이 무엇이든 이 네 가지 기능과 역할에 결코 소홀해서는 안 될 것입니다. 이 네 가지 교육의 목적은 아무리 강조해도 지나치지 않을 것입니다. 이 네 기능을 조화롭게 진행하는 것이야말로 살아있는 교육일 것입니다. 오늘 우리는 이 네 가지 교육목적에 충실하면서 변화하는 시대를 파악하고 이에 따른 새로운 교육역량을 개선해나가는 노력이 절실한 때에 직면해 있습니다.

그런데 우리나라 교육은 지난 70여 년 동안 그 본질 면에서는 크게 변화되지 않았습니다. 학교 중심, 입시 중심, 암기 중심, 사교육 의존형 교육 그리고 반복 학습과 훈련이었다는 점에서 크게 변화된 것이 없습니다. 오늘 우리 인류는 시간과 공간이 과거보다 훨씬 빠른 속도로 압축된 시대를 경험하며, 로봇 인공지능과 사물 인터넷IOT으로 대표되는 4차 산업혁명시대를 맞이하고 있습니다.

영화 속에서만 봤던 인공지능이 이제 사물인터넷Internet of Things의 발전으로 우리 곁으로 다가왔습니다. 4차 산업혁명은 우리가 미처 변화의 낌새를 알아채기도 전에 국가와 기업 그리고 개인의 운명을 송두리째 바꿀 것입니다. 인공지능과 로봇, 사물인터넷IoT, 3D프린팅 등 4차 산업혁명의 신기술이 널리 활용되면 전통적인 제조업에 의존하던 국가는 몰락하고, 부가가치가 낮은 산업은 쇠퇴하게 될 것입니다. 이에 따라 현존하는 직업들 중에서 절반이상이 사라지고 새로운 직업이 생겨나게 될 것입니다.

지난 2016년 알파고와 이세돌의 바둑 대결로 인공지능Aritificial Intelligence의 현실이 다가왔음을 느꼈습니다. 현재 우리는 기술의 진보로 사람, 기계, 환경이 복합적으로 상호작용하는 세상을 살아가고 있습니다. 알파고가 이세돌 9단을 꺾고, 자율주행자동차가 개발되는 등 영화 속에서만 보던 인공지능이 우리 삶에 현실로 다가오고 있습니다. 또한 크라우드소싱, 공유 경제의 확산으로 공감하는 아이디어만 있으면 누구나 커뮤니티를 형성할 수 있게 되었으며, 가상현실 기술은 새로운 소통의 가능성을 열어가고 있습니다. 이렇듯 기술은 우리가 경계를 뛰어 넘어 함께 살아갈 수 있게 해주고 있습니다. 자율주행차 기술은 보통의 사람들이 생각보다 더 발전된 것으로, 웬만한 사람보다 자율주행차가 운전을 더 잘하는 단계에 이르렀습니다. 이처럼 기술의 발전은 관계의 진화를 가져왔고, 기술이 발전하는 미래사회는 더욱 다양하고 새로운 관계의 진화를 가져 올 것입니다. 이는 인류 역사상 그 유례를 찾아 볼 수 없는 변화와 격동의 시기입니다. 이런 시대에 오늘 우리 교육은 어떤 변화를 모색하고 있을까요? 오늘 우리의 현주소를 살펴보고 새로운 시대에 맞는 새로운 교육을 고민해봐야 할 것입니다.

지난 2016년 6월 27일 고인이 된 미래학자 앨빈 토플러는 1980년 『제3의 물결』이라는 책에서 고도 정보화시대를 예견하였습니다. 제1의 물결 '농업혁명', 제2의 물결 '산업혁명'을 거쳐 제3의 물결인 '정보화혁명'이 이뤄질 것이라고 예측했습니다. 1760년~1840년경에 걸쳐 발생한 제1차 산업혁명은 철도 건설과 증기기관의 발명을 바탕으로 기계에 의한 생산을 이끌었습니다. 19세기말에서 20세기 초까지 이어진 제2차 산업혁명은 전기와 생산 조립 라인의 출현으로 대량생산을 가능하게 했으며, 1960년대에 시작된 제3차 산업혁명은 반도체와 메인프레임 컴퓨팅에서 1970년대와 1980년대에는 퍼스털 컴퓨팅에 이어 1990년대에는 인터넷이 발달을 주도해 왔습니다.

이와 같이 세 번의 산업혁명을 거쳐 이제는 아무도 예상하지 못한 속도로 다가오는 제4차 산업혁명 시대를 맞이했습니다. 오늘과 같은 제4차 산업혁명시대에 미래학자 앨빈 토플러가 우리나라 교육에 대해 말한 것을 다시 한 번 생각해 봤으면 좋겠습니다. "한국에서 가장 이해하기 힘든 것은 교육이 정반대로 가고 있다는 사실입니다. 한국 학생들은 하루 10시간 이상을 학교와 학원에서 자신들이 살아갈 미래에 필요하지 않은 지식을 배우기 위해, 그리고 존재하지도 않는 직업을 위해 아까운 시간을 허비하고 있습니다. 아침 일찍 시작해 밤늦게 끝나는 지금 한국의 교육 제도는 산업화 시대의 인력을 만들어내기 위한 것입니다."

제4차 산업혁명이 이미 시작되었지만, 산업화시대의 인력을 만들어내기 위한 것과 미래에 필요하지 않은 지식을 배우고 존재하지도 않은 직업을 위해 하루 10시간 이상을 학교와 학원에서 시간을 보내고 있다는 말입니다. 2016년 1월 스위스의 UBS은행이 세계경제포럼에서 발표한 자료에 의하면, 국가별 4차 산업혁명 준비 평가 결과, 우리나라의 4차 산업혁명 준비 수준은 세계 25위에 머물러 있습니다. 그 이유는 우리나라가 전통적인 제조업에 높은 비중을 둔 산업구조와 대기업 위주의 수직적인 경영 환경 때문이라는 것입니다.

제4차 산업혁명 시대에 앨빈 토플러가 이야기한 우리나라의 교육에 대한 염려와 우려에 대한 부분을 다시금 생각해 보고 급격한 변화에 대응하고 변화를 주도하여 더 나은 미래를 만들어가야 할 것입니다. 이처럼 과학기술의 발전, 글로벌 경제의 확산, 강대국의 이합집산離合集散이 요동치는 한반도의 안보문제 등으로 우리 삶은 끊임없는 지식과 지혜의 확장을 요구받고 있습니다. 이런 변화 앞에 현재의 교육시스템은 변화될 수밖에 없습니다. 현재의 교육시스템은 가까운 장래에 변화될 수밖에 없고, 그 변화는 4차 산업혁명시대의 도래와 함께 세계적인 교육 패러다임의 변화 속에서, 교육도 다음과 같은 변화가 불가피할 것입니다.

1. 학령인구의 감소로 인한 학교교육의 변화
2. 인구구조(저출산·고령화)의 변화에 따른 교육생태계의 변화
3. 열린 교육과 글로벌 교육의 영향에 따른 교육패러다임의 대변화
4. 공급자 중심에서 수요자 중심으로 전환
5. 교육과정의 통합과 융합에 의한 융복합교육과정 확대
6. 교육환경의 변화에 따른 다양한 학교형태의 확산
7. 교수자 중심에서 학습자 중심으로 전환
8. 다국적·초국적 이동의 확산
9. 가상현실과 가상학습의 일상화
10. 형식적인 지식 습득 교육에서 암묵적인 지식 교육으로 전환
11. 자기주도적학습에 의한 시간과 공간과 내용과 이수과정 등 학사

운영의 유연성 확대

12. 인공지능AI의 고도지능화와 고도감성화에 따른 교과내용의 개편

13. 자기주도적평가와 적시성 맞춤학습의 증가

14. 교육내용의 세계적 질관리체제 강화

15. 다종교·다문화교육의 보편화

16. 교사역할의 변화

17. 학교기능과 역할의 변화

이처럼 오늘 우리의 교육은 엄청난 변화를 요구받고 있습니다. 위와 같은 변화는 교육을 크게 다섯 가지 정로로 변화하게 할 것으로 전망되고 있습니다. 첫째, 학교 교육보다 대체학습과 자기주도적학습의 틀로 변환이 이루어질 것입니다. 둘째, 학위나 졸업장 중심의 평가체제에서 학력學力과 할 수 있는 능력 중심 체제로 변화가 이루어질 것입니다. 셋째, 학문 영역과 전공사이의 장벽이 없어져 융·복합되는 교과내용으로 대전환이 이루어질 것입니다. 넷째, 학습방법은 온라인을 넘어 가상현실의 가상학습이 일반화될 것입니다. 다섯째, 학사學事 경영체제는 시간과 공간과 영역을 초월한 초연결형, 맞춤형융합교육, 필요에 따라 이루어지는 자기주도적 분산학습이 확산될 것입니다.

새로운 시대에 따른 교육은 학생들이 인내심과 감수성과 협동심과 문제해결능력과 호기심과 반성적인 사고능력 등을 함양할 수 있도록 해야합니다. 또한 자기를 잃을 수 있는 시대에 자기를 찾도록 해야 할 것입니다. 그리고 남을 잊어버릴 수 있는 시대에 남을 잊지 않는 것이어야 하며, 대한민국 국민이면서 세계시민이 되어야 할 것입니다. 이를 위한 교육적인 고민과 논의가 보다 풍성해지기를 기대해봅니다.

많은 대학생들이 공무원시험 교재를 들고 다닙니다. 해마다 공무원

시험 경쟁률은 하늘 높은 줄 모르고 치솟고 있습니다. 갈수록 치열해지는 경쟁 구조 속에서 보다 안정적인 직장을 갖고자 하는 마음이 담겨 있을 것입니다. 뿐만 아니라 치열한 사회나 직장 내에서 내 자식만큼은 조금 더 편한 생활을 할 수 있도록 하고자 하는 부모의 마음일 것입니다. 이런 현재의 구조가 잘못되었다고 말하기보다는, 보다 더 다양한 구조 속에서 '나'자신만이 아닌 '우리'라는 구조로 만들어야 더 나은 미래를 꿈꿀 수 있지 않을까하는 마음입니다.

미국 컬럼비아대학교 심리학과 히긴스 교수는 '조절초점 이론'을 주창하였습니다. 그는 동기과학센터에서 20년간 다양한 국적의 사람을 대상으로 임상시험 결과 미국인의 경우 65% 정도가 '성취지향형'이고, 이탈리아나 스페인의 경우 70%인데 반해 일본이나 중국과 우리나라는 65% 정도가 '안정지향형'이라고 하였습니다. 이는 각 사회가 도전challenge을 어떻게 바라보는가와 밀접한 관련이 있다고 합니다. 예를 들어 미국은 '아메리칸 드림'을 꿈꾸는 이민자들의 나라이기 때문에 기본적으로 더 나은 삶, '+1'을 추구하는 사회인 반면 일본의 경우 영토도 넓지 않고 자연재해가 많기 때문에 이들에겐 도전보다 현재의 상태(0)를 지키는 것이 더 중요하다는 것입니다.

우리나라 역시도 현재의 대학생과 청년들도 도전을 꿈꾸기보다는 현재의 상태(0)를 지키고자 하는 마음이 더 강하기 때문일 것입니다. 어느 것이 더 중요하다고 할 수 없지만, 히긴스 교수에 따르면 결국 심리적인 것입니다. 어떤 대상을 소유하는 것이 자신의 성향(성취지향 또는 안정지향)에 부합할 경우 가치는 올라가게 된다는 것입니다.

『시도하지 않으면 아무것도 할 수 없다』(원제:What I learned on the way to the top)(지그 지글러)라는 제목의 책이 있습니다. 제목에서 볼 수 있듯이 시도하지 않으면 우리는 아무것도 할 수 없습니다. 제 1 · 2 · 3

차 산업혁명에 비해 더 많은 변화가 예상되는 4차 산업혁명의 시대에 우리는 더 시도해야 합니다. 도전 없는 성공은 있을 수 없습니다. 실패하더라도 도전해야 합니다. 실패는 성공을 이루기 위한 필수불가결한 과정입니다. 희망은 성공이전에 도전과 실패 그리고 또 도전입니다. 직장을 위해 직업을 위해, 그리고 창업을 위해 도전하고 또 도전하고 도전해야 합니다. 우리에게 희망은 실패를 두려워하지 않는 도전에 있습니다.

삶이란 목적지目的地가 아니라 여정旅程이기에 내가 누구인지 알고 자신에게 맞는 일과 방식을 선택하여 보다 더 가치 있는 삶을 꿈꾸기를 소망해봅니다. 성취지향형과 안전지향형이 균형을 이루어 보다 나은 미래, 보다 나은 사회를 만들어 갈 수 있는 도전하는 청춘이 되었으면 좋겠습니다. 노NO를 거꾸로 쓰면 전진을 의미하는 온ON이 됩니다. 세상의 모든 문제는 해답이 있습니다. 단지 문제를 그대로 두면 문제가 되지만 이 문제를 풀면 해답은 있게 마련입니다. 비록 좀 늦을 수는 있어도 말입니다. 끊임없이 문제를 생각하고 해답을 찾아나간다면 해답은 있습니다. 이제부터 "NO가 아니라 ON입니다!"

해마다 2월이면, 초·중·고 대학교 그리고 대학원 졸업이 있습니다. 상급학교 진학을 위한 졸업이기도 하고, 이제 학교를 벗어나 취업에 이르기 위한 과정이기도 합니다. 미래는 기다리는 것이 아니라 만들어 가는 것입니다. 다가오는 미래를 기다리고만 있을 것이 아니라 미래를 만들어 가는 사람이 되어야합니다. 그 누구도 한 번도 살아보지 못한 미래가 우리에게 주어집니다. 두렵고 떨리는 미래를 조금은 여유롭게 바라보고 한걸음씩만이라도 앞으로 나아간다면, 우리의 꿈은 현실이 될 것입니다. 어렵고, 힘들고, 버겁더라도 '한걸음씩'만이라도 앞으로 나아가는 희망의 나래를 펼쳐가기를 소망해봅니다. 지난 2017년 2월 18일 자신의 인스타그램에 은퇴에 대한 소감을 밝힌 리듬체조 손연재의 글이 큰 감동으로 다가왔습니다. 지난 2016년 리우데자네이루 올림픽에서 4위를 기록하며, 우리나라 리듬체조 사상 역대 최고 성적을 낸 손연재는 이후 현역 은퇴 혹은 연장을 놓고 고민하다 결국 은퇴를 선택했습니다. 자신이 하는 일에 최선을 다하고 그 일을 마무리하는 소감이 오늘 우리 젊은 세대들에게도 큰 귀감으로 다가올 것 같습니다. 주어진 일에 두려워말고 최선을 다하는 자세야말로 젊은이다움일 것입니다. 다음은 손연재 인스타그램에 실린 글의 전문全文입니다.

끝나서 너무 행복했고, 끝내기 위해서 달려왔다. 그래도 울컥한다. 아쉬움이 남아서가 아니다. 조금의 후회도 남지 않는다. 17년 동안의 시간들이 나에게 얼마나 의미 있었고 내가 얼마나 많이 배우고 성장했는지 알기에 너무나 감사하고 행복하다. 나는 단순히 운동만한 게 아니다. 더 단단해졌다. 지겹고 힘든 일상들을 견뎌내면서 노력과 비례하지 않는 결과도 받아들이는 법을 배우고 당장이 아닐지라도 어떠한 형태로든 노력은 결국 돌아온다는 믿음이 생겼다. 끝까지 스스로를 몰아붙이기도 하고 그 어떤 누구보다도 내 자신을 믿는 방법을 배웠다. 지금부터 모든 것들이 새로울 나에게 리듬체조를 통해 배운 것들은 그 어떤 무엇보다 나에게 가치 있고 큰 힘이 될거라 믿는다. 은은하지만 단단한 사람이 화려하지 않아도 꽉 찬 사람이 이제는 나를 위해서 하고 싶은 것들을 해 보고 싶었던 것들 전부 다 하면서 더 행복할 수 있다고 믿는다. 그리고 지금까지 나와 같이 걸어준 모든 사람들에게 감사하고 또 감사합니다.

교육의 변화,
지배계급의 이해관계와 얽혀

　해방이후 급속도로 진행되어 온 우리나라의 교육성장은 높은 취학률로 국민교육이 세계적 수준입니다만 그 이면裏面에는 많은 문제들이 감추어져 있습니다. 여전히 과밀학급과 2부제수업 문제가 있고 한편으로는 폐쇄되는 학교와 학교규모의 영세화로 복식수업을 하는 학교가 늘고 있습니다. 교지면적의 축소로 운동장 없는 학교도 늘어나고 있습니다. 학교건물의 노후와 기자재의 부족은 아이들에게 다양한 교육경험을 제공하지 못합니다. 사회경제적 지위의 하락과 높은 노동 강도로 교사는 전문직의 권위를 상실하고 있습니다. 육성회 찬조금, 촌지, 부교재 채택 시비를 둘러싼 교육부조리와 모순이 학부모의 불신을 초래하고 있습니다. 학원, 학습지 등 교육산업의 성행, 고액과외 문제는 계층 간의 위화감을 심화시키며 학교교육을 황폐화시키고 있습니다. 뿐만 아니라 사학재단의 재정비라는 사학의 갈등을 표면화 시키고 있습니다.

　교육에 존재하는 많은 긴장들을 결정하는 요인들의 실상實相은 교육체제 밖에 있다는 것을 이해하기 위하여 교육과 국가 간의 연관성을 이해 해야 합니다. 각 교육은 대중을 위한 봉사기관인가 아니면 국가기구의 한 도구인가의 문제입니다. 이를 위하여 국가에 대한 다양한 개념화를 이해해야합니다. 국가의 역할에 대한 이해는 교육학적 분석에 있어서도 핵심적인 문제로 등장하고 있습니다. 특히 중요한 것은 교육체제에 있어 서 국가개입이 점증하고 있다는 점은 깨닫는 것이다.

자본주의국가의 관점을 취하는 이론가들은 국가란 자신의 모든 제 도·기증·활동 등에 있어서 자본주의적인 법칙이 관철되고 있는 것이 라고 주장합니다. 즉, 국가는 자본가계급에 의해 통제되고 있다는 것입 니다. 말하자면 자본가계급의 구성원들은 국가 내의 전략적인 위치를 점하며, 직접적으로 국가정책을 입안立案하거나 간접적으로 국가에 대하 여 일치된 압력壓力을 행사함으로 권력을 도구화합니다. 그러므로 여기 서 국가란 결코 중립적인 것이 아닙니다. 자본주의와 별개의 것도 아닙 니다. 온갖 용어들로 수식되는 교육이념들, 정책들, 제도들은 근본적으 로 그 사회의 경제적 토대에 기반을 두고 있고 경제상황의 변화들이 각 종 형태로 교육의 변화로 나타납니다.

더 구체적으로 말하면, 우리나라 교육여건의 낙후성, 공교육의 발전과 정, 입시제도의 변화, 교육과정의 개편, 대학에 대한 통제나 자율성의 확대, 교직의 여성화 현상, 전교조 교사들의 해직사태, 교복 다시 입히 기, 그리고 대학의 사범계열학과의 축소와 폐지 논의들까지도 결코 우연 한 것이 아닙니다. 바로 정치·경제 위기에 대처하는 지배계급의 이해관 계를 대변하는 것들이라는 것입니다.

따라서 교육에 존재하는 긴장들은 교육적 차원으로는 해결하기 어려 운 정치적인 이해관계가 얽힌 정치적인 차원이기도 합니다. 그러기에 교육과 정치는 불가분의 관계를 맺고 있습니다. 그러므로 교육자로서 교육 본연의 일에 충실하기만 하면 되는 것이 아닙니다. 교육을 둘러싼 지배계급의 이해관계가 녹아든 교육철학과 교육지표를 이해해야 합니다. 이런 현실이기에 우리나라 교육은 파행跛行이 불가피합니다. 이런 지배구조 속에서 교육은 정상적일 수가 없습니다. 지배계급이 교육정책과 교육재정을 쥐고서 교육부와 학교를 뒤흔드는 구조 속에서 참된 민주주의학교문화와 자율적인 학교문화를 기대하기는 어렵습니다.

최근에는 정권의 핵심부서인 교육부에 대한 축소 혹은 폐지론이 나오는 지경입니다. 교육부의 존재 이유에 대한 회의감이 그 어느 때보다 깊습니다. 이에 따라 교육부 기능을 대폭 축소하고 독립적인 국가기구를 신설하자는 의견도 있습니다. 초·중등교육 업무는 각 시도교육청으로 이관하고, 대학 입시·구조조정 등 대학 관련 업무는 별도의 사무처에서 담당하도록 하자는 것입니다. 또 다른 의견은 아예 교육부를 없애고 장기적인 계획에 합의하는 국가교육위원회와 같은 기구를 만들자는 것입니다. 현재는 교육부가 유치원~대학까지 모든 교육 정책을 결정하고 교육기관에 대한 관리·감독, 재정지원 등을 합니다. 정부로부터 독립적인 국가교육위원회를 설치하자는 의견은 이미 1990년대 중반부터 지속적으로 제시돼 왔습니다.

집단과 이념에 따라 첨예하게 대립하는 교육 정책에 대한 합의를 이끌어 내, 정권에 휘둘리지 않고 안정적·연속적으로 정책을 이어나갈 수 있다는 장점 때문입니다. 특히 최근 국가교육위원회에 신설에 힘이 실리는 것은 박근혜 정권의 무리한 정책 추진에 따른 교육 현장의 혼란과 깊은 불신 때문입니다. 교육부의 국정 역사교과서 정책은 이념갈등을 심화시켰고, 대학재정지원사업의 하나인 평생교육단과대학 사업은 이화여대 사태를 촉발했습니다. 조직적으로 정유라를 특혜 입학시킨 이대가 교육부 재정지원 사업 9개 중 8개에 선정된 것 역시 불신을 가중시켰습니다. 흔히들 교육을 국가의 '백년대계'라고 말합니다. 이제 우리의 교육이 교육본연의 주체적이고 자율적인 구성체가 되도록 규제는 줄이고 지원은 늘리는 방향으로 깊이 있는 논의들이 이어지기를 기대해 봅니다.

교육개혁,
더 이상 미룰 수 없습니다

박근혜 정권의 최순실 국정농단으로 인한 대통령 탄핵이 막바지 절차에 이르고 있습니다. 사상초유인 이번 사태의 시작점 중 하나는 최순실의 딸 정유라의 이화여대 부정입학 사건이었습니다. 언론에 밝혀진 최순실 일가는 엄청난 재력에 무소불위의 권력까지 남부러울 것이 없었습니다. 그런데 뭐가 아쉬워서 굳이 이화여대에 들어가려고 온갖 편법과 압력을 행사했을까요? 그것은 '대학간판'이 상류층에게도 필수적인 인증認證 요소이기 때문입니다.

우리나라에서 이른바 명문대를 나온다는 것은 다른 나라의 그것보다 더 많은 유익을 갖고 있습니다. 단순히 개인 능력치에 대한 불완전한 '신호'일 뿐 아니라, 관계를 중요시하는 우리 사회에서 매우 유용한 '학연學緣'을 형성해주기 때문입니다. 이는 심지어 종교계에서도 그대로 적용되고 있습니다. 목사 청빙에서도 학벌學閥이 중요한 기준이 됩니다. 목사의 학력學歷은 목사가 당연히 지녀야할 인성人性과 영성靈性을 넘어서는 중요한 기준입니다. 종교지도자가 갖춰야할 중요한 자질이 학력인 것이 현실입니다. 그러니 신자들이 자녀들의 이른바 명문대 진학을 위해 기본적인 종교생활을 미루거나 외면하기도 하는 현실입니다. 실력보다는 대학간판과 학연이 우선시 되는 사회 풍토가 승마특기자가 승마과목조차도 없는 대학에 입학하고자 하는 모순을 낳은 것입니다.

대학간판과 학연이 출세의 보증수표가 되면서 대학서열화는 당연한 결과입니다. 이는 공교육부실화와 맞물려 사교육천국의 대한민국을 만들었습니다. 현재 우리나라 사교육 시장은 약 33조원 규모로 전체 국가 예산의 8.8% 수준에 육박할 정도입니다. 과도한 사교육비가 국내소비부진의 주범主犯이라는 말이 나오는 근거입니다. 더욱 문제는 가계소득이 증가할수록 사교육 지출이 높아져 교육 불평등을 낳고 있다는 사실입니다. 월 소득 100만원 미만 가구와 700만 원 이상 가구의 사교육비가 7배 차이 나는 현실은 개천에서 용 나는 일을 TV 드라마 속에서나 볼 수 있는 비현실적인 일로 밀어냈습니다.

그렇다고 부모가 자식을 교육하고자 하는 열망熱望을 탓할 수는 없습니다. 바쁜 현대사회에서 출신 대학을 통한 신호이론*을 무시할 수도

* 마이클 스펜스Michael Spence가 1973년 『경제학 저널Quarterly Journal of Economi cs』에 발표한 「노동시장의 시그널링Job Market Signaling」이란 논문에서 '신호' 개념을 경제학에 도입해 정보 격차의 해소 방안으로 이른바 '시장 신호이론market signaling'을 제기했습니다. 줄여서 '신호 이론'이라고 하거나, '시그널링 이론'이라고도 합니다. 시장신호이론은 정보 비대칭성을 중심으로 전개된다는 점에서 애컬로프의 이론과 맥을 같이하지만, 스펜스는 개별경제 주체들이 상호정보보유량의 격차가 있는 시장에 참여하면서 그 문제를 조정해가는 과정을 분석했습니다. 그는 정보량이 풍부한 쪽에서 정보량이 부족한 쪽에 자신의 능력 또는 자신의 상품가치나 품질을 확신시킬 수 있는 수단이 필요하고 이를 이용함으로써 정보의 격차로 야기되는 시장 왜곡 현상, 즉 '역선택adverse selection'을 피할 수 있게 된다고 주장했습니다. 스펜스가 논문에서 최초로 제기한 신호이론의 연구 영역은 노동시장이었습니다. 그에 따르면 정보보유량의 격차가 존재하는 노동시장에서 그 격차를 해소하기 위한 '신호'로 작용하는 것이 학력입니다. 구직자상호간 학력의 차이를 기준으로 고용주는 구직자상호간 생산성의 차이를 가늠할 수 있게 됩니다. 스펜스는 자신의 이론을 설명하기 위해 교육이 생산적인 면에서 쓸모가 없는 세상을 상정하면서, 대학들이 존재하는 까닭은 오직

없고, 동양문화권의 특징인 관계 중심적 사고방식을 하루아침에 바꿀 수도 없습니다. 법으로 금지하면 될까요? 글쎄요. 그런다고 해결이 되면 좋겠지만 그렇게 되지 않을 것 같습니다. 교육이 계층 순환의 순기능을 잃고 오히려 양극화의 도구가 된다고 해서 사교육 자체를 법적으로 금하는 것은 각주구검刻舟求劍**일 뿐입니다. 선행학습금지법이후 오히려 사교육이 증가하는 현실만 봐도 알 수 있습니다.

고용주들이 어떤 사람을 채용할지 파악하기 위해서라고 가정했습니다. 이런 가정을 입증하듯, 어떤 기업의 CEO는 특정 직책에 대졸자를 채용하는 이유에 대해 이렇게 설명했습니다. "대학 졸업자가 더 똑똑하다는 뜻은 아닙니다. 하지만 그건 그가 4년 동안 많은 어려움을 견뎌내고 어떻게든 학업을 마무리할 수 있었다는 뜻입니다." 고용주는 구직 당사자에 비해 구직자에 관한 정보가 절대적으로 부족합니다. 따라서 일자리를 놓치고 싶지 않은 사람은 어떤 수단을 써서라도 자신의 능력 곧 생산성의 상대 우위를 입증하는 '신호'를 고용주에 전달해야 채용 가능성이 높아집니다. 이를테면, 직장에 다니는 고졸 학력자가 야간 · 방송대 · 사이버대학 과정에 다니는 까닭도 바로 이러한 학력의 신호 효과를 노리는 것으로 이해할 수 있습니다. 우리나라의 뜨거운 '스펙 열풍'도 바로 그런 신호 효과를 겨냥한 몸부림인 셈입니다. 기필코 명문대를 들어가겠다는 집념도 자신의 신호 효과를 높이겠다는 열망과 다름없습니다. 이 신호 효과는 취업에도 결정적인 영향을 미치지만 대학생활 4년간에도 긍지와 보람의 원천이 되기도 합니다. 이른바 명문대는 사실상 '신호를 팔아먹는 기업'이라고 해도 지나친 말이 아닙니다. 미국 하버드대학교 경영대학원을 다니려면 수업료와 기타 비용으로 매년 12만 달러가 들 정도입니다. 일부 사람들은 이 경영대학원의 학위가 아무 의미 없는 '12만 달러짜리 신호'에 불과하다고 폄하하지만, 입학경쟁률이 치열한 걸 보면 취업시장에선 그 비싼 신호효과가 만만치 않습니다. 이처럼 학력이 임금 수준에 미치는 영향을 가리켜 '양가죽 효과sheepskin effect'라고 하는데, 이는 과거 학위증이 양가죽으로 만들어진 데서 유래된 작명입니다. 스펜스는 이 신호 개념을 비단 노동시장뿐 아니라 여러 다양한 시장 사례에 적용함으로써, 정보 격차로 말미암아 빚어지는 갖가지 현상을 분석하고 이해하는 데 중요한 실마리를 제공했습니다. 신호이론은 경제뿐만 아니라 정치 분야에서도 적극 활용되고 있습니다.
** "초楚나라 사람이 강을 건너다가 칼이 배에서 물속으로 떨어졌다. 그는 급히 뱃전에 칼자국을 내어 표시를 하면서 말했다. '여기가 내 칼이 떨어진 곳이다.' 배가 닿자 칼자국이 있는 뱃전 밑 물속으로 뛰어들어 칼을 찾았다. 배는 움직였고 칼은 움직이지 않았는데 이처럼 칼을 찾으니 어찌 의아하지 않겠는가"(楚人有涉江者, 其劍自舟中墜於水, 遽契其舟曰, 是吾劍之所從墜. 舟止, 從其所契者, 入水求之. 舟已行矣而劍不行, 求劍若此, 不亦惑乎.) 이 이야기는『여씨춘추呂氏春秋』「찰금察今」에 나오는데, 이 이야기 뒤에 다음과 같은 말이 이어집니다. "옛 법을 가지고 나라를 다스리는 것은 이와 마찬가지이다. 시대는 지나갔지만 그 법은 변하지 않았으니 이로써 나라를 다스린다면 어찌 어렵지 않겠는가?"(以古法爲其國與此同. 時己徙矣, 以法不徙. 以此爲治, 豈不難哉.) '각주구검'은 '계주구검契舟求劍'이라고도 합니다.

이제야말로 교육 패러다임 자체를 바꿔야합니다. 교육학자 R. H. 리브스가 『동물학교』에서 이야기했듯이, 지금 우리 교육시스템은 수영을 잘하는 오리도, 날기에서는 타의 추종을 불허하는 독수리도 전 과목 평균으로 평가해서 낙제를 받는 구조입니다. 특정 분야 1등에 대한 가치평가는 제외되고, 그저 모든 과목에서 평균 이상을 기록하는 학생만이 인정받을 뿐입니다. 이렇게 획일화된 교과과정과 단순한 평가시스템, 그리고 경쟁위주로만 구성된 현행 교육구조가 유지되는 한 어떠한 문제도 해결되지 않습니다. 4차 산업혁명 시대를 이끌어갈 창의적인 인재양성은 더욱 거리가 멉니다. 스티브 잡스나 엘론 머스크는 우리 교육시스템에서는 낙제생, 문제아일 뿐입니다.

오늘 우리의 교육문제를 깊이 고민하는 학부모들과 교육자들에 의해 홈스쿨링, 대안학교와 같은 다양한 교육 형태는 물론 진보교육계를 중심으로 실시되는 혁신학교와 민주적인 교육방식으로 거꾸로 교실, 배움의 공동체, 하브루타 등의 교육방법들이 등장한 것은 오늘 우리의 공교육과 교육제도에 대한 도전이요, 자극제이기도 할 것이다.

이제 더 이상 미룰 수는 없습니다. 4차 산업혁명을 앞두고 1950년대 학제와 교육정책으로는 미래가 없습니다. 교육에 대한 근본적인 방향을 바꾸어야 합니다. 변화된 시대에 따라 모든 걸 잘하는 인재가 아니라 저마다의 주어진 재능을 발휘해서 자유롭게 특기적성을 살려 개성과 창의성이 활성화 될 수 있어야합니다. 이제는 더 이상 줄 세우기식 교육에서 벗어나 모두가 1등이 되는 교육, 경쟁보다는 협력, 성적보다는 인성을 중시하는 패러다임의 대전환이 이루어져야 할 것입니다.

서로 1등 하려고 싸우는 것이 교육일까요

백범白凡 김 구는 쟁족爭足운동을 제안했습니다. 이는 서로 다리가 되려고 싸우자는 것입니다. 이와 대립되는 말로 쟁두爭頭운동을 말할 수 있습니다. 쟁두운동은 머리가 되려는 싸움, 즉 우두머리가 되려고 서로 싸우는 것을 말합니다. 김 구는 이 말을 매우 투박하고 거칠게 표현하여 '다리 싸움, 대가리 싸움'이라고 말했습니다. 이 두 가지 싸움에서 다리 싸움을 하자고 제안한 이유는, 우두머리가 되려는 욕심에 싸우다가 서로 분열되므로 대가리 싸움을 경계해야 한다는 것이었습니다. 속담에는 '백 개의 다리를 가진 벌레는 죽어도 쓰러지지 않는다'는 뜻으로 '백족지충白足之蟲은 지사불강至死不僵'이란 말이 있습니다. 다리가 많은 벌레는 쓰러지지 않습니다. 다리가 많은 지네는 쓰러지려고 해도 쓰러질 수가 없습니다.

이처럼 김 구는 우두머리 자리를 다투지 말고 낮은 자리를 다투자고 제안하고 자신도 스스로 상해 임시정부의 문지기나 청소부가 되려고 했습니다. 또한 "얻고자 하는 자는 잃고 잃고자 하는 자는 얻습니다."고 말하며 "높은 자리를 요구하는 자는 낮아지고, 낮은 자리를 요구하는 자는 높아집니다."면서 높은 자리를 다투지 말라고 가르쳤습니다. 이는 성경에도 나오는 교훈입니다. 누가복음 14장 11절입니다. "누구든지 자신을 높이는 이는 낮아지고 자신을 낮추는 이는 높아질 것이다." 오늘날 사람들은 김 구의 이런 가르침을 어떻게 받아들일지 궁금합니다. 우리 현실을 지배하는 가치관이 어떤 것인지 요즘의 나라 상황에서 확연히 드러납니다. 김 구의 남다른 교육철학은 경남 거창고의 직업선택의 십계에 잘 드러나 있습니다.

《거창고 직업선택 10계명》

1. 월급이 적은 쪽을 택하라
2. 내가 원하는 곳이 아니라 나를 필요로 하는 곳을 택하라
3. 승진의 기회가 거의 없는 곳을 택하라
4. 모든 조건이 갖추어진 곳을 피하고 처음부터 시작해야하는 황무지를 택하라
5. 앞을 다투어 모여드는 곳을 절대가지마라. 아무도 가지 않는 곳을 가라.
6. 장래성이 없다고 생각되는 곳으로 가라
7. 사회적 존경을 바랄 수 없는 곳으로 가라
8. 한가운데가 아닌 가장자리로 가라
9. 부모나 아내가 결사반대를 하는 곳이면 틀림없다. 의심하지 말고 가라
10. 왕관이 아니라 단두대가 기다리고 있는 곳으로 가라

이는 제가 학교에서 늘 강조하는 교육철학과도 맥脈이 닿아 있습니다. 제가 만든 이 글을 매년 학교 월보와 연보와 예배순서지에 의도적으로 드러내고 있습니다.

> 일등만을 인정하는 교육,
>
> 환경을 죽이고 물질을 숭상하는 교육,
>
> 기계와 기술이 인간을 대신하는 교육,
>
> 그런 메마른 교육으로는 새로운 세상을 열어갈 수 없습니다.
>
> 지금 우리에게 필요한 것은 한 사람의 지도자가 아니라
>
> 더불어 살 줄 아는 열 명의 사람입니다.

박근혜 전 대통령과 최순실, 그리고 그의 딸 정유라가 이화여대에 입학하는 과정에서 드러난 교수들의 불의에서 대학교육의 모습은 여과 없이 폭로되었습니다. 그들은 자신들의 욕망을 위해서 어떤 원칙도, 법도 없이 교육의 목적을 처참하게 짓밟았습니다. 부정으로 성적을 만들어 남의 자리를 빼앗고, 시험을 치루지 않았음에도 성적을 조작하는 등 교육현장을 모함과 암투로 변질시켜버렸습니다. 이는 교육을 빙자한 도적질일 뿐입니다. 이런 상황에서 '인간의 궁극목적'을 말하고 '사회의 선익善益을 지향하는 전인교육全人敎育은 사치스런 일이 되고 나아가 김 구가 말한 '쟁족'운동이란 웃음거리일 뿐입니다. 이런 살벌한 교육 현실은 결코 김 구의 '다리 싸움'을 받아들이지 않을 것입니다. 오직 '대가리 싸움'으로 피 터지는 승부만 남은 교육에서 지금 나라를 떠들썩하게 하는 정유라의 고교와 대학의 입학 비리는 당연한 결과이며 우리들의 자화상自畵像입니다.

무릇 교육은 '인간 존엄을 온전히 존중하면서 인간을 양성하는 것입니

다. 그러나 1등만 살아남는 현재의 교육에서 인간 존엄을 구현한다는 것은 불가능합니다. 오직 일류 대학만을 바라보게 하는 대학서열화, 그에 따른 높은 사교육비와 치열한 경쟁으로 스스로 목숨을 끊는 아이들, 이것은 형태를 달리한 폭력일 뿐 결코 교육이 아닙니다.

참된 교육은 인간의 궁극 목적과 더불어 사회의 선익을 지향하는 인격형성을 추구해야합니다. 인간은 한 사회의 구성원으로서 살아가며 어른이 되어 그 사회의 책임을 맡을 것입니다. 말과 삶의 증언으로 자녀들이 정의와 사랑이라는 근본적 덕행을 키워 나감으로 대화와 만남, 사회성, 합법성, 연대와 정의를 교육받을 때 이러한 전인교육이 실현될 것입니다.

4

미래를 꿈꾸는 청춘이여, 힘을 내라

산들바람 불어오면

미래를 꿈꾸기 어려운 청년,
그리고 어른들

　지난 1980년대 중반 4년제 대학 진학률은 20%초반대 였습니다. 같은 교실에서 고등학교 생활을 함께한 친구들 5명 중 1명만이 4년제 대학에 갔다는 말입니다. 나머지 3명은 대학에 관심이 없거나 2년제 대학으로 진학하거나 그도 아니면 바로 취업전선에 뛰어 들었습니다. 지금 와서 생각해보면 그렇게나 진학률이 낮았던가 하는 생각마저 들 정도로 격세지감隔世之感을 느끼게 하는 수치입니다. 지금이야 마음만 먹으면 4년제 대학에 진학할 수 있지만, 불과 30년 전만 해도 4년제 대학 진학은 그리 쉬운 일만은 아니었습니다.

　대학에 진학한 후, 상당수의 신입생들은 공부보다는 노는 데 전념했었습니다. 오랜 기간 동안 진행됐던 입시공부에 진저리가 나서이기도 했고, 딱히 공부에 전념하지 않아도 되는 분위기(?)가 형성돼 있기도 했습니다. 실제로 졸업을 앞두고 있는 선배들 역시, 극소수를 제외하고 공부와는 먼 거리에 있는 것처럼 보였습니다. 또 학과 사무실에는 대기업에서 날아든 추천장이 있어서 그것만 잡으면 바로 취직이 되기도 했습니다.

지금 와서 생각해보면 신선놀음하던 시절이었습니다. 그러다가 얼마안 가서 IMF를 맞이하고 나서야 그 모든 것이 한때의 흐름이었음을 발견했습니다. 우리나라 산업이 팽창하던 시기였고, 상대적으로 대학생 수가많지 않았기에 벌어졌던 철없던 시절의 이야기였습니다.

이제 이런 식의 한가한 대학생활이나 경쟁 없는 취업은 가능하지도않고, 앞으로도 영원히 그런 시간은 오지 않을 것입니다. 그저 그런 시기에 대학을 다니고 졸업했었음을 감사하거나 미안하게 느껴야 할 것만같습니다. 이런 와중에 많은 젊은이들이 대학을 졸업하고 사회로 진출하는 과정에서 길을 잃었습니다. 도대체 어떤 방향으로 무엇을 향해 나아가야 하는지 모르겠다고 다들 아우성입니다.

그야말로 한 치 앞이 보이지 않는다는 말이 실감나게 다가오는 시기에 살고 있습니다. 그런데 더 큰 문제는 자신의 개인적인 어려움을 이야기하고 제대로 된 방향에 대한 조언을 구할 대화 상대가 적다는 것입니다. 특별히, 직업이나 전공 관련 조언만이 아니라, 앞으로의 인생 설계에대한 조언을 구할 코치나 멘토를 찾기란 쉽지 않아 보입니다. 그러다보니 젊은이들은 주변에서 떠돌아다니는 이른바 '카더라 통신'에 의존하거나 인터넷에 올라와 있는 고만고만한 정보 찾기에 매달리고 있는 상황입니다. 도대체 그들이 찾아가서 이야기 나눌 만한 그 많은 어른들은다 어디로 간 것일까요?

어느 날 TV에서 우연히 본 문구 중에 '어쩌다 어른'이라는 말이 떠오릅니다. 이 문구가 가슴에 와 닿는 것을 보니, 저 역시 어찌어찌 하다 보니어른이 되었음을 고백하지 않을 수 없습니다. 그리고 원하든 원치 않던어른 노릇을 해야만 하는 나이가 되었음도 발견합니다.

그동안 너무 어른 노릇을 안 하고 산 것일까요? 아니면 이젠 젊은이들의 앞날을 도와주고 조언을 하기엔 제가 가진 지식과 경험은 요즘 사회의 변화속도에 비추어 볼 때 너무 낡은 것일까요? 그래도 그동안 열심히 살아 온 날들이 가르쳐 준 지혜의 목소리를 함께 나눌 만한 여지는 남아 있을 것도 같은데 말입니다.

중년기로 예비노년기를 살아가면서 제대로 사는 건가 자문해보곤 합니다. 제가 속한 공동체에서 밥값은 하고 사는 건지, 유익한 존재인가 생각도 해보곤 합니다. 제가 어떤 사람인지를 드러내주는 성경구절입니다. 사무엘상 18장 23절입니다. "사울의 신하들이 이 말을 다윗의 귀에 전하매 다윗이 이르되 왕의 사위 되는 것을 너희는 작은 일로 보느냐 나는 가난하고 천한 사람이라 한지라" 비록 어쩌다 된 어른이기는 해도 제 아이들에게, 제가 만나는 학교 학생들에게, 이 시대의 청춘들에게 롤모델은 못 되겠지만 삶의 참고라도 되려나하는 생각에 시간을 쪼개 봉사도 하고, 글도 쓰고 하면서 부지런히 살려고 애를 쓰고 있습니다.

가끔 찾아오는 제자에게, 조언을 구하는 청춘에게 앞으로 살아가는 데 도움이 될 만한 이야기 하나쯤은 들려주고 싶은 심정입니다.

제가 20대중반 대학에 가지 못하고 공장에서 힘든 일을 하면서 하루를 충실하게 살면서 내일을 꿈꾸던 시절, 마음에 새긴 성경구절이 떠오릅니다. 이 구절을 제가 만나는 미래 세대들에게 권하곤 합니다. 골로새서 3장 23절입니다. "무슨 일을 하든지 마음을 다하여 주께 하듯 하고 사람에게 하듯 하지 말라"

대학은 공정함의 마지막 보루입니다

"이게 나라인가." 최근 국민이 가장 많이 하는 말입니다. 이 자조적인 질문 하나로 온 나라가 시끄러웠습니다. 대통령 연설문부터 각종 외교 · 경제 문건, 공직사회 인사개입에 이르기까지, 국정농단 의혹에 대해 대통령 규탄 여론과 진상규명을 요구하는 시국선언이 끊임없이 이어졌습니다. 국민의 원성어린 요청으로 검찰과 특검에서 대통령에 출석을 요구했지만 이를 받아들이지 않았습니다. 정경유착, 부정축재 등 대한민국 정치적 근간의 뿌리를 뒤흔드는 암적 병폐의 민낯이 여실히 드러났습니다. 거리에 나온 국민의 촛불이 더 뜨겁고, 눈빛이 더 매서운 이유였습니다.

'최순실 사태'가 국정마비 상황을 초래할 만큼 커지기 전, 가장 처음 질책을 받은 분노의 대상은 그녀의 딸 정유라였습니다. 그 시작점은 정유라와 같은 강의를 수강한 학생이 쓴 대자보로, 입학 비리와 더불어 성적 취득 과정에서도 부당한 이득을 취했다는 사실을 고발하는 내용이었습니다.

학생들은 학문과 지성이 비선 권력에 농락당했다는 사실에 분노했습니다. 정유라에게 편지를 보내는 형식으로 큰 화제를 몰고 온 '어디에선가 말을 타고 있을 너에게' 제하의 대자보를 비롯, 학교와 교수마저 권력에 굴복하는 현실에 대한 학생들의 비난이 잇따랐습니다.

상황이 하루가 다르게 심각해지자, 아르바이트와 취업준비로 바쁜 청년들부터 입시를 준비하는 중·고등학생과 그보다 더 어린 아이들까지. 그간 '정치 무관심 세대'라고 불리던 이들마저 광장에 모여 분노를 표출하였습니다. 이렇듯 한 대학의 부정 입학이 역사적으로도 엄청난 시국선언의 도화선이 된 이유는 무엇일까요?

'상아탑'이라는 수식어의 기저에는 대학이 부정과 비리가 개입될 수 없는 '공정함'의 마지막 보루라고 여겨지는 인식이 깔려있습니다. 그렇기에 거대권력을 등에 업은 한 개인의 부당한 압력 속에서 부정을 방조한 대학본부의 모습은 더욱 실망스러웠습니다.

학생들의 움직임으로 대학내부의 고름을 찾아낸 일 자체는 매우 의미 있는 일이었다고 위로하는 모습조차 사회의 부당함을 분명하게 드러내는 의미이기에 안타깝습니다. 부패하고 정의롭지 못한 권력에게 계속되는 질타와 비판. 그 원동력은 '공정함'에 대한 국민의 인식입니다. 그러나 이는 대한민국 사회의 부정이 최고치에 달했다는 반증이기도 합니다. 예체능 과목의 특기생 선발과 관련해 심심치 않게 들어 왔던 입시 비리부터 시험을 치기 위해 손바닥에 적었던 컨닝페이퍼에 이르기까지. 불공정함이 너무나 일상화돼서 우리도 모르게 익숙해져 버린 현실입니다.

우리는 어렸을 때부터 '남의 물건을 훔치지 말자' 혹은 '어려운 사람을 도와주자'라는 말들을 배우면서 자랐습니다. 사람이라면 당연한 것이기 때문에 굳이 이유를 붙이지도 않았습니다. '공정함' 역시 그 때부터 배워

온 당연한 가치 중에 하나였습니다.

상아탑마저 좀먹은 불공정, 다 같이 목소리 낼 때 흔들리는 대한민국의 정의를 회복될 수 있습니다. 대학은 공정함의 마지막 보루입니다. 정상화 위한 견제와 노력이 절실한 때입니다. 이제라도 나라를 다시 세우는 각오로 "이게 나라다." 자신 있게 말할 수 있기 위해서는 불공정함에 대한 지속적인 견제와 개선이 무엇보다 우선돼야 할 것입니다.

스펙보다 중요한 꿈의 방향

"넌 꿈이 뭐야?"라는 질문에 자신 있게 자기가 가진 꿈을 이야기 할 수 있는 청춘이 얼마나 될까요? 취업을 하려면 꿈보다는 누구나 다 있기 때문에 필수가 돼 버린 스펙 쌓기를 준비하기에 여념 없는 모습이 요즘 청춘들에게서 쉽게 찾아볼 수 있는 풍경입니다. 실제로 요즘 청춘들은 꿈에 대한 이야기보다 기업 서류통과 방법이나 토익 고득점 비법에 더 관심이 많습니다. 무한경쟁시대에서 조금이라도 좋은 곳에 취업하기 위해 안간힘을 쏟아 붓는 청춘들에게 여유가 없습니다.

그래도 청춘은 꿈을 잊어서는 안 됩니다. 인상깊게 본 영화로 존스톤 감독의 영화〈옥토버 스카이〉가 있습니다. 냉전이 지속되던 1957년 콜우드라는 한 탄광마을이 배경입니다. 이 마을에 사는 남자 아이들의 미래는 태어날 때부터 정해져 있습니다. 아버지를 따라 광부가 되는 것입니다. 이런 미래를 당연하다는 듯 받아들여야 하는 호머(제이크 길렌할)는 소련의 첫 인공위성 발사성공에 대한 뉴스를 듣고 자신이 진정으로 되고 싶은 것에 대해 알게 되었습니다. 하늘을 가로지르는 별을 바라보며 호머는 로켓을 만들기로 마음먹고 친구들과 로켓 연구에 몰입합니다. 그러나 호머의 꿈을 덧없는 몽상이라 생각하는 아버지 존(크리스 쿠퍼)과 갈등하기 시작합니다.

주위의 반대와 온갖 시행착오 끝에 서서히 그들의 로켓은 모습을 갖춰지고 마침내 시험 발사가 있는 날, 주변사람들의 비웃음과 반대를 뒤로한 채 로켓은 하늘을 향해 성공적으로 발사됩니다. 그러던 어느 날 호머와 그의 친구들은 로켓으로 인한 상해사고의 누명을 쓰게 됩니다. 그들의 연구는 중단되는 위기에 처하고 게다가 탄광 붕괴사고로 존이 부상을 입어 호머는 학교를 중퇴하고 광부 일을 하게 됩니다. 그러나 호머의 로켓에 대한 열정은 식을 줄 모르고 주경야독晝耕夜讀으로 탄도역학을 공부하여 주위의 오해를 풀고 여러 사람의 지원 속에 고등학교 과학 경진대회에서 1등의 영예를 안게 됩니다. 이 영화에서 인상깊은 대사입니다. "꿈을 꾸는 사람은 그 꿈을 닮아가기 마련이야."

오랜 시간 하나의 꿈을 달성하기 위해 노력했기 때문에 꿈을 닮는 것은 당연한 결과입니다. 비록 남들이 부러워 할만한 기업에 취업을 했다 하더라도 자신의 꿈을 펼칠 수 없는 곳이라면 성공한 취업이라고 할 수 없습니다. 스펙은 결국 취업을 위한 수단일 뿐입니다. 반면 꿈은 우리가 인생을 살아갈 수 있게 하는 원동력임과 동시에 삶의 방향성을 제시해 주는 아주 중요한 요소입니다. 오직 취업을 위해 누구나 갖는 스펙보다 자신이 진정으로 원하는 꿈의 설정을 통해 인생이라는 꽃을 화려하게 피우도록 노력해야 할 것입니다.

꿈을 가진다는 것은 청춘들에게 취업스펙을 쌓는 것보다 훨씬 중요한 일입니다. 왜냐하면 스펙은 취업의 수단이나, 꿈은 인생의 목표이기에 꿈이 없는 것은 목표를 잃은 것과 마찬가지이기 때문입니다. 목표가 없으면 인생의 방향성을 잡을 수 없기 때문에 결국 방황하는 삶을 살 수밖에 없습니다. 꿈을 이루기 위해서 혹은 꿈을 설정하기 위해서 가장 먼저 선행되어야 할 것은 자신에 대해 이해하는 것입니다. 내가 경험했던 것들을 돌아보고, 내가 즐거웠던 순간을 떠올리며 자신에 대해 생각하는 시간이 필요합니다.

이 땅의 청춘이여! 무엇이 중요한지를 깊이 생각해보고 분명한 꿈의 방향 속에서 스펙을 쌓든 취업을 하든 했으면 좋겠습니다. 이는 청춘만이 아니라 저와 같은 기성세대도 마찬가지입니다. 나이는 숫자에 불과하다는 말처럼 꿈꾸는 사람은 나이와 상황과 환경과 상관없이 누구나 청춘입니다. 청춘, 그 아름다움에 꿈을 담아보면 어떨까요?

청춘의 또 다른 이름, 다음세대

청년시기를 보내는 이들을 일컬어 '청춘靑春'이라고 합니다. 청춘. 그 이름만으로도 가슴 벅찬 시기입니다. 그러나 너무나도 쉽게 '청춘'이라고 규정지어 버리는 것이 바람직한가하는 생각을 해봅니다. 당사자인 청춘들이 스스로를 바라보며 취업준비에 정신없고, 불안한 모습을 청춘이라 부를 수 있을지에 대한 회의감을 갖는 것 같습니다. '청춘'이라는 단어가 주는 환상과 기대와는 달리 상대적 박탈감과 고통은 어디서부터 시작되는 것일까요?

작년 신드롬(신드롬)이라 불릴 수 있을 정도로 선풍적인 인기를 모았던 드라마가 있었습니다. 바로 tvN에서 방영된 웹툰을 소재로 한 드라마 〈미생〉이었습니다. 이 드라마는 '장그래'라는 프로바둑 기사를 준비하던 청년이 한 회사에 계약직으로 들어가면서 시작되는 이야기였습니다. 이 드라마가 특히 주목을 받을 수 있었던 것은 드라마에 등장하는 '계약직'이라는 한 근로 형태 때문이었습니다. 이 드라마를 많은 청춘들은 장그래와 그의 동료들을 공감어린 시선으로 보았고, 기성세대들은 젊은 세대의 고충을 조금이나마 짐작할 수 있었습니다. 이 드라마를 통해 장그래라는 캐릭터는 취업난에 힘들어하는 현대 사회의 젊은 세대를 대표하는 하나의 고유명사가 되었습니다. 하지만 모든 청춘들이 장그래와 같은 모습을 하고 있는 것은 아닙니다.

장그래는 어찌 보면 세상의 주변부로 밀려난 인물입니다. 프로 바둑기사만을 준비해왔기에 그 외의 일에는 문외한이었습니다. 잦은 실수를 하고, 바뀐 환경에 낯설어합니다. 그런 장그래가 현실에 순응하는 삶을 택하고, 그 안에서 적응해나가는 과정 속에서 미숙함과 한계를 드러내는 장그래의 모습은 사회에 처음 발을 내딛는 청춘의 모습과 흡사합니다. 그렇기에 우리는 장그래가 왜 우리의 이야기를 대변해주고 있는지 더욱 주의해서 바라봐야합니다. 드라마를 보는 시청자들은 장그래가 성장하길 바라면서도 장그래로 남아주기를 바랍니다. 이러한 마음은 기성세대가 청춘에게 "젊을 때 고생해야지"라고 쉽게 말하는 것과 비슷합니다. 기성세대들은 "청춘에게 변혁을 시도하라" 말하면서도 사회에 순응하기를 바랍니다. 이러한 논리에서 바라본다면 장그래 역시 사회 속에서 근본적인 대안을 제시하지 못한 채 청춘의 카타르시스를 대리 충족시켜줄 뿐인, 대중들에게 그저 그렇게 소비되는 캐릭터일 뿐입니다. 그렇기 때문에 우리는 장그래에게 공감하기만 해서는 안 됩니다. 극심한 청년실업과 취업준비에 연민과 지지를 보내야하지만 어려움 속에서도 진취적인 기상을 포기하지 않고 꿈을 향해 나아가는 청춘들이 있습니다. 현실적응능력도 중요하지만 새로운 출발, 새로운 다짐으로 새롭게 전진하는 청춘들이 있습니다.

반면 여기에 또 다른 청춘의 모습이 있었습니다. 나영석PD 사단의 작품인〈꽃보다 청춘(이하 꽃청춘)〉(7부작, 2016년 4월 1일 종영)입니다.

이들은 아무런 계획과 준비 없이 해외여행을 떠났습니다. 그 곳에서 벌어지는 모든 일들을 그들 스스로 해결하는 과정을 통해 청춘의 진면목을 보여주었습니다. 이곳의 청춘은 다소 왁자지껄하고 소란스럽습니다. 이들은 부지런히 새로운 것을 접하고, 도전하고, 성취해냈습니다. 이들이 무언가를 이루어가는 모습은 '청춘'이기 때문에 가능했습니다. 청춘이라는 단어를 들었을 때 손쉽게 떠올릴 수 있는 모든 이미지들이 꽃청춘 속에 들어있었습니다. 하지만 이제 사람들은 비슷한 방식으로 소비되어 온 청춘에 무감각해졌습니다. 즉, 꽃청춘이 보여준 청춘은 독창성과 그 특유의 재기발랄함을 보여주는 것이 아닌 단순한 하나의 방송 포맷으로 자리 잡게 된 것입니다. 이러한 현상은 거칠게 말하면 '청춘' 역시 자본주의 사회에서 소비되기 위한 하나의 마케팅에 불과해졌다고 볼 수 있습니다. 이를 뒷받침하는 근거는 대중매체 속 청춘이 이른바 '88만원 세대'라고 불리는 취업난 등 사회 속에서 지친 모습 또는 주어진 젊음을 만끽하며 즐기는 역동적인 모습, 이 두 가지의 이미지로 양분되어 소비되고 있다는 것입니다. 청춘에 대한 과도하게 양분된 이미지 속에서 청춘은 개개인이 사유하고 결정짓는 것이 아닌 하나의 추상화된 집단으로만 존재할 수 있게 됩니다. 이제 이러한 대중매체가 제공하는 '결정지어진' 청춘에 대해 경계심을 가지고 스스로 청춘의 의미를 '결정지어야만' 합니다.

우리는 20대를 '봄'이라고 말합니다. 인생의 가장 아름다운 시절이기 때문입니다. 20대가 지나간 사람들은 그 시절을 추억하고, 20대의 사람들은 지금이 영원하길 바랍니다. 사람들은 늙어가는 자신의 모습을 보며 한숨 쉬기도 하고, 자신의 젊음을 조금이라도 더 유지하기 위해 노력하기도 합니다. 하지만 '젊음'이라는 것만이 사람의 아름다움이라고 말할 수 있을까요? 낮은 청년 취업률로 고통 받는 시대지만 그 안에서 새로운 길을 찾는 사람들이 있습니다. 취업대신 자신의 길을 만들어가는 청년 창업들도 많습니다. 'The Great Recession'으로 기록되는 2008년 금융위기가 있었습니다. 은행들이 망하고, 미국 전체가 경제 침체를 겪었습니다. 그 여파는 현재까지도 이어지고 있습니다. 이 위기를 통해 한편에서는 새로운 작은 파동이 있었으니 바로 '청년창업'입니다. 대기업에 다녀도 망할 수 있다는 위기감이 그들을 좀 더 새롭고, 성취감이 있는 창업의 길로 이끌었습니다. 새로운 일에 대한 두려움과 주저함이 있지만 이를 극복해나가는 청춘들도 분명히 있습니다. 이들이 성공한다는 보장은 없습니다. 실패할 수 있습니다. 이들은 넘어져도, 쓰러져도, 실패해도 괜찮습니다. 왜냐하면 이들에게는 다음이 있습니다. 그러기에 우리는 이들을 기성세대와 대비되는 말로 다음세대라고 합니다.

역사바로세우기에 청춘의 힘이 빛납니다

　얼마 전 극장가를 뜨겁게 달군 두 편의 영화가 있었습니다. 이 말이 흥행에 성공했다는 말은 아닙니다만 제작된 것만으로도 한국영화사에 길이 빛날 의미였습니다. 또한 치열한 흥행전쟁의 영화판에서 일정부분 관객들의 호응 속에서 어느 정도 흥행에도 성공했습니다.

　1937년부터 시작된 중일전쟁과 그 이후 진행된 태평양전쟁 기간 동안, 일본군 부대 내에서 군인들의 성욕性慾을 채워주기 위해 운영된 군위안소가 있었습니다. 이 일본군 위안소의 운영을 위해, 일본 정부는 한반도와 중국, 대만, 필리핀 등 당시 일제의 점령지에 살던 15세부터 18세 사이의 어린 소녀들을 강제 징용할 수 있도록 제도를 만든 후, 이렇게 끌려온 소녀들을 육체적으로 학대하며, 잔인한 성노예로 삼았습니다. 문제는, 1945년에 이르러 전황이 일본군의 패전 쪽으로 기울자, '일본군의 비밀 누설 방지'와 '황군의 망신거리를 살려두면 안 된다.'는 미명하에 이 수십만 일본군 성노예 피해자들을 학살해 버리라는 '옥쇄정책'을 일본 정부가 지시해 버렸단 사실입니다. 그 결과, 국가의 주도로 미성년자에게 조직적으로 가해진 집단성폭력과 인권 유린의 전쟁 범죄기록들이, 그 피해자들의 시신과 함께 대부분 불에 타 사라지게 되었습니다. 이를 통해 현재의 일본 정부는, 강제징용에 의한 위안부 운영을 인정하지 않음은 물론, "위안부는 자발적으로 참가했다.", "정당한 대가를 줬다.", "피해보상의 근거가 없다."와 같은 망언을 하며, 지금까지 어떠한 배상과 공식적인 사과도 거부하고 있는 실정입니다.

영화〈귀향〉은 1943년 어느 날, 아직 초경도 치르지 않은 14세 소녀 정민이 경남(거창) 고향 집에 들이닥친 일본군에 의해 강제로 끌려가, 중국 길림성에 위치한 일본군 위안소에서 끔찍한 성노예 피해를 당했던 실화를 바탕으로 제작되었습니다. 어린 소녀들이 당할 수 있는 가장 잔인한 방법으로 육체와 정신을 유린당한 채 먼 이국땅에서 비참하게 살해당한 수십만 소녀들의 원혼을 달래기 위해 대한민국 국민 7만 5천여 명이 눈물로 제작한, 위령제 같은 영화〈귀향〉은 2016년 2월 24일에 개봉했습니다. 영화〈귀향〉은 2016년 7월 23일 기준으로 3,586,929명에 이르는 성공을 거뒀습니다(영화진흥위원회 영화관입장권통합전산망).

이름도, 언어도, 꿈도 모든 것이 허락되지 않았던 일제강점기. 한 집에서 태어나고 자란 동갑내기 사촌지간 윤동주와 송몽규. 시인을 꿈꾸는 청년 동주에게 신념을 위해 거침없이 행동하는 청년 몽규는 가장 가까운 벗이면서도, 넘기 힘든 산처럼 느껴집니다. 창씨개명을 강요하는 혼란스러운 나라를 떠나 일본 유학길에 오른 두 사람. 일본으로 건너간 뒤 몽규는 더욱 독립 운동에 매진하게 되고, 절망적인 순간에도 시를 쓰며 시대의 비극을 아파하던 동주와의 갈등은 점점 깊어집니다. 암흑의 시대, 평생을 함께 한 친구이자 영원한 라이벌이었던 윤동주와 송몽규의 끝나지 않은 이야기가 영화 속에 잘 표현되었습니다. 이 영화는 시인 윤동주에 대한 이야기입니다. 윤동주의 시를 통해 한 시인의 마음을, 한 청년의 마음과 시대의 정신을 떠올리게 만듭니다. 윤동주 시인의 반짝이는 시만큼이나 찬란한 청춘에 대한 이야기를 흑백 화면으로 차분히 풀어냈습니다.

영화〈동주〉는 2016년 10월 19일 기준으로 1,169,335명(영화진흥위원회 영화관입장권통합전산망)으로 성공을 거뒀습니다. 이 두 영화의 호응에 힘입은 것인지, 연이어 한국근현대사를 다룬 영화들이 제작되었고 엄청난 흥행작들이 되기도 했습니다.

이 두 편의 영화 모두 1940년대 일제강점기를 바탕으로 이루어진 영화이므로 오늘 우리가 이해하기고 공감하기는 어려운 부분이지만 민족 정서를 강하게 자극하여 젊은 세대뿐만 아니라 전 연령층에서 호응을 얻었습니다. 이 두 편의 영화가 많은 사람들에게 사랑받는 것이 처음부터 순탄치는 않았습니다. 실제로 위안부 문제를 정면에서 다룬〈귀향〉은 제작기간만 14년이 걸렸습니다. 그것도 무산 위기에서 뜻을 모은 국민 7만 5천여 명의 '크라우드 펀딩'(불특정 다수의 소액투자자로부터 자금을 조달하는 행위)을 통해 겨우 제작될 수 있었습니다. 또한 상업적 영화에 비해 스크린 수가 부족했지만 사람들의 관심과 애정으로 관람객 수가 늘고 있으며, 영화관 스크린 수가 초반에 비해 200여개 정도가 늘어나기도 했습니다. 당시 두 영화에 대한 관객들의 요청이 상당했습니다. 각종 SNS는 물론이고 적극적인 관객들은 영화관 고객센터를 통해 상영관 요청을 했습니다. 개봉 당시 적은 상영관을 가졌던〈귀향〉과〈동주〉는 상영관이 수백 개로 늘어났습니다.

주목해볼 것은 사실 두 영화의 흥행은 일반 영화와 달리 특이한 점이 있었습니다. 보통 흥행영화의 관객비중은 성별로 남녀가 각각 4대 6 정도입니다. 연령별로는 20대, 30대, 40대가 근소한 차이로 30% 내외를 차지하는 것이 일반적입니다. 하지만〈동주〉,〈귀향〉은 관객의 성별, 연령별 구분이 한쪽으로 치우쳐 있었습니다. 두 편 모두 약 75% 내외로 여성관객의 비중이 확연히 높았습니다. 또한 20대 관객 비중이 40%를 웃돌았으니〈동주〉,〈귀향〉의 흥행은 20대 젊은층이 주도한 것입니다.

당시 영화〈베테랑〉,〈검사외전〉,〈데드풀〉처럼 사람들의 흥미를 끌 수 있는 산업성 영화가 아닌 저예산으로, 배급사조차 찾지 못해 표류하다 어렵게 개봉한 두 영화에 많은 사람들이 열광하는 이유는 과연 무엇일까요? 그것은 영화의 공감대가 이러한 기적을 만들었기 때문이었습니다. 이 영화들을 통해 '위안부' 문제를 결코 잊어서는 안 된다는 공감대가 아픈 역사를 잊지 않고 기억하기 위해 영화를 보는 것으로 이어졌던 것입니다. 많이 회자膾炙됐지만 잘 몰랐던 위안부 문제, 역사 왜곡, 그리고 윤동주 시인의 71주기 등으로 대중의 관심이 집중된 가운데 잊어서는 안 될 역사적 사실을 되짚었다는 점으로 인해 큰 인기를 얻을 수 있었습니다.

왜 오늘날 청춘들이 일제강점기라는 한참 이전의 시대를 배경으로 하는 이 영화들에 호응한 것일까요?〈귀향〉에서 아무런 잘못도 없이 생지옥生地獄으로 끌려간 소녀들과〈동주〉에서 부끄러운 세상 앞에 부끄럽지 않게 살다가 산화散花한 청춘들이 단순히 역사책 속에서만 존재는 사건이 아닌, 영화라는 매체를 통해 역사적인 책임감과 그 당시의 감정을 느낄 수 있도록 이끌어냈기 때문이었습니다. 오늘 우리 시대는 일제강점기를 다루는 영화는 이제 3·1절과 광복절 전후에만 관심을 얻는 게 아닙니다. 이제는 수시로 역사에 대한 관심들이 쏟아지고 있습니다. 특히 위안부 문제와 독도 문제가 일본 정부에 의해 수시로 불거지고 있고, 관련 역사 바로 보기 운동도 활발해〈귀향〉과〈동주〉같은 영화를 찾는 수요가 늘어났습니다.

"역사를 잊은 민족에게 미래는 없습니다." 단재 신채호 선생의 말입니다. 신채호 선생의 말을 되새긴다면 오늘날 젊은 세대의 역사의식 부재와 우리나라 역사 교육의 문제로 우려하는 목소리들이 높습니다. 전국 대학생 4명 중 1명은 6·25 전쟁의 발발연도가 일어난 시기조차 모르며 '취업 준비에 바빠 다른 분야까지 공부할 여력이 없는' 이야말로 바쁜 대학생들입니다. 역사의 왜곡이나 축소보다 더욱 심각한 문제는 오늘날 많은 대학생들이 이런 역사적 사실에 관심조차 없다는 사실입니다.『분노하라』의 저자 스테판 에셀은 21세기에 들어와 가장 심각한 문제는 민주주의를 위협하는 재벌언론, 부패한 정치인이 아니라 이를 보면서 분노하지 않고 무감각한 젊은이들이라고 말했습니다. 아마도 이런 우려는 올더스 헉슬리가 『멋진 신세계』에서 그렸던 것처럼 소수언론의 독점보다 넘쳐나는 언론의 정보 홍수 속에 살기 때문인지도 모르겠습니다. IMF와 금융위기를 겪으면서 주위를 돌아 볼 여유가 없어져서인지도 모릅니다. 입시지옥 속에 소금에 절인 배추처럼 야성이 죽어서인지도 모릅니다. 그렇다 하더라도 역사 속의 젊은이는 기득권을 가진 기성세대가 만들어 놓은 울타리 안에서만 고분고분 지낸 적이 없습니다. 언제나 그것을 뛰어넘고 개혁했습니다. 사회와 구조만을 탓하고 있기에 젊은이들은 너무나 젊습니다.

1980년의 젊은이들도 그랬습니다. 독재의 높은 울타리를 피의 희생으로 넘었습니다. 우리가 누리는 자유는 그저 얻은 것이 아닙니다. 그 열매를 값없이 먹고 누리는 것은 좋습니다. 그러나 그 열매가 있기까지의 과정을 잊어서는 안 됩니다. 그 과정을 잊은 세대는 그 과정을 다시 반복하는 비극을 겪게 됩니다. 그렇게 본다면 "역사를 잊은 민족에게 미래는 없습니다."는 단재 신채호 선생의 말은 오늘 더욱 유효할 것입니다.

그래도 다행인 것은 바쁜 일상 속에서도 끊임없이 우리의 주체성과 올바른 역사관을 위해 대학생들이 분명히 있습니다. 전국의 많은 대학생이 위안부를 위한 성명운동 뿐만 아니라 일본군 '위안부'문제 해결의 새 세대로서, '종군 위안부 문제'의 해결을 촉구하고 그 행동에 적극 동참하려는 의지를 담아 평화비를 세웠습니다.

지난 2014년 서울 서대문구 대현문화공원에는 '대학생들이 만든 평화의 소녀상'이 설치됐습니다. 소녀상은 지난 2014년 3월부터 대학생들로 구성된 평화나비네트워크 회원들이 성금을 모아 시작됐습니다. 이는 평화나비 네트워크와 이화여대 총학생회 이화나비가 공동으로 주관했으며, 소녀상 건립위원으로 대학생 평화나비 네트워크로 활동 중인 총 40여개의 대학 단체에 소속된 학생들이 참여했습니다. 또한 제주도 방일리 공원에는 제주대학 소속 단체들의 주관으로 위안부 피해 할머니들을 기리는 두 번째 평화비가 세워졌습니다. 위안부 문제와 이어서 지난 2015년 일본은 '일본 근대화의 상징'이라며 하시마섬을 유네스코 세계 문화유산으로 신청했습니다. 우리나라의 반대로 지정에 난항을 겪으면서 일본이 세계문화유산 등재 당시 강제 징용을 인정하기로 했지만 등재 확정 이후에는 입장을 바꿔서 역사를 왜곡하는 논란이 있었다가 결국 2015년 7월 5일 유네스코 세계문화유산에 등재됐습니다. 하시마섬은 일본의 주장처럼 '일본 근대화의 상징'이라는 의미만이 아닙니다. 분명히 강제징용과 이를 통한 노동착취의 형태의 탄광 채굴을 지시한 곳입니다.

윤동주 시인과 같이 일본의 생체실험으로 희생된 100여명의 희생자를 추모하고자 하는 작은 공양탑供養塔이 있지만 찾을 수 없을 만큼, 외진 곳에 위치해 있었습니다. 이런 사실이 방송을 통해 알려지자 대학교수, 대학생 등 30명이 참가해 한일 대학생 등이 공동으로 일본 홋카이도 호로카나이쵸 슈마리나이 공동묘지 주변에서 벌여온 일제 강제노동 희생자 유골 발굴 작업이 진행됐습니다. 한일 양국 학생들이 처음으로 공동

발굴 작업을 벌였다는 점에서 화제가 됐으며, 발견된 유골은 유전자 감식을 거쳐 신원이 판명될 경우 유족들에게 반환할 계획입니다. 이처럼 대학생들이 주입식으로 역사를 그대로 받아드리는 것이 아니라, 스스로 참여하고 협력하는 활동을 통해서 잘못된 역사를 바로 잡아가고 있습니다.

지금도 끊임없이 나라 안팎으로 역사를 둘러싼 논쟁이 끊이지 않고 있습니다. 역사라는 학문 자체가 다양한 방면으로 해석되는 특징을 가지고 있지만, 역사가 왜곡된 채 이어지도록 방치하는 것은 엄청난 죄악입니다. 어수선한 정국으로 혼란이 거듭되고 있고, 한치 앞을 예측하기 어려운 세계경제의 불황과 국내경제 위축으로 취업난은 극에 달하는 지경임에도 생동하는 역사의식으로 행동하는 양심을 빛내는 젊은 세대들이 보면서 고마움과 함께 기성세대로서 미안합니다. 부디 젊은 세대들이 역사를 단순히 과거로 생각하는 것이 아닌 올바른 역사관 확립을 통해 잘못된 역사를 바로 잡는 주체가 되길 소망합니다. 그리고 우리 기성세대도 젊은 세대와 함께 역사 바로 세우기를 위한 적극적인 자세로 임해야겠습니다. 역사는 잊어버린 민족과 공동체는 미래가 없습니다. 왜냐하면 역사는 그냥 지나간 과거가 아니라 다가올 미래의 예고편이기 때문입니다. 오늘 우리의 역사에서 가슴 아픈 사건과 치욕과 과오過誤를 깊이 인식하고 바른 역사관으로 바른 정체성으로 바른 미래를 만들어 가야겠습니다.

윤동주는 암울한 일제강점기에 무엇이 옳고, 어떤 꿈을 꾸면서 살아가야하는지를 고뇌한 청년이었습니다. 그는 원하는 공부를 하기 위해서는 일본으로 유학을 가야만했습니다. 그런데 문제는 일본유학을 가려면 창씨개명을 해야만 했습니다. 식민지 청년으로서 자신의 꿈을 위해 부끄러운 창씨개명을 해서 일본유학길에 오르고 보니 스스로 부끄러운 생각에 잠 못 이루곤 하였습니다. 그래서 그는 유학을 가기 전에 이런 시를 썼습니다.

참회록

파란 녹이 낀 구리 거울 속에
내 얼굴이 남아 있는 것은
어느 왕조의 유물이기에
이다지도 욕될까.

나는 나의 참회懺悔의 글을 한 줄에 줄이자.
— 만滿 이십사 년 일 개월을
무슨 기쁨을 바라 살아 왔던가.

내일이나 모레나 그 어느 즐거운 날에
나는 또 한 줄의 참회록懺悔錄을 써야 한다.
— 그 때 그 젊은 나이에
왜 그런 부끄런 고백告白을 했던가.

밤이면 밤마다 나의 거울을
손바닥으로 발바닥으로 닦아 보자.

그러면 어느 운석隕石 밑으로 홀로 걸어가는
슬픈 사람의 뒷모양이
거울 속에 나타나온다.

그렇게 유학을 떠난 그는 공부를 하게 되었지만 들려오는 소식은 식민지의 참담한 현실 앞에 고통 받는 동포들의 소식과 독립을 위해 헌신하는 이들에 대한 소식이었습니다. 그런데 자신은 한가롭게 시를 쓰고 있는 것만 같고, 남다른 천재성이 발현되다보니 생각보다 시가 쉽게 쓰이는 게 이래도 되는 건가 하는 것으로 부끄러운 느낌이 들었습니다. 그래서 그가 쓴 시입니다.

쉽게 씌어진 시詩

창밖에 밤비가 속살거려
육첩방六疊房은 남의 나라,

시인이란 슬픈 천명天命인 줄 알면서도
한 줄 시를 적어볼까,

땀내와 사랑내 포근히 품긴
보내주신 학비 봉투를 받아

대학노트를 끼고
늙은 교수의 강의 들으러 간다.

생각해 보면 어린 때 동무를
하나, 둘, 죄다 잃어버리고

나는 무얼 바라

나는 다만, 홀로 침전沈澱하는 것일까?

인생은 살기 어렵다는데
시가 이렇게 쉽게 씌어지는 것은
부끄러운 일이다.

2017년은 윤동주 출생 100주년이 되는 해입니다. 윤동주는 부끄러움을 아는 청년이었습니다. 오늘 우리 사회는 나라와 공동체에 큰 잘못을 저지르고도 "나만 그런가?" "그럴 수도 있지." 하는 지도자들이 많습니다. 참으로 부끄러움을 모릅니다. 윤동주의 출생 100년이 흐른 지금, 윤동주의 부끄러움을 아는 그 마음이 참 그리워집니다. 문득 제 삶에 부끄러움이 많음이 떠오릅니다. 제가 되새기곤 하는 성경 구절입니다. 야고보서 4장 17절입니다. "사람이 제가 마땅히 해야 할 착한 일을 알면서도 하지 않으면 그것이 곧 죄가 됩니다." 저는 큰 도둑이 아니라고, 큰 영향력을 행사하는 자리에 있지 않다고 변명할 게 아닙니다. 이른바 목사요, 교사로 정규직으로 살아가는 사람으로서 기성세대로서 참 부끄럽습니다. 제가 누리는 것에 만족하고 감사하기보다는 가지지 못한 것에 아쉬워하고 비정규직과 청년세대에게 덜 관심을 갖고 제 안위와 제 가족과 제가 속한 공동체만 위한 열정을 쏟은 것 같습니다. 그러니 저는 분명 불의한 우리 사회의 공범共犯입니다. 이제라도 부끄러움에서 그치지 않게, 조금씩이라도 부지런한 자세로 제가 가진 것을 내어놓는 결단을 하나하나 실천해보렵니다.

미래를 꿈꾸는 청춘이여, 힘을 내라

'헬조선'이라고 불리는 우리 사회에서 청춘들의 설자리는 없는 것만 같습니다. 치열한 입시를 뚫고 대학에 들어가도 웬만한 직장을 잡기는 낙타가 바늘구멍에 들어가는 것만큼 어려운 것이 현실입니다. 취업난, 불안정한 일자리, 치솟는 집값, 생활비 지출 증가 등의 사회적 압박으로 인해 우리 청춘들은 연애와 결혼, 출산을 포기하는 '삼포세대'로 불립니다.

이런 시대이다 보니 청춘들이 꿈과 사랑 그리고 낭만을 이야기하던 호好 시절은 다 지난 것만 같습니다. 이들에게 이상理想을 찾아볼 수 있는 건가 싶은 생각마저 듭니다. 그저 현실에 급급한 이들의 모습이 애처롭기만 합니다. 이런 이들에게 기성세대의 한 사람으로서 미안한 마음을 갖습니다.

제가 무슨 사회지도층 인사가 아니다보니 이런 문제를 해결할 능력도 없고 이들을 만나서 위로하고 격려할 수도 없습니다. 그래도 제 주어진 여건에서 제가 선생이다 보니 제자들에게는 밥이라도 한 끼 사주면서 마음 모아 진지한 조언을 해주고 한 사람의 종교인으로서 기도해주곤 합니다. 때로는 화려하지는 않지만 흔들리면서 오늘에 이른 제 삶의 시행착오를 꾸밈없이 들려주면서 위로하면서 혹시나 하는 삶의 지혜도 들려줍니다. 이런 저를 바라보고 힘들고 어렵지만 그래도 조금이라도 이해하려고 애를 쓰는 어른이 있음이 조금이나마 위로와 힘이 될 수 있을까 하는 작은 바람을 가져봅니다.

저는 영화보기를 좋아합니다. 영화 속 대사들은 제가 전공한 문학이나 제가 하는 설교 그 이상의 의미와 여운이 남아 감동과 감격을 선사하기도 하는 것 같습니다. 때로는 제 말이 지루한 설교나 수업처럼 들릴지 몰라서 나름대로 유명한 영화의 한 장면을 들려주면서 해주는 말들입니다. 이 말들은 제가 한 것이 아니라 많이 알려진, 검증된 말들입니다. 그래서 그런지 제가 만나는 청춘들이 호감 있게 듣곤 합니다. 제가 청춘들에게 해주는 말들 중에서 나름 영화에서 얻은 말들입니다.

"우리는 진짜 현실을 보는 것이 아니라 그저 우리 눈앞에 보여지는 세상만을 진짜 현실로 착각할 뿐이다." We accept the reality of the world with which we are presented 이 말은 〈트루먼 쇼 truman show〉라는 영화에 나오는 대사 중의 하나입니다. 지구가 평평하다고 믿었던 15세기까지의 사람들은 드넓은 바다의 끝은 낭떠러지라고 생각하면서 현실에 안주했습니다.

하지만 콜럼버스는 '지구는 둥글다'고 믿고 '지구의 끝에는 새로운 세상이 펼쳐질 것'이라고 생각했습니다. 그래서 콜럼버스는 주어진 현실을 박차고 미지의 세계로 향하는 모험을 감행하였습니다. 〈트루먼 쇼〉의 주인공, 트루먼은 평온하고 안전한 삶을 박차고 위험과 두려움으로 가득찬 바다의 끝까지 가보려는 모험을 감행합니다. 마침내 그는 한 번도 가본 적이 없다는 애틀랜타로 떠날 것을 결심합니다. 그 이유는 주어진 현실에 안주해 살기보다는 애틀랜타라는 미지의 세계에 대한 궁금증과 기대가 있었기 때문입니다. 인간의 실존적 의미는 지금 있는 그대로의 현실에 안주하는 삶보다 한 번도 가본 적이 없는 미지의 세계로 탐험하고 모험하는 삶에 있음을 이 영화는 주장하고 싶었나봅니다.

"당신을 모르고 100년을 사는 것보다 당신을 알고 지금 당장 죽는 게 나아요."〈포카혼타스pocahontas〉라는 영화의 대사 중 하나입니다. 이 말을 다음과 같이 바꿔서 말할 수 있을 것입니다. "내가 정말 누구인지를 모르고 100년을 사는 것보다 내가 정말 누구인지를 알고 지금 당장 죽는 게 나아요." 그렇습니다. 가만히 생각해보면 우리는 우리 자신이 누구인지 모르는 상태에서 평생을 살아가고 있는지도 모릅니다.

내가 꿈꾸고 싶은 미지의 세계가 과연 어떤 세상인지를 모르고 살다가 뒤늦게 그 꿈이 무엇인지를 발견하는 경우는 그나마 다행입니다. 문제는 내가 누구인지, 내가하면 신나는 일이 무엇인지, 내가 가고 싶은 꿈의 목적지는 어디인지를 모르고 주어진 현실에 어쩔 수 없이 적응하는 삶을 살아가는 사람들입니다.

현실은 언제나 녹녹하지 않습니다. 수많은 걸림돌이 있고 넘어서기 어려운 장애물도 즐비합니다. 우리는 이런 어려움 속에서 살지 말지를 선택하고 결단하는 것이 아니라 그럼에도 희망을 찾아내고 그 희망에서 새로운 삶을 기대해야합니다.

그래서 "사람들은 모두 저마다의 힘겨운 전투를 벌이며 살아갑니다."라는〈터미널〉라는 영화의 대사가 가슴에 와 닿습니다. 삶은 얼마나 오랫동안 살았는지 보다 살아가는 동안 진정한 나로 살았는지가 중요합니다. 과거보다는 지금, 지금보다는 더 나은 미지의 미래를 향해 무겁지만 가슴 뛰는 삶을 추구해야합니다. 미래는 모르기 때문에 더 가슴이 뛰는 기대가 있습니다.

어떤 미래가 펼쳐질지 각본과 계획대로 한 치의 오차도 없이 펼쳐진다면 얼마나 재미없는 인생일까요? 미래를 모르기 때문에 이전과 다른 방법으로 준비하고 대응하는 것입니다. 미래는 아직 오지 않은 미래未來가 아니라 지금 현재 어떤 삶을 살아가는지에 따라 얼마든지 다르게 보이는 아름다운 내일, 미래美來입니다.

"미래를 알게 되면 미래는 없는 거야. 고통과 행복 모두를 빼앗아 가 버리는 거야"〈페이첵paycheck〉에 나오는 대사의 하나입니다. 불확실한 미래이기에 미래를 준비하는 힘겨움도 있고 설렘도 동시에 있습니다. 아직 오지 않은 미래를 미리 끌어다 고민하지 말고 지금 '내 일my job'을 하는 사람이 아름다운 '내일tomorrow'을 맞이할 수 있습니다.

위의 말들 중에서도 제가 해주고 싶은 말들은 많이 있습니다만 아쉬운 듯 끝내는 것이 좋다는 생각입니다. 자칫 좋다고 길어지면 아니함만 못한 지루함이 되고 맙니다. 물론 제 말에 "당신은 비교적 정규직으로 교사와 목사라는 지위를 누리고 가정을 이루고 안정적으로 살기에 듣기 좋은 소리를 한다."고 할지 모릅니다만 그렇지는 않습니다. 제가 뭐랄까 성공한 '롤모델'이라서 '나를 본 받으라'고 하는 말로 하는 게 아닙니다.

사실 저는 이른바 '흙수저' 출신입니다. 부모님의 학력과 집안과 재력은 내세울 것이 없습니다. 말주변도 없습니다. 저를 드러내려는 의도는 없습니다. 그런 재주도 없습니다. 지극히 내향적이라 저를 잘 드러낼 줄고 모르고 그러지도 못합니다. 그리고 지금의 제가 별다르게 잘난 모습도 아닙니다. 더욱이 저는 조금은 고생 끝에 결실을 얻은 것이 있으나 그런 이야기가 자칫 제 자랑이 되고, 제 개인적인 사례일 뿐 일반화되기를 어려울 수 있다는 것을 잘 압니다. 제가 성실과 열정으로 오늘에 이른 게 아니라 하나님의 도우심이었고, 다행히 시기가 맞아떨어지다보니 이룬 것이기도 합니다. 그러니 저는 자랑할 것이 없습니다. 이런 제가 굳이 청춘들에게 입을 열어 말하고 싶은 것은 삶을 긍정하고 희망을 잃지 말고, 자신의 길을 찾아보라는 격려입니다. 당장 힘들다고 꿈의 날개를 접어버리지는 말기를 바라는 간절함입니다. 아무리 힘들어도 그 누구도 그 어떤 시대도 꿈을 빼앗아갈 수는 없습니다. 꿈의 사람답게 포기하지 않는 열정과 의지와 신념을 꼭 잊지 말아 줄 것을 기대합니다.

그리고 제가 늘 잊지 않고 간직하는 감동적인 실화實話를 들려주기도 합니다. 지난 2004년 그리스 아테네 올림픽 마라톤 경기에서 벌어진 한 브라질 마라톤 선수의 눈물겨운 사연입니다. 당시 마라톤 경기에 출전한 선수에게 관람객이 덤벼드는 초유初有의 사태가 벌어졌습니다. 관중의 습격을 받은 선수는 브라질 국가대표 선수 반데를레이 리마였습니다. 올림픽을 앞두고 부진한 성적으로 고통스러운 나날을 보냈던 그에게 아테네 올림픽은 마지막 기회였습니다. 올림픽 경기에서 리마는 경기가 시작되자마자 선두를 치고 나갔고, 37km까지 선두를 지키며 우승에 한 발 가까워졌습니다. 그러나 그때 리마에게로 한 남자가 달렸습니다. 남자는 아일랜드 출신 코넬리우스 호런이라는 종말론자로, '심판의 날이 온다'는 잘못된 메시지를 방송을 통해 이목耳目을 끌고자 1등으로 달리던 선수를 계획적으로 습격한 것이었습니다.

리마는 갑자기 발생한 사건으로 인해 페이스를 잃었고, 이에 사람들은 리마가 더는 경기를 할 수 없을 거로 생각했습니다. 1등은 2등으로 달리던 이탈리아 선수였습니다. 그리고 그 뒤로 3등으로 달리던 미국 선수가 2등으로 결승선을 통과했습니다. 그러나 놀라운 일이 일어났습니다. 결승선에 세 번째로 모습을 드러낸 사람이 바로 리마였습니다. 습격을 당한 후에도 리마는 경기를 포기하지 않고 다시 일어나서 달리기 시작했습니다. 비록 선두의 자리는 놓쳤지만, 정신력 하나로 완주를 끝낸 것입니다. 동메달을 획득한 리마는 아주 행복해하며 활짝 웃음을 지어, 전 세계를 더욱 감동케 했습니다.

좌절의 순간은 누구에게나 예상치 못하게 다가올 수 있습니다. 중요한 건, 좌절이 있고 없고가 아니라 어떻게 딛고 일어서느냐에 달려 있습니다. 힘들다고 아니면 늦었다고 절대 포기하지 마시기 바랍니다. 포기하지 않는 한 그 목표는 반드시 이루어질 것입니다.

청춘이여,
무엇이 더 중헌디를 숙고해봅시다

　안타깝게도 여기저기에서 일자리가 사라지고 있습니다. 세계적인 저성장 기조와 기술의 발달은 우리 모두를 일자리 상실의 공포로 몰아넣고 있습니다. 평생직장의 시대는 오래 전에 끝이 난 것만 같습니다. 또한 평균수명의 연장으로 이른바 100세 시대로, 누구나 2~3번의 일業을 해야 생존이 가능한 시대가 된 같습니다. 이런 시대에 국가도 사회도 답해줄 수 없는 문제, 결국 개인이 스스로 답을 찾아야 합니다. 내 일은 내가 만들어가야 하는 시대이고 내일을 장담하지 못하는 시대입니다. 이런 시대를 살아가는 대학생들의 가장 큰 고민은 무엇일까요? 당사자는 물론, 지켜보는 교수, 부모, 주변인들이 먼저 꼽는 것은 진로와 취업입니다. 무엇이든 첫 단추를 잘 끼우는 것이 중요합니다. 평생직장이 아닌 평생 직업을 선택하고 첫 직장을 구하려는 이때에 어떻게 하는 것이 첫 단추를 잘 끼우는 것일까요? 우선 어떤 직장이라도 들어가고 볼 일이라고 생각하기 쉽습니다. 이렇게 청년 실업이 극심한 사회문제인 시기에 어디든 들어가기만 하면 감지덕지할 일인지도 모릅니다. 그러나 조금만 눈을 들어 주변을 살펴보면 그렇지 않다는 것을 쉽게 발견할 수 있습니다.

몇 년 전에 본〈어느 사회 초년생의 사직서〉라는 동영상에는 국내 대기업에 입사했던 한 청년이 직장월급쟁이 생활에 실망하고 1년 만에 퇴직하는 과정이 소개되고 있습니다. 얼마 전, 어느 경제 신문의 기사 제목은 '중소기업 근로자 10명중 7명이 5년도 못 채우고 떠난다'였고, 한 조사에 따르면 이직률移職率 평균은 15.8%이고, 1년차 이하 신입사원의 이직률은 53%에 이른다고 합니다. 이직을 한 이유로 중소기업은 연봉불만족, 대기업은 업무불만족이 각각 1위였습니다. 이직을 준비하는 어느 직장인은 "그 동안 일을 하면서 나한테 어떤 일이 맞고, 안 맞는지 알게 되었고, 다시 이직을 준비하면서 연봉보다 중요하다고 느낀 건 내가 어떤 일을 좋아하고 어떤 일을 하고 싶은지 입니다."하고 말합니다.

대학생들의 직업에 대한 의식 조사에 의하면, 직업을 '자아실현'과 '인생의 목표 달성을 위한 하나의 과정'이라고 여기고 진로선택 또한 '자아실현'이 가장 중요하다고 답하는 경우가 많습니다. 그러나 진로문제 해결을 위한 노력으로는 자격증 및 영어 공부 등 취업준비, 적성 찾기, 인생 목표에 대한 고민의 순서로 나옵니다. 그러니 실제로 진로를 결정한 이들은 많지 않습니다. 중요하다고 생각하지만 고민만 많을 뿐, 실행의 방향은 잡지 못하고 있는 현실입니다. 이런 현실에 청춘들은 무엇을 어찌해야할까요? 중요한 것은 속도가 아닌, 방향입니다. 지금 중요한 것은 중요하다고 믿는 바를 실제로 행하는 일입니다. '과연 나는 어떤 사람이며, 어떤 것을 좋아하고 또 무엇을 잘하는 사람인가?' '앞으로 평생 무슨 일을 하면서 살고 싶은가?' '앞으로 10년 후, 20년 후 혹은 30년 후에 어디에서 어떤 사람들과 무슨 일을 하고 살면 나는 행복할까?'를 먼저 생각해야 합니다.

아무리 급하고 궁지에 몰린다고 성급하게 결정하지 말고, 조금 더디더라도 진지하게 준비하고 선택하고 결단해야합니다. 첫 단추를 제대로 끼워야 그 다음의 속도가 의미 있습니다. 잘못된 방향으로 속도를 내면 낸 속도만큼 돌아와야 합니다. 일단 기업에 들어가면 어떤 역량을 갖추는 것이 중요한가요? 최근 강조되는 직장인의 덕목德目은 '정직성, 신뢰성, 책임감, 주인의식, 업무전문성, 열정' 등으로 대부분 '태도'의 영역입니다. 이른바 학벌과 스펙으로 불리는 영어실력이나 컴퓨터 활용능력이나 자격증 취득보다 이런 덕목이 더 중요합니다.

'어떤 태도로 사느냐'와 '어떤 자세로 타인을 대하느냐'하는 기본 요소가 업무 수행에도 중요합니다. 김정태가 쓴 『스토리가 스펙을 이긴다』에서는 "최고the best가 아니라, 유일함the only으로 승부하라"고 권면하며 방향성 없는 스펙 쌓기가 아니라, 자신을 차별화하는 자신만의 스토리를 만들어야 한다고 제안합니다.

아직 생각할 시간이 있을 때, 나를 더 알아야합니다. 다양한 검사를 통해서 자신의 적성과 강점과 기회를 파악해보는 것도 좋습니다. 그렇게 해서 명확한 비전을 갖고 중요한 일에 집중하며 시간을 제대로 쓰는 지혜로운 청춘의 시기를 보내야합니다. 그리고 나와 다른 사람들과 함께 지내면서 '너 죽고 나 살기'가 아니라 상생相生으로, 상호보완相互補完으로, 상부상조相扶相助하는 대동大同의 정신으로, 더불어 함께 숲을 이루는 협동과 섬김의 공동의식으로 win-win 하는 법을 익혀야합니다. 지속적으로 노력하되 스트레스를 받기보다는 이 시간을 즐겨야합니다. 하루하루 자신의 스토리를 만들어 가다보면 누군가 탐내는 인재가 이미 되어 있는 자신을 발견하게 되지 않을까요?

오늘 이 시대에 종교들과 교육계와 시민사회단체는 아무리 힘들고 외롭고 괴로워도 희망을 노래하고, 이기심을 넘어 이타심을 증언하고 함께 사는 아름다운 세상을 만들어가는 공동체였으면 합니다. 청춘과 함께, 청춘을 위한 젊은 사고를 하고 행동하는 공동체로서 사회적인 사명을 감당해주기를 기대해봅니다.

세상은 청춘들에게 너무도 가혹합니다

언젠가 방송된, 한 기업의 채용 과정을 담은〈인턴전쟁〉이 취업준비생들 사이에서 큰 공감을 불러일으킨 적이 있었습니다. 줄거리는 대략 이러합니다. 500명과의 경쟁에서 살아남은 3명의 인턴은 정규직 전환을 위해 눈물겨운 전쟁에 돌입하지만 결국에는 모두 월급 200만원대의 계약직으로 전락하고 맙니다. 정규직으로 전환시켜준다던 회사는 '열정페이'를 운운하며 "서포터즈, 대외활동, 대학생 마케터 그룹 등 당신들 말고도 일할 사람은 줄을 섰다."고 잘라 말합니다. 인턴들이 제대로 된 항변 한마디하지 못한 채 눈시울을 붉히며 퇴근길 버스에 몸을 싣는 것으로 이야기는 끝이 납니다. 이것은 꼭 만화와 드라마로 인기를 모았던 비정규계약직인 장그래를 주인공으로 한 직장인의 모습을 사실적으로 그려낸〈미생〉을 연상시켰습니다. 중도에 탈락한 한 인턴에게 상사가 "미안하게 됐다."며 "아프니까 청춘이다."고 위로하자 인턴은 분노하며 외쳤습니다. "아프면 환자지. 청춘은 뭐가 청춘입니까?"하고 말입니다.

아마 이를 본 이른바 취업준비생이나 그 가족들은 대부분 '웃프다웃기면서도 슬프다'는 반응을 보이며 씁쓸한 웃음을 지었을 것입니다.

기업은 구인난求人難에 허덕인다는 말을 하고 취업준비생들은 구직난求職難에 허덕입니다. 기업은 숙련되지 않은 학생들에게 기회를 제공하는 입장이고 구직자는 기업에 자신의 노동력과 시간을 제공하는 입장이기 때문에 양측의 의견이 다를 수밖에 없습니다. 서울대 김난도 교수가 쓴 베스트셀러 『아프니까 청춘이다』가 말하는 것처럼 청춘은 고난을 감내해야하는 것일까요? 과연 청춘은 무급無給에 가까운 급여를 받아도 경험만 쌓을 수 있다면 괜찮은 것일까요? 정말 청춘이라는 이유만으로 아파도 되는 존재일까요?

요즘 취업포털사이트에서는 채용시장을 반영한 신조어 중 하나로 '열정페이'라는 말이 회자膾炙되고 있습니다. '열정페이'란 아주 적은 월급 혹은 무급으로 취업준비생을 착취하는 행태를 나타내는 단어입니다. 하고 싶은 일, 잘하는 일을 하려는 젊은이들에게 '열정이 있으면 돈은 필요 없지 않냐'고 주장하는 기업, 국제기구, 국가기관, 인권단체를 비꼬는 의미로 사용되고 있습니다. 여기엔 종교기관들도 마찬가지입니다. 종교기관들은 한 술 더 떠서 헌신과 충성봉사를 당연시합니다. 열정페이와 함께 화제가 되고 있는 '열정페이 계산법'을 보면 이 단어의 실체가 더욱 명확하게 드러납니다. 여기서 '열정이 있다', '재능이 있다', '재주가 있다'의 세 가지 전제는 '돈을 조금만 줘도 된다'는 결론을 만들어냅니다.

인턴 제도의 순기능도 물론 있습니다. 인턴 제도는 회사에 적합한 인재를 가려낼 수 있는 수단이 되기도 하고 학생들에게 해당 직군에 대한 안목을 넓힐 수 있는 기회를 제공해주기도 합니다. 하지만 많은 기업이 "젊어서 고생은 사서도 한다던데 너는 젊은데다가 열정도 있으니 조금쯤 고생해도 괜찮은 거 아니냐. 우리가 이렇게 스펙까지 제공해 주는데 최저임금 못 받아도 억울해말라!"며 무급에 가까운 돈으로 젊은이들의 열정과 노력을 싼 값에 사들이고 그들에게 희생을 강요하고 있을지도 모릅니다. 종교기관들은 종교적인 특유의 헌신논리로 더더욱 복종과 희생을 강요합니다. 젊은 성직자들에게 돈을 바라는 것을 죄악시하는 굴레까지 씌워 열정을 강요하기도 합니다. 공공기관이나 정부 산하 기관들도 '열정페이'라는 명목으로 스펙 쌓기에 목말라 있는 젊은이들의 노동력을 착취하고 있다는 사실입니다.

"아프니까 청춘"이고 젊은 시절 겪은 아픔과 시련들은 훗날 다 경험이 되고 자신의 보물이 된다고 합니다. 하지만 지금 대한민국의 청년들은 자신이 왜 아파야 하는지도 모른 채 아파하고 있습니다. 사회에서 제대로 된 대우도 받지 못하며 고통을 견뎌내고 있습니다. 과연 이런 경험이 나중에 피가 되고 살이 될까요?

무급 인턴을 구하는 공공기관, 인턴이라는 이름으로 청년을 일하는 기계로 만들어 버린 기업과 공공기관들, 하지만 더 심각하고 가슴 아픈 일은 우리 대한민국의 청년들은 이를 '스펙'이라는 이름으로 감내하고 있는 현실입니다. 누군가 만들어 놓은 틀에서 원하지 않는 '아픔'을 얻게 된 이들에게 '청춘'이라는 이유 하나만으로 그 아픔을 모두 참으라고 말하는 것은 너무나 무책임합니다.

우리 주변에는 아프니까 청춘이라는 말에 이를 앙 물고 달려가는 청춘들이 많이 있습니다. 그러나 정해진 시간에 정해진 자세로 몸을 일으킨 뒤 목적지를 향해 뛰다 보면 콘크리트 바닥에 세게 부딪혀 넘어지기도 합니다. 앙 문 이는 금이 가 줄곧 아프고, 콘크리트와 부딪힌 무릎에서는 피가 줄줄 흐릅니다. 아픔을 외면하고 주어진 과제를 해결하다 보면 다시는 돌아오지 않을 청춘이 이만큼이나 흘러가 버리고 맙니다. 과제는 당장 해결해야 하고, 스펙은 계속 쌓아가야 하고, 아픔은 선명한 상처로 남습니다. '20대에 반드시 해야 할 100가지 일' 따위의 성공지침서는 청춘이라고 지칭되는 기간 내내 가슴 깊은 곳의 쓴뿌리로 작용합니다. 쉰다는 건 죄악인 걸까요? 아프면 아픈 대로, 힘들면 힘든 대로, 그냥 나대로 살 순 없을까요?

세상은 청춘에게만 너무 가혹합니다. 청춘도 쉴 수 있습니다. 쉬는 건 죄악이 아닙니다. 아프면 아프다고 말할 줄 알아야 합니다. 물론 사람이 하고 싶은 것만 하면서 살 순 없습니다. 하지만 하기 싫은 것만 하면서 살 수도 없습니다. 우리 청춘들이 이리저리 쫓기듯이 하기 싫은 것을 억지로 하면서 살아야만할까요? 느려도 괜찮으니 너에게 어울리는 것을 찾으라고 기회를 주고 기다려주고 도와주면 안 될까요? 청춘들이 기댈 어깨가 되어줄 어른들이 있으면 안 될까요? 청춘의 짐을 함께 나누고 든든한 버팀목이 되어 주면 안 될까요? 좀 어른스럽게 말입니다.

아픈 청춘에게 말로만 희망이 아닌 진실한 희망을

언제부터인가 우리 사회는 청년들이 희망 없이 아파하는 사회가 되어 버렸습니다. 오래전부터 연애와 결혼과 출산을 포기한 '삼포세대'라는 말이 유행하더니, 여기에 더하여 인간관계와 집까지 포기한 '오포세대' 라는 말이 생겨났습니다. 심지어는 꿈과 희망까지 포기한 '칠포세대'란 유행어가 등장하더니, 끝판왕이랄까요? 기어이 우리 사회는 지옥이나 마찬가지라는 뜻을 가진 '헬조선'이란 말까지 생겨났습니다. 청춘들이 얻게 되는 대부분의 일자리는 임시직·계약직입니다. 이는 인기를 모았 던 만화와 드라마 제목인〈미생〉에 아주 잘 드러난 우리 사회의 모습입 니다. 씁쓸한 현실을 그려낸〈미생〉을 보면서 가슴 아팠던 기억이 생생 합니다. 그리고 이른바 정규직 기성세대로서 많이 미안하다는 생각에, 죄인인 것만 같았던 기억으로 가슴이 먹먹했던 기억이 생생합니다.

아무리 그렇지만 '헬조선'이라는 말 지나치지 않은가 싶기도 합니다. 고속도로 휴게소마다 깨끗한 화장실에 부드러운 화장지가 놓여 있으며,

핸드 드라이어도 마련되어 있습니다. 그리고 지방자치단체들은 철마다 경쟁적으로 문화행사를 벌이고 꽃길을 조성합니다. 조그만 저수지라도 있으면 주민들의 건강을 위해 주변을 산책로로 만듭니다. 전국 곳곳에 '둘레길'이 조성되어 있습니다. 그리고 수많은 음악회와 공연이 하루가 멀다 하고 열리고 있습니다. 휴일만 되면 어지간한 고속도로는 행락객들이 끌고 나온 차들 때문에 몸살을 앓습니다. 대학생들에게는 국가에서 소득에 따라 국가장학금을 보조해주고 있으며, 대부분의 대학원생들 역시 학문후속세대를 양성한다는 명분으로 교육부 산하 기구인 한국연구재단을 통해 대학으로 흘러드는 적지 않은 재정 덕택에 '거의' 돈 안들이고 공부할 수 있습니다. 이런 나라를 헬조선이라고 할 수 있을까요? 이런 모습이 이전 시대에 비해 풍요로운 우리 사회의 모습입니다. 세계가 부러워할 풍요로 우리보다 비교적 경제적으로 열악한 아시아 국가에서 이주해오기도 합니다.

그러나 어떤 사회가 사람이 사람답게 살아가는 데 필요한 것은 눈에 보이는 온갖 편의시설만이 아닙니다. 삼사십년 전의 사람들은 에어컨은 커녕 선풍기도 부족한 여름을 보내고, 샤워도 마음껏 못하고, 수세식 화장실이 아니라 재래식 화장실에서 볼일을 보면서 생활을 했어도, 그 모든 어려움을 극복하고도 남을 희망이 있었습니다. 대학을 마치면 사람구실할 수 있는 직장을 잡을 수 있을 것이라는 희망이 있었습니다. 장학금도 변변치 못한 대학원 공부를 했지만, 열심히 공부하면 학자의 길과 교수의 길을 갈 수 있을 것이라는 희망이 있었습니다. 이른바 우리나라 최고의 대학인 서울대 교수가 "아프니까 청춘이다"고 청춘들을 위로했습니다. 그러나 청춘들은 아픈 것이 문제가 아니라, 희망이 없음이 문제입니다. 노인은 과거의 추억을 먹고 산다면, 청춘은 미래의 희망을 먹고 삽니다. 그러니 희망을 빼앗긴 청춘은 청춘이 아닙니다. 희망 없는 아픔이 청춘들을 짓누르고 있습니다.

　청춘들이 정규직의 꿈을 이루는 것은 하늘의 별따기보다 더 힘듭니다. 2016년 기준으로 서울시 9급 공무원 경쟁률은 84:1이었습니다. 취직이 안 되니 당연히 결혼도 못합니다. 다행히 취직을 했다 하더라도 임시·계약직이다 보니 아이는 포기하는 신혼부부가 늘고 있습니다. 이전 세대는 자녀출산와 양육을 당연하게 생각하고 이를 위해 그 어떤 희생도 감수했지만 오늘날의 청춘들은 생각이 다릅니다. 물론 자기 삶을 즐기려는 생각으로 결혼과 자녀출산과 양육을 거부하는 경우도 있지만 이를 선택하지 못하게 막고 있는 현실적인 제약이 너무도 큰 것이 사실입니다. 취직에 목숨 걸고 발버둥 쳐야 하는 현실에서 자기 한 몸뚱이 감당하기도 벅찬 현실에, 무책임하게 배우자와 자녀를 책임진다는 것이 버겁습니다. 그것도 자신처럼 힘겹게 살아갈 인생을 만들어야 하는가하는 생각도 들 것입니다. 동물의 왕국을 연상시키는 살인적인 경쟁사회에서 아이를 하나 낳아 경쟁에서 도태되지 않을 정도로라도 길러내려면 얼마나 많은 시간과 노력과 돈이 투자되어야 하는 지를 잘 압니다. 그러니 결혼과 자녀문제는 쉽지 않은 선택이고, 감당하기에는 버거운 부담일 수밖에 없습니다.

　국가적으로 인구절벽*이라느니 저출산과 고령화가 핵폭탄보다 더 무

---

* 인구절벽이라는 용어를 처음으로 사용한 미국의 저명한 경제학자 해리 덴트는 인구절벽 현상이 발생하면 생산·소비의 동반감소 등의 요인으로 경제활동이 위축돼 심각한 경제위기가 발생할 수 있다고 경고했습니다. 인구절벽이 초래하는 문제는 이웃 나라 일본의 사례를 보면 알 수 있습니다. 1990년대 초반 인구절벽 시대로 접어든 일본은 생산가능인구가 감소해 경제와 소비 규모가 줄어드는 장기침체에 빠져 아직도 헤어 나오지 못하고 있습니다. 우리나라의 상황은 일본보다 더 심각합니다. 2015년 합계 출산율은 1.24명으로 OECD 국가 중 끝에서 두번째였습니다. 통상 출산율 1.3명 이하가 3년 이상 지속되면 초저출산이라고 하는데, 한국은 15년간 이 현상이 계속되고 있습니다. 해외로 눈을 돌려봐도 이런 경우는 처음입니다. 인구절벽을 야기하는 또 다른 축인 고령화의 진행속도는 더 빠릅니다. 일본은 노령자 비율이 7%를 넘는 고령화사회에서 14% 이상인 고령사회로 진입하는 데 24년이 걸렸습니다. 하지

섭다느니 하면서 출산율 장려에 힘쓰는 캠페인을 벌이지만 이것으로는 해결 불가능합니다. 손바닥으로 하늘을 가리는 꼴입니다. 근본적인 문제에 대한 이해를 바탕으로 사회구조적인 개선책을 마련하지 않는 한 결코 해결될 수 없는 문제입니다. 분명 인구절벽은 청춘들의 잘못이 아닙니다. 우리 기성세대의 잘못입니다.

잘 알려진 바와 같이 우리나라 사람들의 행복지수는 낮습니다. 경제적인 부와 문화적인 여건은 이전 세대와 비교할 수 없을 정도로 좋아졌고, 세계적인 수준에 도달한 지 오래인데 그렇습니다. 사람들은 불안에 떨고 있습니다. 각종 사고가 끊이질 않고 있고 부정부패는 해소되기는커녕 그 심각성을 더해가고 있습니다. 미래의 희망인 다음세대들은 우울과 학교폭력을 넘어 학교를 떠나기도 하고 돌이킬 수 없는 결정인 자살을 감행하기도 합니다. 도대체 어쩌다가 우리 사회가 이처럼 불안한 사회가 된 것일까요? 어디서부터 잘못된 것일까요?

저는 이 원인 중 하나가 경쟁을 당연시하는 사회풍토라고 봅니다. 제가 학교 다니던 시절 '무한경쟁사회'라는 말을 자주 들었습니다. 그것이 당연한 것처럼 여겨졌습니다. 성실한 사람만이 경쟁에서 승리하고 행복

만 우리나라는 이보다 6년이나 빠른 18년 만에 고령사회로 진입할 예정입니다. 이 추세라면 고령인구의 비율이 20%가 넘는 초고령사회로 진입 시기도 일본의 11년보다 2년 빠른 9년으로 예상됩니다. 이처럼 고령화가 빠르게 진행 중이지만 우리나라 국민의 노후준비는 매우 부족합니다. 2016년 9월 29일 통계청이 발표한 '2016 고령자 통계'에 따르면 절반 이상의 고령자(53.1%)가 노후준비를 하지 않는 것으로 나타났습니다. 특히 이들 중 절반 이상(56.3%)은 노후를 준비할 능력이 아예 없는 것으로 조사됐습니다. 노후준비 없는 기대수명 연장은 결국 생산가능 인구에 부담으로 작용할 가능성이 짙습니다. 2015년 건강보험상 고령자 진료비는 전체(58조170억원)의 36.8%(21조3615원)이며 1인당 평균 진료비는 343만원으로 전체 1인당 평균 진료비(115만원)보다 약 3배 많았습니다. 한국개발연구원KDI의 장수 리스크 보고서에 따르면 노령연금 수급자 비율이 1%포인트 늘어날 때마다 국민연금이 지출해야 할 보험급여는 약 1.16%포인트 증가합니다. 이에 따라 노령연금 소요재정은 2020년 13조 5000억 원에서 2060년 175조7000억 원으로 기하급수적인 증가세를 보일 전망입니다. 생산인구의 감소는 당장 철강·자동차·건설 등 주요 제조업에도 심각한 악영향을 초래할 것이 우려됩니다.

을 누리니 열심히 공부해서 대학가라고 교육받았습니다. 그 때는 그저 그게 맞는 줄 알고 열심히 공부하였습니다. 그런데 아무리 공부해도 제 머리는 공부와 맞지를 않는지 원하는 점수를 얻지 못해 결국 이른바 명문대학에 진학하지 못하고 겨우겨우 해서 재수를 거듭한 끝에 서울의 변두리 대학에 들어갈 수 있었습니다. 다행히 헐레벌떡 막차를 겨우 탄 것처럼 나이 서른 세 살 후반기에야 지금의 정규직인 교직에 몸담게 되었습니다. 결혼도 하고 자녀도 낳고 양육하면서 살고 있으니 이 정도면 행복한 삶인가 싶기도 합니다. 그러면 제가 누리는 이 행복은 정당한 노력의 대가일까요? 당연히 누릴 수 있는 행복일까요? 그렇지 않습니다. 저만 누릴 게 아니라 모두가 누려야 진정한 행복입니다.

아이들에게 스승의 노래에 나오는 가사처럼 '참 되거라, 바르거라' 가르쳐야만 하는 교사로서 '이건 아닌데' 하는 게 너무도 많습니다. 제가 학교에서 교직원상조회 간사를 맡아서 보니 회원의 자격이 정규직으로 한정되어 있었습니다. 같이 근무하지만 정규직과 비정규직으로 구분해서 정규직들만이 상조회 회원으로 비정규직은 여기에 입회가 불가능합니다. 같이 근무하는데 누구는 정규직 교사이고 누구는 기간제 교사나 시간강사인 현실이 과연 정의로운 것일까요? 경쟁은 필연적으로 소수의 승리자와 다수의 패배자를 전제로 합니다. 마치 육상경기에서 1등부터 3등만 메달을 주고 나머지는 '나 몰라라'하는 것과 같습니다. 메달을 딴 이들도 금, 은, 동으로 차등을 두어 철저하게 순위를 매깁니다. 무한경쟁 사회를 당연시하면서 미래사회의 일꾼인 학생들에게 점수에 따라 서열을 매기는 것은 꼭 대형마트에서 값어치에 따라 가격을 매기는 것 같아서 씁쓸합니다. 존엄한 인격체가 숫자로 평가받습니다. 그 숫자가 그 학생의 가치이고, 평가대상입니다. 이 숫자가 미래를 결정짓습니다. 어느 대학이냐를 결정짓고, 그 결정이 미래의 직업과 연봉을 결정짓습니다. 또한 결혼과 자녀출산과 양육의 선택도 결정짓습니다.

　과연 이게 옳은 일일까요? 이건 아닙니다. 미국 하버드대 마이클 샌델 교수는 『정의란 무엇인가』에서 잘못된 소수집단 우대정책에서 벗어나 '격차 바로잡기', '과거의 잘못 보상하기', '다양성 증대'를 통해 사회정의를 이룩해야 함을 말했습니다. 샌델 교수의 말대로 소수만 행복한 사회는 불의한 세상입니다. 이는 시급히 개선해야할 악한 구조입니다. 모두가 행복한 대동大同 사회를 구현하고 더불어 함께 살아가는 길을 시급히 모색해야 합니다. 현실적으로 경쟁이 불가피하다면 이를 최소한으로 해야 합니다. 인간성을 말살하는 방식이어서는 안 됩니다. 더욱이 이른바 금수저·흙수저로 회자膾炙되는 출생부터 기회를 차별해서는 안 됩니다. 학연과 지연과 혈연의 구태도 벗어나야합니다. 공정한 경쟁의 룰을 구축해야합니다. 그래야 그나마 탈락하고 패배한 사람도 결과를 승복하고 다시금 도전하려는 의욕을 갖습니다. 지금처럼 출생부터 불공정하고 보이지 않는 줄들로 뒤엉킨 경쟁으로는 삶의 열정과 투혼이 아니라 포기하고 절망하고 원망하고 분노하는 모습으로 치달을 수 있습니다. 더 늦기 전에 경쟁 아닌 상생으로, 모두가 행복한 '우분트'** 정신으로 사회구조를 개선해나가야 합니다. 우리 교육공동체도 무한경쟁, 약육강식이 아니라 서로 사랑하는 인간 교육을 지향해나가야 할 것입니다.

　성적만능주의가 아니라 따뜻하고 정다움으로 어우러지는 화합으로 서로 사랑하는 세상을 꿈꾸도록 교육해야합니다. 그게 참되고, 바른 교육일 것입니다. 이제 더 이상 죄를 짓지 않도록 우리 기성세대들이 반성하고 뼈를 깎는 아픔으로 오늘 우리의 기득권을 내려놓을 각오로 개선책

** '우분트UBUNTU'라는 말은 아프리카 반투족의 말로 "우리가 함께 있기에 내가 있다!" 라는 뜻이라고 합니다. 혼자가 아닌 함께 하는 세상을 뜻합니다. '우분트Ubuntu'! 네가 있으니 내가 있다. 타인을 향한 인간애, 상생, 배려, 당신이 있기에 내가 있습니다. 우 우리모두, 분 분주한 오늘이지만, 트 트집잡지 말고 우리 모두 우분트!

을 만들어갔으면 합니다. 제발 청춘들에게 이런 말들은 조심해서 했으면
하는 바람도 가져봅니다. "아프니까 청춘이야.", "젊어서 고생은 사서도
하는 거야." "나도 네 나이에 때는 다 그랬어." "우리 때는 먹고 살기조차
힘들었어. 배부른 소리 하지 말고 무조건 노력해." "긍정의 힘을 믿고
아무 생각 말고 무조건 열심히 해." 정말이지 이런 말들이 아픈 청춘들에
게 얼마나 도움이 될까요? 자칫 잔소리나 설교는 아닐까요? 아니 아픈
청춘들을 두 번 죽이는 우롱의 말들이 아닐까요?

현재 대학에서 등록금을 저렴한 학자금대출로 해결해주는 것, 대학원
공부하는 데 필요한 장학금을 국가에서 보조해주는 것보다 더 중요한
것은 미래에 정상적인 사회인으로, 학자의 길을 갈 수 있는 자리를 만들
어 주는 것입니다. 현재 아이를 어린이집에 맡기는 데 드는 몇 푼의 돈을
지원해 주는 것이 중요한 것이 아니라, 아이들을 키우는 데 지금처럼
돈이 많이 들지 않는 사회구조를 만들고 또 그 아이가 나중에 성장해서
제대로 된 직업을 가질 수 있는 사회를 만드는 것이 더 중요합니다.

대학을 졸업하고도 제대로 된 직장을 구하는 일이 하늘의 별따기보다
더 힘든 사회이니, 우리사회는 세계에서 가장 경쟁이 치열한 사회입니
다. '요람에서 무덤까지' 숨 가쁘게 이어지는 경쟁구조가 시급히 개선되
어야만합니다. 우리사회에서는 인간이 경쟁의 부속품으로 전락해버렸
습니다. 경쟁의 낙오자들은 일회용 컵처럼 버려집니다. 선거철만 되면
유권자들을 향해 보다 더 아름다운 세상을 만들겠다고 공약公約을 외치
는 정치인들이 현실정치에서 우리사회의 경쟁지수를 획기적으로 낮추
는 일에 앞장서야 할 것입니다. 정부나 기업은 전 지구적인 무한경쟁을
강요하는 신자유주의를 핑계로 비정규직 일자리를 만들어서는 안 됩니다.
가능한 한 정규직 일자리를 만들어, 상생의 일터가 되도록 해야 합니다.

경쟁지수가 낮아지면 사회 구성원들의 행복지수가 상승하고 청춘들

에게 희망이 보이게 됩니다. 물론 지나치게 경쟁이 없으면 사회 전반적 분위기가 무기력해지고 나태해지지만, 과도한 경쟁은 '해봤자 안 된다'는 포기와 절망을 낳습니다. 포기의식과 절망감이 가득한 사회가 곧 지옥이 아닌가요? 우리는 청춘을 자살로 이끌어가는 절망적인 경쟁이 아니라, 삶을 살리는 희망의 경쟁을 원합니다. 우리사회의 경쟁지수가 획기적으로 낮아지지 않으면, 인구절벽 사태도 지속될 것이며 'OECD 자살률 1위'와 '헬조선'의 오명汚名도 벗어던지기 힘들 것입니다. 더 늦기 전에 응급환자를 살려내야 하듯이, 아픈 청춘들을 위해 아니 우리 모두를 위해 우리 사회의 문제를 도려내는 수술을 감행해야합니다. 그 과정이 힘들고 어렵더라도 반드시 그렇게 해야 합니다. 이 일에 우리 모두의 관심과 지혜와 결단과 희생이 필요합니다. 누가요? 아픈 청춘을 보면서 가슴아파하는 우리 어른들이요.

돈키호테의 꿈

오페라 〈돈키호테〉에서 '이룰 수 없는 꿈The Impossible Dream'으로 노래
된 돈키호테의 꿈은, 소설가 세르반테스가 역경의 삶의 한복판에서 토해
낸 희망의 노래였습니다.

> 그 꿈 이룰 수 없어도 싸움 이길 수 없어도
> 슬픔 견딜 수 없다 해도 길은 험하고 험해도
> 정의를 위해 싸우리라 사랑을 믿고 따르리라
> 잡을 수 없는 별일지라도 힘껏 팔을 뻗으리라
> 가네, 저 별을 향하여 쉽게 닿을 수 없어도
> 온 맘 다하여 나가리 영원히 저 별을 향하여!

소설 『돈키호테』의 저자 미겔 데 세르반테스 사아베드라(1547~1616,
스페인)는 외과의사로 각지를 전전하며 불안정한 생활을 한 아버지로 인해 정규교육은 거의 못 받았지만, 22세에 펠리페 2세의 왕비 추모시문집에 그의 시 세 편이 실릴 만큼 교양을 갖추고 작가로서의 역량을 발휘한 사람입니다.

23세에 이탈리아로 건너가 레판토 전투에서 영웅적인 활약을 하다가 왼쪽 팔에 장애를 입게 되었지만, "오른손의 명예를 높이기 위한 것"이라며 이를 감내했습니다. 전쟁의 공로로 훈장을 받고 귀국하던 중, 터키 해적선의 습격을 받고 포로가 되어 5년 동안 알제리에서 노예생활을 했습니다. 네 번의 탈출 시도 끝에 사형당할 위기에 처하지만, 33세 때 겨우 풀려나 11년 만에 고국에 돌아옵니다.

그는 공적功績도 무시당하고 관직官職도 얻지 못한 채 문필가로 출세하기 위해 희곡을 쓰지만 성공하지 못했습니다. 37세에 18세 연하의 여인과 결혼하지만, 아버지의 죽음으로 가족 부양의 책임을 지고 에스파냐 함대를 위한 식량징발이나 세금수금 담당자로 일했습니다. 그 과정에 주교의 영토에서 행한 과잉징발로 교회에서 파문당하고, 공금을 맡은 은행가의 도주로 투옥되기도 했습니다. 소설 『돈키호테』는 세르반테스의 생애 중 가장 굴욕적인 이 시기에 탄생되었습니다.

당대의 기사 이야기에 심취한 나머지 자신을 기사 돈키호테로 착각하고 산초를 시종으로 데리고 모험에 나선 라 만차의 늙은 신사 알론조. 그는 모험 중에 용이나 마법사를 만날 것을 상상하지만 기대와는 달리 평범한 사람들을 만나며, 모든 사람에게 '과잉된' 의미를 부여하는 '진지한' 인간됨을 보여줍니다.

그는 모험의 끝자락에 흑기사들의 거울 방패에 비친 초라한 자신의 모습을 본 후에야 자신이 돈키호테가 아니라 나약하기 그지없는 한 노인 알론조임을 깨닫습니다. 그러나 임종병상에서 그로 인하여 새로운 꿈을 부여 받은 여인 알돈자가 불러주는 '이룰 수 없는 꿈'을 들으며 다시 돈키호테로 돌아온 그는, 세상을 바꾸기 위해 다시 일어서리라고 외치지만 끝내 숨을 거두고 맙니다.

잡히지 않는 꿈, 라 만차의 기사 돈키호테가 잡으려 했던 그 별, 우리는 그 별을 바라보며 다시 모험의 길 위에 서는 꿈을 꿀 수는 없을까요? 우리가 잃어버린 꿈들, 무엇이 그 꿈들을 빼앗아 갔고 우리는 지금 그 꿈의 빈자리를 무엇으로 채워가고 있는가요? 절망이라는 죽음에 이르는 병이 창궐한 세상, 우리 안에 있는 '돈키호테'의 꿈의 그루터기에 다시 희망의 새 줄기가 솟아나게 할 수는 없을까요? 우리 안에 잠자고 있는 꿈의 '거인'을 다시 한 번 흔들어 깨울 수는 없을까요? 우리 안에 심겨진 꿈의 씨앗을 새롭게 찾아서 싹틔울 수는 없을까요?

오늘 우리들의 꿈의 현주소는 어디인가요? 조금은 허황되고 생뚱맞더라도 '돈키호테'의 꿈을 포기하지 말고 꾸면서 살아봅시다. 오페라〈돈키호테〉에서 불려진 '라 만차의 사람Man of La Mancha'은 역경의 벼랑 끝에서 저항을 넘어 희망을 노래하는 세르반테스의 마음을 잘 표현하고 있습니다. "들어라, 썩을 대로 썩은 세상아, 너희들 세상은 끝났습니다. 나 여기 깃발 올리고 일어나서 결투를 청합니다. 나는 나, 돈키호테 라 만차의 기사, 운명이여 내가 갑니다. 거친 바람 불어와 나를 깨웁니다. 날 휘몰아 갑니다. 그 어느 곳이라도 영광을 향해 갑시다."

앞만 보고 달린 우리들
이제는 한 박자 쉬어갈 때입니다

이제 50세의 지천명知天命*에 가까운 나이가 되다보니 이런 질문을 해보곤 합니다. '어떻게 사는 것이 바람직한가, 나는 지금 잘 살고 있는가, 어떻게 살아야 사회가 좀 더 아름다워질까, 어떻게 해야 우리나라가 멋진 나라가 될까?'

제가 학교에서 학생들을 가르치면서 이야기하곤 하는 말입니다. "공부를 할 때는 '왜'를 생각해야 한다. 어떤 현상에 대한 근원과 이유를 알아야 새로운 이론이 창출되기 때문이다. 그러나 삶에 '왜'를 대입하면 팍팍해지고 덧없어진다. 때문에 '어떻게'와 '무엇'을 대입해야 한다. 그래

---

* 지천명知天命은 하늘의 명을 알았다는 뜻입니다. 쉽게 말하면 50세쯤 되어야 자기가 해나가야 할 일이 보인다는 말입니다. 『논어』, 「위정편」에 나오는 말입니다. 子曰 吾 十有五而志于學 三十而立 四十而不惑 五十而知天命 六十而耳順 七十而從心所欲 不踰矩. 공자께서 말씀하시기를 "나는 나이 열다섯에 배움에 뜻을 두었고(吾十有五而志于學), 서른에 그 뜻이 확고하게 섰으며(三十而立), 마흔에는 어디에도 미혹되지 않았고(四十而不惑), 쉰에는 하늘의 명을 깨달아 알게 되었으며(五十而知天命), 예순에는 남의 말을 들으면 그 이치를 깨달아 곧바로 이해하게 되었고(六十而耳順), 일흔이 되어서는 무엇이든 하고 싶은 대로 하여도 법도에 어긋나지 않았다(七十而從心所欲 不踰矩)."

야 발전적이고 긍정적인 답을 얻을 수 있다."

우리 인간은 영원한 삶이 아닌, 유한한 삶을 살아갈 수밖에 없는 존재입니다. 제 아무리 천하를 호령하던 영웅호걸도 결국 한 줌의 흙으로 돌아갈 수밖에 없습니다. 그런데도 인간은 영원히 살 것처럼 끝없는 욕망의 늪에서 허우적거립니다. 더 가지려하고, 더 높아지기 위해 욕망의 파도를 넘나듭니다.

따지고 보면 욕심이 꼭 나쁜 것만은 아닙니다. 욕심이 있어야 경쟁을 통해 조직이 발전하기도 하고, 열정이 생기기도 합니다. 그러나 지나치면 모자람만 못하듯이 욕심은 브레이크 없는 고속열차와도 같기에 욕심의 노예가 되지 않도록 자신을 경계하고 또 경계하면서 조금은 엄숙하게 삶을 직시할 필요가 있습니다. 다이너마이트를 만들어 거부巨富가 된 알프레드 노벨Alfred Nobel이 노벨상을 만들어 후세에 길이 빛나는 업적을 쌓게 된 사건이 있었습니다. 그의 형 루드비히 노벨이 죽었을 때 알프레드 노벨이 죽은 걸로 오인한 프랑스 기자가 부고訃告 기사를 쓰면서 "죽음의 사업가", "파괴의 발명가"라는 카피를 뽑은 것입니다.

살아서 자신의 부고 기사를 본 노벨은 충격을 받았습니다. 결국 심기일전心機一轉하여 자신의 이력履歷을 다시 써 갔고, 유산중 94%인 3200만 스웨덴 크로나(345만 유로, 374만 달러)를 노벨상 설립에 남겼습니다.

"호랑이는 죽어서 가죽을 남기고, 사람은 죽어서 이름을 남긴다."는 말이 있습니다. 살아생전에 자신의 죽음을 한번쯤 진지하게 응시해 보는 것도 바른 삶을 사는 데 도움이 될 것 같습니다.

우리는 숨 가쁘게 너무나 앞만 보고 달려왔습니다. '잘살아 보세'라는 구호 아래 전 국민이 하나 되어 가난 극복에 전념한 결과, 나름대로 경제적인 성장을 이루어냈습니다. 그러나 빛이 있으면 그에 따른 그림자도 있듯이, 잃어버린 것도 많습니다. 동방예의지국東方禮儀之國이라는 찬사讚辭

는 빛이 바랬고, 도덕적 가치는 땅에 떨어진지 오래입니다. 오죽하면 인성의 중요성을 강조하는 목소리가 날로 드높아질까 싶기도 합니다.

이것은 오늘날 기독교도 마찬가지입니다. 세계교회사에서 그 유례를 찾아보기 힘들 정도로 한국교회는 급성장했습니다. 그에 따라 교회당의 규모도 커졌고, 재정도 풍족해졌습니다. 오늘 우리 사회에서 기독교는 기득권 종교로 사회 전반에 그 영향력이 엄청난 것이 사실입니다. 그러나 안타까운 현실은 이전 시대에 비해 기독교에 대해 흠모하거나 찬사를 보내는 것은 고사하고 비난과 질시가 팽배한 실정입니다. 이처럼 기독교가 사회적 신뢰를 잃어버린 이유가 무엇일까요? 여러 가지 이유가 있겠지만 기독교도 교회성장에 급급한 나머지 교회 본연의 깊은 도덕성과 정체성을 잃어간 이유가 큽니다.

사회학자 기든스는 '위험사회risk society 이론'을 통해 현대사회의 효율성에 대한 가치가 얼마나 사회에 커다란 위험을 야기하고 있는가를 비판한 바 있습니다. 이 이론에 따르면, 모든 것이 빠르게 이루어져야만 된다는 강박관념에 사로잡히게 되고, 이러한 강박관념은 우리로 하여금 '이 정도면 괜찮겠지, 빨리 다음 일로!'라는 생각을 갖게 합니다. 우리는 한국의 70~80년대의 압축적 성장이 가져왔던 커다란 사고들을 이미 경험하였습니다. 최근 우리에게 닥친 비극의 원인은 단지 관료들의 부패, 공직사회의 무능에만 있는 것이 아닙니다. 우리 스스로가 인식하지 못하는 사이, 우리의 일상 속에 자리 잡은 '이 정도면 괜찮겠지'라는 생각들이 커다란 위험으로 이어지고 있는 것입니다. 우리에게 이제 필요한 것은 '이 정도로도 괜찮지 않아'라는 철저함입니다. 조금 천천히 하더라도 안전하게 제대로 해야 합니다. 이런 점에서도 빨리빨리도 좋지만 그에 못지않게 더 중요한 것은 여유와 쉼입니다.

이제는 걸어온 길을 잠시 멈추고 조금은 여유를 갖고 한 박자 쉬어 가면 어떨까요? 급변하는 사회현실 속에서 보다 적극적으로 혁신해야하는 것도 중요하지만 조금 늦더라도 제대로 가는 길을 생각해봐야합니다. 빨리 가는 것도 중요하지만 바르게 가는 것은 더 중요합니다. 어떤 이는 "급변하는 시대에 적응하기도 힘들데 그럴 여유가 어디 있느냐"고 "배부른 소리"라고 할지도 모르겠습니다. 그러나 이는 그렇지 않습니다. 모든 것을 다 얻어도 건강을 잃으면 모든 것을 순식간에 다 잃고 맙니다. 그러기에 아무리 바빠도 건강검진을 미룰 수 없고, 병들었을 때 치료를 미룰 수는 없습니다. 그러니 이것은 선택이 아니라 필수입니다. 변화의 속도는 시대의 흐름에 맞춰가되 정신적인 부분에서 정체성을 확인해봐야 합니다. 잘 왔는지, 또 잘 가고 있는지 점검해보고 삶의 본질을 돌아봐야합니다.

이제는 너와 나를 넘어, 우리를 생각해야 할 때입니다. 어른들은 헬조선**을 외치는 젊은 세대의 고충苦衷에 귀 기울이고, 젊은 세대는 아무리 힘들어도 맨땅에 헤딩하며 일어선 윗세대만큼은 아니라는 자각自覺에 희망을 갖는 희망 세대가 되어야합니다. 정치인들은 국민들에게 위임받은 권한을 자기 것인 양 으스대며 밥그릇 싸움을 그치고, 어떻게 해야 국민들을 위하는 길인가를 생각해야 봐야합니다. 국민들은 개인주의와 집단이나 지역이기주의에서 벗어나 모두가 행복한 상생相生의 길을 모색해나가

** 우리나라의 옛 명칭인 조선에 지옥이란 뜻의 접두어 헬Hell을 붙인 합성어입니다 '지옥 같은 한국 사회'라는 뜻입니다. 이는 신분사회였던 조선처럼 자산이나 소득수준에 따라 신분이 고착되는 우리 사회의 부조리함을 반영한 것입니다. '지옥불반도'나 '망한민국'도 헬조선과 비슷한 뜻으로 쓰이고 있습니다. 헬조선 용어는 인터넷 사이트 '디시인사이드'의 역사 갤러리에서 처음 사용되었고, 이후 주식 갤러리에서 본격적으로 활용되기 시작했습니다. 여기에 헬조선 사례를 공유하는 인터넷 커뮤니티인 헬조선(www.hellkorea.com)까지 등장했습니다. 이 사이트에서는 청년실업, 자살률, 노동 강도, 외모지상주의, 존속살인, 각종 성범죄, 정부 정책에 대한 비판 등 다양한 주제에 대한 글들이 올라와 오늘날 우리 사회의 부조리한 모습을 비판하고 있습니다. 이 밖에 태어날 때부터 모든 것을 갖고 태어난 금수저와 반대되는, 좋은 집안에서 태어나지 못한 것을 자조하는 '흙수저'라는 표현도 헬조선만큼 광범위하게 사용되고 있습니다.

야 할 것입니다. 그렇지 않으면 자칫 이른바 '퍼펙트 스톰'***에 돌입할 수도 있는 위기중첩의 시대를 맞아 헤쳐 나갈 수가 없게 될 수도 있습니다.

우리 다함께 '어떻게 살 것인가'를 화두話頭****로 삼아 스스로를 돌아보면 어떨까요? 각자가 '어떻게 살 것인가'를 생각해 본다는 것은 주변을 돌아보게 되는 것이고, 그것이 맞물리면 좀 더 따스한 정이 흐르는 사회로 거듭나지 않을 지요? 문제가 있다면 나부터 돌아보고 해결점을 찾는다면 못 풀 문제가 어디 있을까 싶습니다.

*** 퍼펙트 스톰Perfect Storm은 1997년 서배스천 융거Sebastian Junger가 쓴 소설의 제목이자 2000년에 조지 클루니와 다이앤 레인, 마크 월버그가 출연한 영화의 제목이기도 합니다. 1991년 10월의 마지막 날, 온대 저기압이 노바스코샤 해안으로부터 수백 킬로미터 떨어진 곳에서 형성되었습니다. 동시에 비교적 강도가 약한 등급 2의 허리케인 그레이스Hurricane Grace가 남쪽으로부터 이 온대 저기압 쪽으로 진행하였습니다. 허리케인 그레이스가 온대 저기압 쪽으로 다가가면서 온대 저기압 근처에는 바람이 비정상적으로 불었습니다. 일반적으로 허리케인은 북쪽으로 진행할 때 해안으로부터 떨어져서 이동하려 하지만, 온대 저기압의 북동쪽에서 소용돌이처럼 불던 바람이 허리케인 그레이스를 미국 북동부 해안 쪽으로 밀었습니다. 이에 두 폭풍이 합쳐지면서 1991년 핼러윈 데이 노스이스터Halloween Nor'Easter, 미국 북동부에서 발생하는 북동풍의 강풍라는 이름으로 잘 알려진 폭풍으로 발전하였습니다. 이 폭풍은 역사상 가장 파괴적인 폭풍 중의 하나였는데, 풍속은 시속 120km에 달했고, 바다의 파고波高는 12m에 달했습니다. 이 폭풍으로 소설에 나오는 참치잡이 배인 앤드리아 게일에 승선했던 6명의 선원을 포함하여 12명이 목숨을 잃었고, 10억 달러의 재산 피해가 발생하였습니다. 흔치 않은 이동 패턴으로 핼러윈 데이 노스이스터는 11월 1일에 허리케인으로 발전하였습니다. 사실 온대 저기압이 허리케인으로 발전하는 경우는 매우 흔치 않은 경우입니다. 그러나 이 허리케인에는 이름을 붙이지 않았습니다. 그 이유는 이미 핼러윈 데이 노스이스터로 잘 알려진 이 폭풍의 이름을 바꾸면 방송들이 혼란을 일으킬 수 있기 때문이었습니다. 이처럼 퍼펙트 스톰은 한꺼번에 위기가 닥쳐오는 현상을 말합니다.

**** 공안公案·고칙古則이라고도 합니다. 화두의 '화話'는 말이라는 뜻이고, '두頭'는 머리, 즉 앞서 간다는 뜻입니다. 따라서 화두는 말보다 앞서 가는 것, 언어 이전의 소식이라는 뜻을 담고 있습니다. 따라서 참된 도를 밝힌 말 이전의 서두, 언어 이전의 소식이 화두이며, 언어 이전의 내 마음을 스스로 잡는 방법을 일러 화두법話頭法이라고 합니다. 공안이라고 할 때의 '공公'은 '공중公衆, 누구든지'라는 뜻이고, '안案'은 방안이라는 뜻입니다. 누구든지 이대로만 하면 성불成佛할 수 있는 방안이 된다는 뜻을 담고 있습니다. 불교 선종禪宗의 조사들이 만들어 낸 화두의 종류로는 1,700여 종류가 있습니다. 이 가운데 우리나라 참선수행자들이 널리 채택하여 참구한 화두는 '개에게는 불성이 없다狗子無佛性', '이 무엇인고?是甚麼', '뜰 앞의 잣나무庭前栢樹子', '삼 서근麻三斤', '마른 똥막대기乾尿橛' 등이 있습니다. 이와 같이 화두는 일반적인 상식을 뛰어넘고 있는 문답問答에 대하여 의문疑問을 일으켜 그 해답을 구하는 것입니다.

지은이 **한승진**

성공회대 신학과, 상명대 국어교육과, 한국방송대 국어국문학과·교육과·가정학과·청소년교육과를 졸업했다. 학점은행제로 사회복지학, 아동학, 청소년학, 심리학으로 학위를 취득했다. 한신대 신학대학원 기독교윤리학(신학석사), 고려대 교육대학원 도덕윤리교육(교육학석사), 중부대 원격대학원 교육상담심리(교육학석사)·중부대 인문산업대학원 교육학(교육학석사), 공주대 특수교육대학원 중등특수교육(교육학석사), 공주대 대학원 윤리교육학과(교육학박사)로 학위를 취득했다. 현재는 학점은행제 상담학 학사과정중이다.

월간 『창조문예』 신인작품상 수필로 등단하였고, 제 45회~제47회 한민족통일문예제전에서 3년 연속 전북도지사상(차관급)과 제 8회 효실천 글짓기 공모전에서 대상을 수상하였다. 익산 황등중학교에서 학교목사와 선생이면서, 황등교회 유치부 교육목사와 『투데이안』 객원논설위원과 『전북기독신문』 논설위원으로 활동하고 있다. 인터넷신문 『투데이안』과 『크리스챤신문』과 『전북기독신문』, 『익산신문』, 『굿뉴스21』에 글을 연재하고 있고, 대전극동방송 익산본부에서 청소년바른지도법(청바지) 칼럼을 방송하고 있다.

공동 집필로는 고등학교 교과서 『종교학』이 있으며, 단독 저서로는 『함께 읽는 기독교윤리』, 『현실사회윤리학의 토대 놓기』, 『우리가 잊지 말아야할 것들』, 『종교, 그 언저리에서 길을 묻다』, 『희망을 노래하는 마음으로』외 다수가 있다. 역서로는 『예수님이라면 어떻게 하실까』가 있다.

소통 길잡이 esea-@hanmail.net